Philippe Rochat

La Cuisine sublime

PHILIPPE

ROCHAT

La Cuisine sublime

200 Erfolgsrezepte vom Meisterkoch

Die Originalausgabe dieses Buches ist 2003 unter dem Titel
»Flaveurs« bei Editions Favre, Lausanne, erschienen.
Übersetzung aus dem Französischen: Jens Bommel, Kaufering,
Petra Casparek, München, Kirsten Sonntag, München
Fachredaktion: Regine Brams (Redaktionsbüro Cornelia Klaeger),
München, und Jens Bommel, Kaufering

2. Auflage, 2005

Für die deutschsprachige Ausgabe:

AT Verlag, Baden und München
Druck und Bindearbeiten: AZ Druck und Datentechnik, Kempten
Printed in Germany

ISBN 3-85502-965-2

www.at-verlag.ch

Franziska...

»Ich bin nicht weg.
Ich bin nur auf der anderen Seite des Weges ...«

Inhaltsverzeichnis

Ein Buch für Franziska

24 Köche, darunter nur selten eine Frau, garen, pochieren und braten Schulter an Schulter, äußerst konzentriert und vorzugsweise ohne Worte. Das Wort hat in dieser Küche nur einer: Philippe Rochat, der Patron. Und damit es keine Missverständnisse gibt, seine scharfen, knappen Befehle auch im hintersten Teil verstanden werden, spricht der Patron in ein kleines Mikrofon, das an seiner schneeweißen Kochbluse befestigt ist. Rochat selbst steht am so genannten Pass, bestimmt den Rhythmus: Genau im Zwanzig-Minuten-Takt sollen die einzelnen Gänge des großen Menüs in den Salons aufgetragen werden.
Philippe Rochat träumt den Traum von der Perfektion. «Erreichen werde ich sie nie», sagt er, und man glaubt, dabei eine Spur von Bedauern herauszuhören, «aber möglichst nahe an die Perfektion müssen wir schon herankommen, Tag für Tag, mittags und abends.»
Rochat ist bereit, dafür einen hohen Preis zu bezahlen. Er verlässt sich nie nur auf sein Talent. Er leistet sich für seinen Traum auch die teuerste Brigade Europas. Benoît Violier und Franck Giovannini, seine beiden Küchenchefs, könnten selber große Restaurants führen, spielen aber lieber in Crissier die zweite Geige. Jeder Posten ist doppelt besetzt, zwei Dutzend Köche stehen für fünf Dutzend Gäste am Herd. Selbst Commis wird man in Crissier nicht, ohne eine strenge Prüfung zu durchlaufen: Zunächst das Gespräch mit dem Patron, unter vier Augen. «Mir ist es egal, wo einer seine Lehre gemacht hat. Es muss kein berühmtes Haus sein. Aber ich will Begeisterung, Leidenschaft für diesen Beruf spüren.» Wer in Crissier arbeiten will, muss zunächst die Probezeit überstehen. Dann ein paar harte Monate auf dem Gemüseposten arbeiten. Anschließend die anderen Stationen durchlaufen. «Erst wenn einer fünf Jahre lang bei mir gearbeitet hat, weiß er, worum es geht. Erst dann kann ich ihn weiterempfehlen.»

Rochat ist streng zu seinem Team. Und noch strenger zu sich selbst. Er steht morgens um neun Uhr in der Küche, prüft mit gnadenloser Strenge, was ihm die Produzenten anbieten. Und er verlässt sein Restaurant erst nach Mitternacht. Crissier-Gäste wollen den Chef noch sehen, ehe sie die Rechnung begleichen. Zu sehen ist er eigentlich täglich. Star-Auftritte in anderen Häusern, so fürstlich sie entlöhnt sein mögen, mag er nicht. Sie entsprechen nicht seinem Naturell. Und schon gar nicht seiner Philosophie einer strengen, disziplinierten Küche.

Rastlose Jagd nach Perfektion. Unermüdliche Suche nach den besten Produkten. Strenger, aber gerechter Umgang mit dem Team. Solides Handwerk, viel Talent und Kreativität, dazu gar Genialität – hatten wir das nicht schon mal in Crissier? Natürlich: Fredy Girardet, Gault-Millaus «Koch des Jahrhunderts», hat es vorgelebt. Philippe Rochat hat Girardets letzte sechzehn Jahre am Herd miterlebt. Wie gut sich der überragende Lehrmeister und sein bester Schüler heute verstehen, wissen wohl nur die beiden Köche selbst. Anderes ist klarer: Zum Ersten, dass es wohl kein anderer als Philippe Rochat gewagt hätte, in Crissier Girardets mächtiges Erbe anzutreten. Zum Zweiten, dass Rochat seinen Lehrmeister nicht einfach nur beerbt hat. Er hat längst seinen eigenen Weg, seine persönliche Handschrift gefunden. Und er hat Crissier gewissermaßen zum zweiten Mal auf die Weltkarte der Haute-Gastronomie gebracht.

Weshalb sprechen wir nur über Philippe Rochat, den Meisterkoch, und kaum über Philippe Rochat, den Privatmann? Weil es Philippe Rochat, den Privatmann, zur Zeit gar nicht gibt. Und weil wir mit ihm um eine ungewöhnliche, wunderbare Frau trauern, die sein Leben verändert, die den weichen Kern aus der rauhen Schale herausgeschält hat. Wir trauern um Franziska Rochat-Moser, Fürsprecherin von Beruf und 1997 grandiose Siegerin des New-

 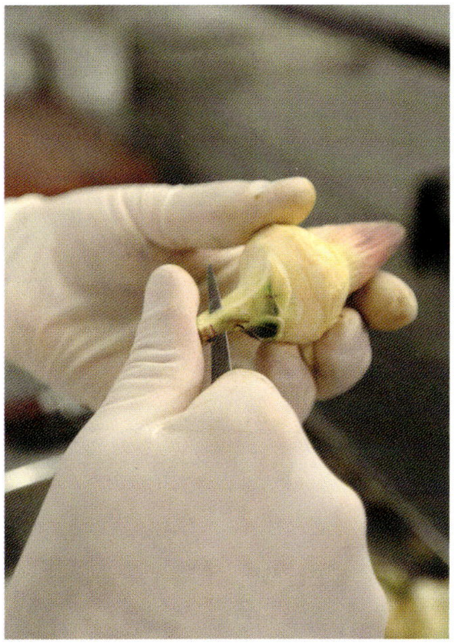

York-Marathons, am 6. März 2002 in den Waadtländer Alpen tödlich verunfallt. Seither kocht sich Philippe Rochat den Schmerz von der Seele, ist sein Beruf nicht mehr nur Berufung, sondern auch Therapie.
Um Philippe Rochat, den Koch, sorgen wir uns nicht. Er zeigt zweimal täglich in Crissier und hier in diesem außergewöhnlichen, seiner Fränzi gewidmeten Buch, dass er einer der besten Köche der Welt ist. Um Philippe Rochat, den Privatmann, sorgen wir uns schon eher. Wir wünschen ihm, dass er sein spitzbübisch-waadtländisches Lächeln wieder zurückgewinnt. Franziska würde sich freuen.

Urs Heller
Chefredaktor GaultMillau Schweiz

Leidenschaft – ein Leben lang

Befinden sich die besten französischen Restaurants in der Schweiz? Diese Frage stellte kürzlich ein französischer Kollege mit Blick auf Philippe Rochat und Gérard Rabaey, den anderen Schweizer Dreisternekoch – und unterstrich damit einmal mehr die Bedeutung, die die »rote Gourmet-Bibel« nach wie vor zu besitzen scheint. Manch Kritiker beschreibt uns einen »bescheidenen, überaus sportlichen« Koch, der dennoch in der Lage ist, »bravouröse Meisterstücke« abzuliefern und nach »absoluter Ausgewogenheit« strebt. Ein anderer wiederum entwirft das Bild eines »Ästheten, besessen von der Idee, sich ständig neu zu erfinden«, wie »ein Künstler, der nie mit seiner Kunst zufrieden ist«. Ein Dritter wiederum rühmt die extreme Strenge und die verblüffende Technik des Küchenchefs: Lobgesänge seiner Gäste aus aller Welt und begeisterte Kommentare der internationalen Presse, die seit jenem Tag im Dezember 1996, an dem der Mann aus Le Sentier die Unverfrorenheit besaß, die Nachfolge des »Jahrhundertkochs« Fredy Girardet anzutreten.
Unverfrorenheit? Ein hohes Maß an Verrücktheit und Mut musste der scheue junge Mann, der 16 Jahre lang im Schatten des großen Fredy Girardet stand, sicher mitbringen, um den Platz seines Mentors einzunehmen. Doch neben ungebremstem Ehrgeiz stellte Philippe Rochat auch Bescheidenheit unter Beweis, indem er sich in erster Linie als Erbe einer Philosophie präsentierte und erst allmählich und ganz behutsam die Konturen seiner eigenen gastronomischen Vision entwarf. So wurde Philippe Rochat bekannt als Schöpfer, als besessener Koch und als Zauberer, dem es gelingt, zu jedem Zeitpunkt etwas Unglaubliches, Herausragendes, Strahlendes und Unnachahmliches auf den Tisch zu bringen.
Philippe Rochat ist auf calvinistischem Boden als Katholik so etwas wie ein Exot. Liegt in dieser kulturellen Besonderheit vielleicht die Wurzel seines starken Willens, seiner Beharrlichkeit, seiner Verschlossenheit und Ernsthaftigkeit, die er jedoch mühelos durch sein strahlendes Lächeln und seine Großzügigkeit aufwiegen kann?
Es liegt dem Wesen der Waadtländer mehr als fern, sich selbst zu wichtig zu nehmen. In der Waadt misstraut man Worten und Maulhelden – und wenn man der Chef ist, fühlt man sich zuerst seinen Kunden verpflichtet. Man hat nun einen ersten Eindruck von der Integrität und der Authentizität Rochats: dickköpfig, beharrlich, eigensinnig, nicht selten schroff – in jedem Fall immer er selbst.
Aber da ist auch eine ganz andere, eine weiche Seite. Da ist Angelina Locatelli mit dem bezaubernden Lächeln, die wie so viele ihrer Landsleute mit ihrer Familie auf der Suche nach Arbeit aus den Hügeln nahe Bergamos in die Schweiz zieht. Sie verliebt sich in den jungen Eisenbahner André Rochat. Die Region ist im Aufschwung begriffen, die Uhrenindustrie erlebt ihre besten Tage. Große Manufakturen wie Valjoux, Lemania, Audemars und Jaeger-Lecoultre sind mit ihren riesigen Schriftzügen auch im kleinsten Dorf allgegenwärtig. Der Eisenbahner aus der Waadt und die schöne Italienerin, die bei Lemania in Lohn und Brot steht, heiraten und lassen sich in Le Sentier, 8, rue de la Gare nieder. 1950 wird ihre Tochter Anne-Marie geboren, am 29. November 1953 kommt Philippe auf die Welt. Die beiden verbringen eine Kindheit, wie sie in der Region typisch ist: lange Winter unter schwarzen, dicht verschneiten Tannen, Schlittschuh laufen auf dem zugefrorenen Lac de Joux, schweiß-

treibende Besteigungen des Mont Tendre mit angeschnallten Skiern, um anschließend die Abfahrt im unberührten Tiefschnee zu genießen.

André Rochat geht mit seinen Kindern zum Angeln oder stöbert die ergiebigsten Morchelgründe auf. Zwischen den Verheißungen von Angelinas großem Garten und dem Herd der Familie, aber auch am stets reichlich gedeckten Tisch der lombardischen Familie, wo sie den Großteil der Ferien verbringen, entwickeln die Rochat-Kinder schon früh einen ausgeprägten Geschmackssinn.

Diese behütete Kindheit findet mit Angelinas frühem Tod ein jähes Ende: Sie stirbt mit nur 35 Jahren an Krebs. Der neunjährige Philippe leidet sehr unter dem Verlust seiner Mutter; er pendelt nun zwischen seinem Vater und der Familie seiner Tante, die ebenfalls aus der Lombardei stammt. André Rochat heiratet wieder, die Familie zieht um und übernimmt in Romont ein Café. Das »Café d'Hauterive« ist ein ländliches Bistro, in dem das populäre Fondue und ein Tagesgericht auf der Karte stehen. Einige Jahre später folgt das »Café de l'Union« in Chavannes-les-Forts. »Mit zwölf habe ich das Fondue vorbereitet«, erzählt Philippe. Er muss früh aufstehen, um schon vor der Schule den Ofen anzufeuern und sich um den

Keller zu kümmern. 1966 wird sein Halbbruder Christian geboren. Diese Jahre sind arbeitsreich für den Jungen mit den großen schwarzen Augen, der die mütterliche Zärtlichkeit so sehr vermisst. Bittere Jahre, umso mehr noch, als seine Schwester Anne-Marie in ein Internat geschickt wird. Philippe wünscht sich nichts mehr, als das Haus zu verlassen.

Die meisten anderen hätten an seiner Stelle kein Restaurant geschweige denn eine Küche mehr betreten. Aber bei Philippe ist es anders; er berichtet von zwei Schlüsselerlebnissen, die seine Berufung deutlich machen.

»Ich erinnere mich, dass mein Vater mich manchmal in Sentier losschickte, damit ich ihm sein Mittagessen aus einem Restaurant holte, das zufälligerweise ›Hôtel de Ville‹ hieß. In dem Korb wurden die Teller mit der Tagessuppe, der Hammelkeule und den Bohnen übereinander gestapelt. Aber ich hatte für nichts anderes Augen als für die langen weißen Schürzen und die Mützen der Köche.«

Die andere Erinnerung ist die an die Küche seiner Mutter, die »einfach, aber ausgezeichnet« war. Da gab es Polenta mit großen Stallkaninchen, köstlich duftende Minestrone, selbst gesammelte Pilze und Beeren, saftige Braten, deren Duft durch das ganze Haus zog, »Tauben, die mein Vater mit nach Hause brachte, Frösche und von ihm selbst geangelte Fische, die frittiert wurden, und auch an den Duft von Olivenöl erinnere ich mich gut …«

Solange Philippe denken kann, will er Koch werden. Vielleicht wünscht er sich insgeheim, durch das Kochen einen Teil seiner Mutter, ihr Lächeln, ihre jugendliche Anmut wieder auferstehen zu lassen. Marcel Cavuscens, der Vater eines Schulfreundes und Wirt der Bahnhofsgaststätte von Romont, gibt ihm die erste Chance. Philippe verlässt das väterliche Bistro, um mit 14 Jahren, einen Tag nach Ablauf seiner Schulpflicht, am 1. Juli 1968 eine Lehre als Koch anzutreten.

Philippe Rochat mit Lazare Sager und Michel Hug

Philippe erlernt die traditionellen Grundlagen des Metiers: die Zubereitung von Terrinen und Patés, die Kunst, Geflügel zu entbeinen, einen Hasen oder ein Reh zu tranchieren, zu filetieren, Fische wie Seezunge, Steinbutt und Wildlachs zu unterscheiden – und das zu einer Zeit und an einem Ort, an dem so etwas sicherlich nicht selbstverständlich ist. Es gibt den Chef und drei Lehrlinge, die bei freiem Logis 30 Franken pro Monat bekommen. Aber die Küche ist für damalige Verhältnisse »sehr modern«, wie sich Philippe erinnert.

So gut die Ausbildung auch ist, Philippe Rochat will Erfahrungen in den großen Hotels sammeln. »In den Spitzenhotels erlernte man das Metier erst richtig.« So verbringt Philippe – mit Ausnahme zweier kurzer Aufenthalte in Fribourg und eines Abstechers ins Tessin – sechs Jahre in Zürich. Er ist zuerst im »Savoy Baur en Ville«, dann im »Baur au Lac« tätig und kehrt nach der Renovierung des Ersteren wieder dorthin zurück. Als Chef tournant verfeinert er seine Kenntnisse, entwickelt Raffinesse, ästhetisches Gespür und eine Liebe zum Detail, wie sie typisch für die großen Häuser sind.

Wir befinden uns in den 1970er Jahren und am Ufer der Limmat, als der junge Koch zum ersten Mal von Paul Bocuse hört, aber auch Namen der »neuen Garde« wie Troisgros, Haeberlin, Guérard oder Vergé.

Mit einem Kollegen besucht Philippe Rochat das Beaujolais, um anschließend nach Collonges zu pilgern und eine Offenbarung zu erleben: Noch 30 Jahre später erinnert sich Rochat ganz genau an die Poularde mit feinen grünen Bohnen, an die legendäre Trüffelsuppe und natürlich an den fantastischen Dessertwagen. »Da begriff ich, welchen Weg ich nehmen wollte. Als ich nach Zürich zurückkehrte, hatte ich nur noch einen Gedanken im Kopf: Ich wäre bereit gewesen, umsonst zu arbeiten, nur um eine solche Cuisine zu servieren.«

Rochat und Gérard Cavuscens, sein damaliger Kollege, sprechen über nichts anderes mehr und treffen immer wieder auf zwei Namen, die in aller Munde sind: Haeberlin und ein gewisser Girardet. Rochat kann sich nun auch vorstellen, der deutschsprachigen Schweiz den Rücken zu kehren, bewirbt sich bei allem, was mit nouvelle cuisine zu tun hat, und fährt zum ersten Mal nach Crissier. »Dort entdeckte ich eine noch aufs Wesentlichere konzentrierte Küche als die von Bocuse, eine Technik, die voll und ganz im Dienst des Geschmacks stand, und ein unglaubliches Gespür für die richtigen Produkte.« Der legendäre Canard au brouilly, eine kleine Gemüseterrine, die berühmte Cassolette de truffes aux cardons ... hinter vermeintlicher Schlichtheit verbirgt sich immer wieder eine Offenbarung. Philippe kommt ein zweites, ein drittes Mal nach Crissier. »Ich war 27 und zutiefst beeindruckt. Ich wollte alles von Girardet lernen.«

Doch nach der ersten Reise nach Collonges-au-Mont-d'Or muss der vor Eifer brennende junge Mann sich noch anderthalb Jahre lang zügeln – bis eines Tages Gérard, sein Kumpel von einst, der inzwischen in Crissier arbeitet, anruft und Philippe mitteilt, dass Girardet »jemanden sucht«. Am 1. Juli 1980 fängt Philippe Rochat in der Küche des »Hôtel de Ville« an – zunächst in der Patisserie, dann durchläuft er auch die anderen Stationen. Bald leitet er einen Teilbereich der Küche, dann wird er zum stellvertretenden Küchenchef, bis er schließlich, neun Jahre später, zum Chef der legendären Küche befördert wird und rund 20 Mitarbeiter unter sich hat.

Unterdessen hat er bei allen europäischen Restaurants von Rang und Namen vorbeigeschaut. Mit Ski- und Radfahren hält er sich nicht nur fit, sondern liefert Spitzenleistungen ab – wie bei allem, was er tut. Durch seine sportliche Leidenschaft lernt er im September 1992 bei der Radrundfahrt La Souste–Loèche die zweite Fee seines Lebens kennen, eine bezaubernde Berner Jurastudentin, die sich auf höchstem sportlichen Niveau befindet: Franziska Moser. Ihr sportlicher Ehrgeiz soll die Athletin weit bringen: bis zur Teilnahme an den Olympischen Spielen von Barcelona und Atlanta und zu dem Sieg im Frankfurt- und im New York Marathon. »Als wir uns kennen lernten, war Franziska eine kleine Jurastudentin und ich ein kleiner Koch bei Fredy. Wir haben jahrelang gearbeitet wie verrückt – sie über ihren Gesetzesbüchern und ich in der Küche. Wir waren beide Perfektionisten. Wenn wir etwas anfingen, wollten wir es bis zum Schluss durchziehen, und zwar gut.«
Als die »Gazelle« Franziska und der Spitzenkoch Philippe 1995 heiraten, blickt die ganze Schweiz auf sie. Die beiden zählen zu den bekanntesten Paaren des Landes, alle Welt bewundert die zwei, die sich so perfekt ergänzen. Ein Jahr später, nach langen Gesprächen mit Fredy Girardet, fühlt sich Rochat bereit, die große Herausforderung anzunehmen. Anfang Dezember 1996 tritt er an die Stelle des legendären Girardet, was für das junge Paar natürlich eine gewisse Belastung, einen gewissen Druck bedeutet. »Alle Welt richtete die Augen auf uns: Es war eine enorme Herauforderung, und wir fragten uns, ob wir sie würden meistern können.« Am 3. November 1997, also ein knappes Jahr nach dem Führungswechsel in Crissier, gewinnt Franziska den New York Marathon. Und einen Monat darauf erhält Rochat seinen dritten Michelin-Stern. Ein Sturm der Medien bricht los, wobei sich Neugier, Bewunderung und Sympathie die Waage halten, aber nicht selten auch purer Voyeurismus im Spiel ist. Das »Hôtel de Ville« steht im Rampenlicht; die Medienvertreter geben sich die Klinke in die Hand.

An manchen Abenden weiß man nicht, ob die Gäste kommen, um die bezaubernde Spitzenathletin zu bewundern oder um Philippes Kochkünste zu genießen. »Ist sie heute abend da?«, fragen viele, bevor sie die Reservierung aufgeben.

Mit frischem Elan und nie gekannter Kommunikationslust treibt Philippe »sein« »Hôtel de Ville« voran, bringt neue Projekte auf den Weg, mit dem Ziel, aus dem nüchternen calvinistischen »Tempel« eine freundlichere, hellere Adresse zu machen. Anfang 1998 werden kleinere Umbauarbeiten in Angriff genommen. Die Verschönerungen reichen von den Teppichböden bis hin zur Beleuchtung – eine lichtdurchflutete Kuppel taucht den Saal in einen milden Schein; Missoni-Teppiche, elegante Stoffe und zeitgenössische Skulpturen runden das stilvolle Interieur ab. Ebenfalls im selben Jahr erobert das »Hôtel de Ville« wieder den Gipfel des Schweizer GaultMillau und erhält die vierte Kochmütze. Philippe Rochat wird zum »Koch des Jahres« gekürt.

Allmählich schwimmt Philippe Rochat sich frei, tritt aus dem Schatten, löst sich aus der Umklammerung des »wunderbaren und zugleich so schweren Erbes«, entwickelt mehr und mehr seine eigene Küche, die Küche, die jetzt nur ihn selbst widerspiegelt: »wirklich bemerkenswerte Kompositionen, die sich zu einer stets in Bewegung befindlichen Karte fügen«, »die besessene Suche nach den besten Produkten, höchste Präzision bei der Zubereitung und beim Würzen«, aber auch »noch nie da gewesene Verbindungen, originelle Kompositionen …«.

Großes Lob für eine delikate Austernsamtsuppe mit Wiesenkresse und Osietra-Kaviar; eine kalte Tomaten-Consommé, erfrischend und zugleich sehr elegant, sehr harmonisch mit dem Fleisch bretonischer Scampi garniert; Steinpilze und Eierschwämme aus dem Unterholz, präsentiert in Form einer bunten Leckerei, garniert mit einem kleinen Nüsschen knusprigem

Kalbsbries, dazu eine schwungvolle Sauce, ebenfalls mit Kalbsbriesröschen; ein gegrillter Steinbuttrücken mit knusprigen Artischockenstücken; Streifenbarbenfilets, sehr fein mit Tapenade bestrichen, auf einem Schaum mit Maussane-Öl, mit ein paar Kammmuscheln und kleinem Frühlingsgemüse, um einen schönen Seeigel mit cremigem Jus herum angerichtet, mit einer feinen Pfeffersauce oder ein butterzartes, in Dampf gegartes Kalbsfilet oder eine rosa gebratene Taube, bedeckt mit einem feinen Eierschwammpüree und einem raffinierten Auberginenkuchen à la provençale, um nur einige seiner Kreationen zu nennen …

Ebenso wie die berühmten Rognons bolo von Fredy Girardet, die Rochat auf der Speisekarte stehen lässt (wie hätte man eine solche Delikatesse auch streichen können?), erhält das Erbe des großen Meisters neue Töne und Nuancen, wird es um einzigartige Harmonien bereichert, die voll und ganz die Kunst des Philippe Rochat widerspiegeln. Der Schüler hat sich endgültig frei geschwommen. Der wortkarge Waadtländer drückt seine Gefühle durch Geschmackskontraste aus, übersetzt seine Poesie in Rezepte, wagt die verrücktesten Verbindungen, die man, hat man sie einmal gekostet (Jakobsmuscheln, grüner Apfel und Steinpilze), so schnell nicht vergisst.

Die Geschmacksnuancen verdichten sich, die Gemüsefonds und die Emulsionen, die er lieber mit Olivenöl als mit Butter zubereitet, scheinen einer wahren »Feenküche« anzugehören, so luftig, flüchtig, fast unwirklich leicht sind sie und bringen niemals die Architektur des Geschmacks aus dem Gleichgewicht: Steinbutt mit Zitrusfrüchten und Flageolet-Bohnen aus Crissier; halb gegarter Wildlachs mit Schaum aus frischen grünen Bohnenkernen; feiner Pilzkuchen, köstlicher grüner Seeigel aus Irland mit wachsweichem Wachtelei und Seeigelsauce. Immer wieder erfindet Rochat den Klassizismus neu, verfeinert und perfektioniert jedes Gericht auch als Augenweide: So wird das Ying und Yang von Taschenkrebs und Meerspinne mit

Mit Benoît Violier und Franck Giovannini

Erbsencreme nicht nur zur Gaumenfreude, sondern auch zum eleganten Augenschmaus. Schon während seiner Jahre unter Girardet und auch danach hat sich Philippe Rochat ein Netz ausgesuchter Lieferanten und Partner aufgebaut: in nächster Umgebung, in der Region und auch darüber hinaus. Hochwertigste Zutaten sind ein Grundpfeiler seiner Küche, und so wird er auch nicht müde, die zarten Kardonen, den feinen Spinat und die jungen Kartoffeln von Madame Dupuis aus Crissier zu loben, die Himbeeren und die Bohnen von Freymond aus Jouxtens-Mézery, die Saiblinge und die kleinen Flussbarsche von Rémy Liaudet, jenem sympathischen kleinen Pensionär, der seine restliche freie Zeit damit verbringt, Pilze zu sammeln. Ganz zu schweigen von dem Wild, das im Wallis oder in Frankreich von Freunden geschossen wird, nicht zu erwähnen die Fische, Krustentiere und Muscheln, die von dem überaus anspruchsvollen Max Mulhaupt ausgewählt werden, oder die hervorragenden Tauben und die exzellenten Bresse-Hühner von Jean Verne.
Viele Produkte wählt der Chef persönlich aus, sei es vor Ort auf dem Bauernhof oder auch in seiner Küche, wenn Lieferanten vorbeischauen, um frische Waren anzubieten: Kartoffeln, Erdbeeren, Trauben, Käse oder Kaninchen, nach traditioneller Art hergestelltes Trauben-

gelee, das wie zu früheren Zeiten zwei Tage und zwei Nächte geköchelt und gerührt wird und Bestandteil jener unglaublich leichten, zarten Tartes ist … Und dann die zahlreichen Walliser, Genfer und Waadtländer Winzer, die in den vergangenen Jahrzehnten eine wahre qualitative Revolution initiiert haben und denen Philippe Rochat unzählige Gaumenfreuden verdankt, als da wären der Pinot gris von Raymond Paccot, der Blanc de noir von Paul Bujard, die geniale Syrah-Traube des Wallisers Didier Joris und der Grain noble von Marie-Thérèse Chappaz, die alten Chardonnay-Reben von Simon Maye und der außergewöhnliche Cornalin von Denis Mercier, der Sauvignon gris »Princesse Eldegarde« des Genfers Nicolas Bonnet oder der Merlot von Jean-Michel Novelle – um nur einige wenige zu nennen. Die jüngste Offenbarung, die Philippe Rochat dank Richard Geoffroy, dem Kellermeister bei Dom Pérignon, erfuhr, ist die Tiefe und Komplexität bestimmter großer Champagner-Jahrgänge, insbesondere der Jahrgänge 1959 und 1964.

Zu den zahlreichen Projekten, die der Sternekoch vorantreibt, zählt die Herstellung und Vermarktung von Produkten unter dem Label »Philippe Rochat« (etwa Tomaten-Confit und Foies gras), die größtenteils in seiner eigenen Küche zubereitet werden und deren Zutaten

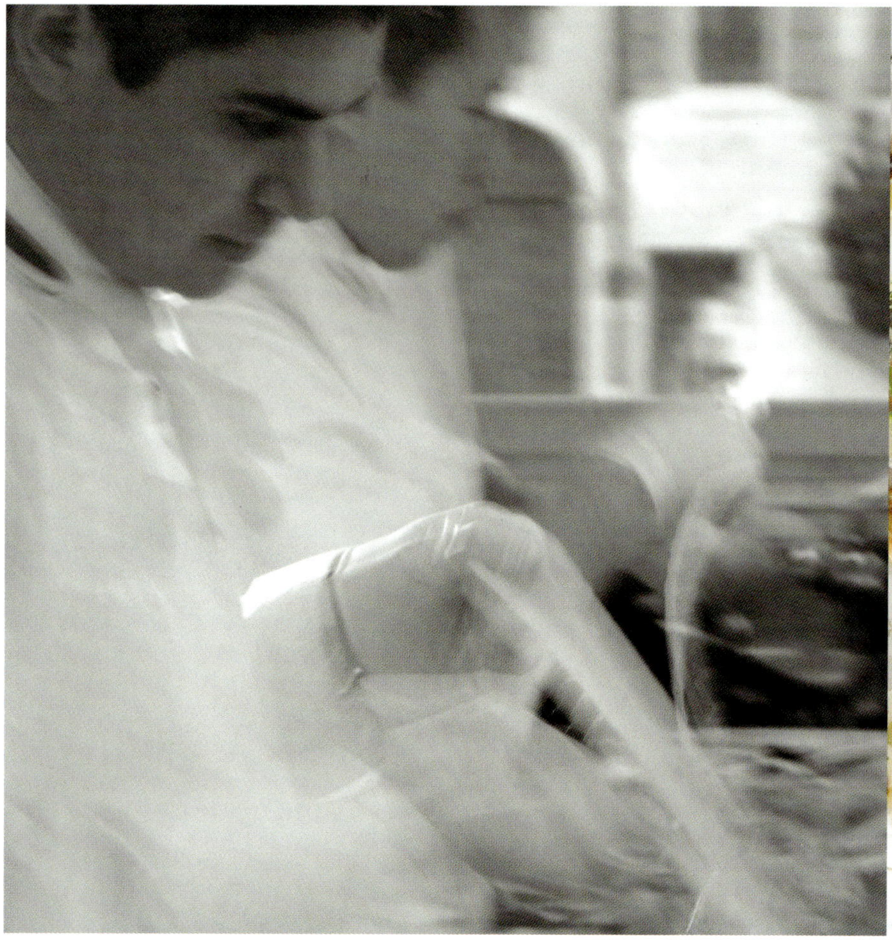

mit ebenso großer Sorgfalt ausgewählt werden wie alles, was Rochat seinen Restaurantgästen in Crissier serviert, zum Beispiel Gewürzmischungen von Rossier in Seigneux, Öle, die in der Mühle von Sévery gepresst wurden und vieles mehr. Mit der Erweiterung der Produktpalette ist der Vertrieb unter dem Label RSH (für Rochat, Sager, Hug) geplant. Die von Philippe Rochat gemeinsam mit Lazare Sager und Michel Hug gegründete Firma mit Sitz in der unmittelbaren Umgebung von Crissier hatte sich unter anderem einer löblichen Mission verschrieben, nämlich die Bordmahlzeiten einer Fluggesellschaft zu einer ebenso verlockenden wie exquisiten Erfahrung zu machen. Dieses Unterfangen wurde 1999 mit dem Vertrag zwischen Swissair, Philippe Rochat und Roland Pierroz, dem Chef von Rosalp, in Verbier besiegelt. Mit dem ihm eigenen Perfektionismus bedang sich Rochat die Kontrolle über den gesamten Herstellungsprozess sowie die Überwachung der Ästhetik und der optischen Darstellung der »Mahlzeiten über den Wolken« aus. Der Sternekoch und seine Partner gingen sogar so weit, im Keller des Restaurants in Crissier einen jener Spezialöfen zu installieren, mit denen die Flugzeuge ausgestattet sind, um unter absolut echten Bedingungen arbeiten und experimentieren zu können.

Die exklusiven Menüs, die auf Flügen ab Genf und Zürich serviert wurden – zum Beispiel kalte Suppe vom Hasen mit Pistaziengelee, Lachsroulade mit Kaviar oder Perlhuhnkeulchen auf einem Gemüsebett, zart schmelzender Schokoladenkuchen oder Orangensalat – hatten definitiv nichts mehr mit der undefinierbaren Gummimasse unter Klarsichtfolie zu tun, die noch immer von den meisten Fluggesellschaften angeboten wird. Auch wenn die Zusammenarbeit nicht lange währte – sie endete mit den folgenschweren Turbulenzen der Swissair im Jahr 2002 –, so bleibt doch die Erfahrung, die aufgrund der Qualität der Produkte und der sorgfältigen Umsetzung einzigartig in der Geschichte der Luftfahrt ist. Das Konzept wurde übrigens in etwas abgewandelter Form für den Catering-Giganten Gate Gourmet wiederbelebt. Lazare Sager, Michel Hug und ihr Team kreieren heute Bordmahlzeiten für verschiedene Fluggesellschaften, aber auch für Kunden aus der Wirtschaft und Privatleute, und haben außerdem einen Consulting-Service aus der Taufe gehoben. Ihr futuristisch anmutendes, mit maßgeschneiderter, hochmoderner Infrastruktur ausgestattetes »Labor« ermöglicht unter Einhaltung strengster Hygienenormen die Entwicklung und Herstellung raffiniertester Gerichte.

Die außergewöhnliche Energie von Philippe Rochat fließt indes in seine grenzenlose Kreativität – eine Kraft, eine unverzichtbare Ressource, dank derer er die zweite große Tragödie nach dem frühen Tod seiner Mutter überlebt: den tragischen Tod seiner Frau Franziska, die im März 2002 den Folgen eines Bergunglücks erliegt. Auch sie stirbt mit 35 Jahren, auf dem Höhepunkt ihrer Schönheit und ihres Erfolgs, kurz nachdem sie sich aus dem aktiven Sport zurückgezogen hatte und mit der ihr eigenen Entschlossenheit in einer der »machistischsten« Branchen überhaupt, nämlich der Gastronomie, Fuß fassen wollte.

Philippe ist ein gebrochener Mann, vom Schmerz gebeugt und untröstlich – manch einer prophezeit den Untergang seines Sterns. Der Tod von Franziska Rochat-Moser löst enorme Emotionen aus: Philippe Rochat bekommt 8000 Beileidsschreiben aus der ganzen Welt, von Staatsmännern bis hin zu unbekannten Kindern. »Manche haben mir zutiefst rührende

Worte geschrieben, andere haben unglaubliche Dinge getan, zum Beispiel einen Baum in der Wüste gepflanzt.« Nie zuvor hat in der Schweiz der Tod einer bekannten Persönlichkeit einen solchen Sturm des Mitgefühls entfesselt.

Philippe flüchtet – vor der Presse, vor der Neugier, vor den Menschen. In Lappland findet er Zuflucht, hier scheint die Welt weit weg zu sein. Hier regieren Schnee und Eis. In dieser asketischen Umgebung wird ihm klar, »dass sie niemals gewollt hätte, dass ich aufgebe«. Das Handtuch werfen? Alle, die ihn kennen, wissen, wie wenig das zu ihm passt. Alles hinschmeißen? So etwas ist ihm fremd. So beschließt er, erneut den Kampf aufzunehmen, vor allem, um den Menschen auch weiterhin Freude zu machen, sie zum Schwelgen zu bringen, ihnen Genuss zu schenken – und sein Haus noch weiter zu verbessern, zu perfektionieren.

Und weil in seinem Restaurant eine »außergewöhnliche Mannschaft, bestehend aus 45 Menschen« auf ihn wartet, »die (mir) immer wieder gesagt haben, wie gerne sie gearbeitet hat«. Eine Mannschaft, die während seiner Abwesenheit den Restaurantbetrieb weitergeführt hat: Louis Villeneuve mit seiner 27-jährigen Erfahrung, mit Freundlichkeit und höchster Professionalität im Saal, und die beiden exzellenten jungen Köche, auf die Philippe sich jederzeit blind verlassen kann: Benoît Violier, ein ehemaliger Mitarbeiter von Joël Robuchon und im Jahr 2000 als »Meilleur Ouvrier de France« ausgezeichnet, sowie Frank Giovannini, aber auch Cyril Maurel, der Chef-Patissier, der Desserts von unglaublicher Komplexität ersinnt, nicht zu vergessen all die anderen, vom Commis de cuisine bis hin zum Chef de partie, von denen jeder einzelne seine Funktion in dem großen Orchester erfüllt und so zum Gelingen der großartigen Symphonie beiträgt, die jede Mahlzeit im »Hôtel de Ville« darstellt.

»Nach einem solchen Schock ist Arbeit die beste Therapie«, bekennt Philippe. Allmählich findet er wieder Freude am Kochen und drückt seine Emotinen stärker denn je durch seine Kochkunst aus. Auch durch verschiedene Projekte findet Philippe langsam wieder ins Leben zurück – Projekte wie beispielsweise das Werk, das Sie in den Händen halten und das für ihn eine Synthese der vergangenen Jahre im »Hôtel de Ville« darstellt. Hier finden Sie ganz einfache Rezepte, die jedem kochinteressierten Laien gelingen, wie die Minestrone à la »Nonna« oder die Miesmuscheln in Weißwein-Zwiebel-Sauce, etwas komplexere Zubereitungen, die die Gäste in Crissier zum Schwelgen bringen und ein wenig Zeit und Fingerspitzengefühl erfordern wie Œuf en surprise auf italienische Art, bis hin zu Rezepten, die ein hohes Maß an professionellem Know-how und Geschick verlangen (wie etwa das Kapitel »Petits Fours«).

Außerdem hat Philippe Rochat grundlegende Veränderungen seines Hauses vorgenommen: So entstanden ein vorzüglich ausgestatteter Seminarraum bzw. Privatsalon, ein Raucherzimmer, das insbesondere Zigarren- und Jazzliebhabern vorbehalten ist, und nicht zuletzt ein Garten, der eine räumliche Fortführung des Restaurants darstellt und durch Kräuterbeete, Teak-Möbel und einen steinernen Kamin besticht – hier findet man auch, nicht ohne ein gewisses Augenzwinkern des Hausherrn, mehrere Trüffel-Eichen.

Gemeinsam mit seinen Küchenchefs Benoît Violier und Frank Giovannini hat Philippe Rochat kürzlich eine ganz neue, ungewöhnliche Art von Gerichten entwickelt: Auf Anfrage des bekannten Abenteurers und Weltenbummlers Mike Horn haben die drei Kochspezialis-

ten eine Reihe überaus schmackhafter, sehr kalorienreicher Mahlzeiten kreiert, die in ultraleichte, widerstandsfähige Behälter verpackt werden. Wenn der Südafrikaner demnächst zu seiner großen Expedition in den arktischen Polarkreis aufbricht, muss er sich keine Gedanken mehr über Gewicht, Platzbedarf und Zubereitung seiner Verpflegung machen. Nach zahlreichen Experimenten, Tests, geplatzten Beuteln und ungeplanten Vermengungen kann sich der Packeis-Abenteurer nun in extremster Umgebung gebeizten Lachs und Foie gras, Lammbraten mit weißen Bohnen, Paprikagulasch und Rindergeschnetzeltes in Rotweinsauce auf der Zunge zergehen lassen – nicht zu vergessen den kalorienreichen Kuchen, der nach ihm benannt ist. In der Folge richteten auch andere Sportler – Bergsteiger, Alleinbezwinger und andere Extremsportler –, Freunde oder Bewunderer Rochats, ähnliche Anfragen an den Spitzenkoch, angefangen bei Steve Ravussin, einem der Führenden bei der transatlantischen Segelregatta Route de Rhum im Jahr 2002, bis hin zu dem Bergsteiger Jean Troillet, der für Sommer 2003 eine erneute Himalaja-Besteigung plante.

Unbeirrt verfolgt Philippe Rochat indes seine Suche. Die Suche nach Reinheit, nach Authentizität, nach der absoluten Ausgewogenheit, eine Suche, die Hand in Hand mit einem all-

mählichen Reifeprozess geht: »Je weiter ich mich entwickle, desto reiner und klarer soll meine Küche sein. Ich möchte alles Überflüssige abwerfen, das Grundprodukt in den Mittelpunkt stellen und ihm ein oder zwei weitere subtile Geschmacksnuancen an die Seite geben.«
Nach wie vor spielt der Sport eine wichtige Rolle im Leben von Philippe Rochat. Mit der von ihm gegründeten Franziska-Rochat-Moser-Stiftung unterstützt Rochat junge Lauftalente – ganz so, wie es sich seine verstorbene Frau gewünscht hätte. Fast täglich sitzt er auf dem Rennrad oder steht auf Skiern. Der Sport macht ihm den Kopf frei und gibt ihm neue Energie. Rochat trainiert allein oder gemeinsam mit Freunden wie etwa Toni Rominger oder Alain Prost, einer lockeren Prominenten-Mannschaft, die sich humorvoll »les cracks qui croquent« (in etwa: die knabbernden Cracks) nennt – und sich nicht selten nach dem sportlichen Teil in Philippes Küche versammelt.

Und wie kreiert Philippe Rochat neue Gerichte? Nehmen wir beispielsweise Œuf en surprise auf italienische Art mit weißen Alba-Trüffeln und gehobeltem Parmesan – eine seiner ersten Schöpfungen, die seine ebenso unverkennbare wie geniale Handschrift trägt. Philippe erklärt, dass er ganz einfach ein Gericht um weiße italienische Trüffel herum schaffen wollte. »Ich habe mir überlegt, was wohl jede piemontesische Hausfrau in der Küche hat: Eier, Butter, Rahm und natürlich Nudeln. Rahm und Eier sind unverzichtbar für die Fixierung des Geschmacks. Als Nächstes ging es mir darum, die Pasta etwas zu verfeinern. Dicke, von Hand nach traditionellem Rezept hergestellte Makkaroni lieferten mir die Ausgangsidee: Ich rollte al dente gekochte Spaghetti in engen Spiralen in kleine gebutterte Auflaufformen und fügte ein Eigelb hinzu, das für cremige Konsistenz sorgt und die feinen Aromen des Trüffels fixiert. Darauf bettete ich Unterschiedliches, mal dieses, mal jenes, bis ich schließlich bei dem bekannten Rezept anlangte, das neben den weißen Trüffeln übrigens eine feine Geflügel-Farce, eine leichte Rahm-Spinat-Masse und Parmesanhobel umfasst.« Ganz einfach, nicht wahr? Ja, so einfach, dass das spiralförmige Zuammenrollen der Spaghetti, die natürlich nicht brechen dürfen und die Rundung der Auflaufform perfekt füllen müssen, immer dem jüngsten Küchennachwuchs anvertraut wird. Nur zum Trost: Nicht einer, dem es auf Anhieb gelungen wäre!

So weit also unsere Ausführungen über die Geduld und Entschlossenheit, die Kraft und auch Bescheidenheit, derer es bedarf, um es zum Spitzenkoch zu bringen. Will man sich permanent weiterentwickeln, jede Saison und bei jeder neuen Schöpfung aufs Neue jene Zauberhand beweisen, muss sich die Kunst bedingungslos aus einer so tiefen Leidenschaft speisen, wie wir es bei Philippe Rochat kennen gelernt haben.

Véronique Zbinden

PETRUS
CHATEAU PAVIE
ST EMILION
GRAND CRU CLASSÉ
ROMANÉE-CONTI
CHATEAU MARGAUX
GRAND VIN
CHATEAU PAPE CLEMENT

Von oben nach unten: Mediterranes Fisch-Frikassee (Rotbarbe, Drachenkopf, Rotbrasse, Petermännchen), Croûtons à la catalane, Suppe von Felsenfischen, gebratene Kammmuschelspieße mit Safran, warmer Muscheleintopf (Herzmuscheln, Braune Venusmuscheln, Teppichmuscheln, Rauhe Venusmuscheln, Strahlige Venusmuscheln)

Diese Seite, von oben nach unten: Kammmuschelspieß mit Muscheljus, Herzmuschel-Flamèche mit Rogenjus, Muscheleintopf mit Syrah-Essig

Gegenüberliegende Seite, von links nach rechts: Velouté von grünen Seeigeln mit Dill, Chaud-froid von Arcachon-Austern mit Osietra-Kaviar, Balsamico-Vinaigrette

Terrinen
und Stopfleber

Foie gras d'oie truffé mignonnette de poivre et sel de Guérande

Getrüffelte Gänsestopfleber mit zerstoßenem Pfeffer und Sel de Guérande

Zutaten für 4 Personen

1 schöne Gänseleber (Gewicht: 800–1000 g)
20 ml roter Portwein
10 ml alter Madeira
2 g Zucker
14 g Sel de Guérande (grobes Meersalz)
2 g zerstoßener weißer Pfeffer
1 geputzte und geschälte Trüffel (Gewicht: 40 g netto), in sehr dünne Scheiben geschnitten

Die Gänseleber ca. 1 Stunde unter fließendem Wasser wässern. Anschließend alle grünlichen Stellen, die Galle, Blutäderchen und die Haut sorgfältig entfernen. Die Gänseleber auf einer Platte oder auf Backpapier auslegen, mit Portwein und Madeira begießen und mit dem Zucker, dem Salz und dem Pfeffer würzen. Die Gänseleber luftdicht in Folie einschweißen und 24 Stunden im Kühlschrank durchziehen lassen. Danach im Dampfgarer – immer noch vakuumverpackt – 7 Minuten bei 80 °C erhitzen. Die Temperatur im Inneren der Gänseleber sollte dabei bei etwa 40 °C liegen.

Anschließend die Gänseleber 15 Minuten in eiskaltem Wasser abkühlen lassen, dann aus der Vakuumverpackung nehmen und die dünnen Trüffelscheiben in der Stopfleber verteilen. Die Masse in Frischhaltefolie wickeln und wie eine Wurst zusammenpressen. Die verpackte Gänseleber weitere 24 Stunden kalt stellen. Zum Servieren die Gänseleber in etwa 5 mm dicke Scheiben schneiden und mit Fleur de sel und zerstoßenem Pfeffer bestreuen.

Foie gras de canard en gelée de coings, chutney de poires et pommes au vinaigre de cidre

Entenstopfleber in Quittengelee, Birnen-Chutney und Äpfel mit Cidre-Essig

Zutaten für 4 Personen

120 g Entenstopfleber, gegart (siehe S. 40)
70 g Birnen-Chutney (siehe S. 290)
100 g Haselnüsse
5 g Eiweiß
4 g grobes Salz
50 g Quittengelee
100 ml Cidre-Essig
40 g Granny-Smith-Apfel, in feine Streifen geschnitten (Julienne)
40 g Mesclun-Salat der Saison
Vinaigrette mit altem Balsamessig (siehe S. 278)

Die Entenstopfleber zwischen zwei Lagen Backpapier auslegen und zwischen zwei Platten oder Brettchen stark pressen, um eine dünne und gleichmäßige Schicht zu erhalten. Kalt stellen.
Mit dem Birnen-Chutney ebenso verfahren, anschließend kalt stellen.
Von der Entenleber eine 8 cm breite und 12 cm lange dünne Scheibe ausschneiden. Vom Chutney eine Scheibe mit denselben Maßen ausschneiden und auf den Entenleberstreifen legen. Mit einer zweiten Scheibe Entenleber bedecken. Alles zwischen zwei Lagen Backpapier und zwei Platten gepresst für 4 Stunden in den Kühlschrank geben.

Unterdessen die Haselnüsse trocken rösten,dann abkühlen lassen. Anschließend gut mit dem Eiweiß und dem Salz vermischen und auf ein Backblech geben. Im vorgeheizten Ofen bei 200 °C 4–5 Minuten backen. Abkühlen lassen.
Die Ränder der Pastete mit Quittengelee glasieren und die Pastete schräg in 20 sehr dünne Scheiben schneiden.
Auf jeden Teller fünf dünne Scheiben setzen. Darum herum die mit Cidre-Essig beträufelte Apfel-Julienne und den Salat anrichten. Unmittelbar vor dem Servieren mit der Balsamico-Vinaigrette beträufeln. Mit den gesalzenen Haselnüssen garnieren.

Galantine de bolets et chanterelles d'automne au foie gras de canard, vinaigrette d'aubergine confite à l'huile de noisette

Galantine mit Steinpilzen, Herbsteierschwämmen und Entenstopfleber, Auberginen-Vinaigrette mit Haselnussöl

Zutaten für 8 Personen

Pilzgalantine
80 g Gemüsegelee (siehe S. 279)
80 g Knollensellerie, in etwa 2 mm dicke Scheiben geschnitten, in Wasser gegart
200 g sehr junger, dünner Lauch, in Wasser gegart
120 g Entenstopfleber, gegart (siehe S. 40)
8 Steinpilzkappen, gebraten
100 g kleine Eierschwämme, gebraten

Sauce
100 g Auberginen-Fruchtfleisch, im Ofen gegart, im Mixer zerkleinert und durch ein feines Sieb gestrichen
80 g Mayonnaise (siehe S. 278)
1 g Kurkuma
1 g Knoblauchöl
5 g Fruchtfleisch von abgezogenen und entkernten Tomaten
Salz und Pfeffer
Gemüsebrühe
alter, sirupartiger Balsamessig

Garnitur
10 g Karotten, in Rauten geschnitten
10 g Zucchini, in Rauten geschnitten
20 ml Olivenöl
20 ml Haselnussöl
120 g kleine, in Essig eingelegte Eierschwämme, abgetropft
10 g schwarze Oliven, in Rauten geschnitten

Fertigstellung
alter, sirupartiger Balsamessig
Fleur de sel (feinstes Meersalz)
zerstoßener Pfeffer
80 g Mesclun-Salat (Herbstmischung)
Kerbelzweiglein

Pilz-Galantine

Eine schmale Terrinenform von etwa 30 cm Länge mit Gemüsegelee ausstreichen. Mit den dünnen Selleriescheiben dicht aneinander so auslegen, dass die Enden über den Rand der Form hängen – sie verschließen später die Form. Danach eine Lage Lauch, abwechselnd ein weißes und ein grünes Stück, längs in die Terrinenform legen. Eine Lage Entenstopfleber darüber legen, die zuvor in Rechtecke geschnitten und kräftig gepresst wurde. Darauf eine Lage Steinpilze, eine Lage Eierschwämme und eine weitere Lage Entenstopfleber legen. Die überhängenden Selleriestreifen darüber zusammenschlagen und die Terrinenform gut damit verschließen. Ein Brettchen in der Größe der Form mit einem Gewicht darauf auf die Galantine legen. Diese über Nacht im Kühlschrank ruhen lassen.

Sauce

Alle Zutaten bis auf die Brühe und den Balsamessig im Mixer fein zerkleinern. Anschließend mit Gemüsebrühe verlängern und einen Spritzer alten Balsamessig zugeben. Die Konsistenz der Sauce sollte dickflüssig bleiben. Beiseite stellen.

Garnitur

Die rohen Karotten- und Zucchini-Rauten kurz in heißem Olivenöl andünsten. Mit dem Haselnussöl und den anderen Zutaten vermischen und 10 bis 15 Minuten durchziehen lassen.

Fertigstellung

Die Galantine in 24 dünne Scheiben schneiden. Drei Scheiben auf jedem Teller anrichten. Darum herum das Haselnussöl mit den Gemüserauten verteilen. Die Teller mit ein paar kleinen Klecksen Auberginen-Vinaigrette und ein paar Tropfen altem Balsamessig beträufeln. Kurz vor dem Servieren mit Fleur de sel und zerstoßenem Pfeffer bestreuen, den Mesclun-Salat anmachen und neben der Galantine anrichten. Mit Kerbelzweiglein garnieren.

Pressée de courgettes, fenouil et citron confit à l'estragon, pain de campagne grillé à l'huile pimentée

Gemüseterrine mit Zucchini, Fenchel, Zitronen-Confit und Estragon, geröstetes Landbrot mit Chiliöl

Zutaten für 8 Personen

Gemüseterrine
6 g Gelatine, in kaltem Wasser eingeweicht
200 ml Gemüsegelee (siehe S. 279)
100 g Karottenstäbchen, in Wasser gegart
100 g Knollensellerie-Stäbchen, in Wasser gegart
50 g blanchierte Zucchini, in kleine Streifen geschnitten
100 g Artischockenböden, in einer Mischung aus Wasser, Öl und Milch gegart
30 g in Salz eingelegte Zitronen, in feine Streifen geschnitten
100 g Fenchel, in Wasser gegart und halbiert
40 g Tomaten-Confit-Stücke (siehe S. 134)

Garnitur
20 g Sellerie, schräg in Streifen geschnitten
20 g schwarze Oliven, schräg in Streifen geschnitten
20 g Zucchini, schräg in Streifen geschnitten
100 ml Olivenöl

Fertigstellung
Fleur de sel (feinstes Meersalz)
zerstoßener Pfeffer
50 ml Tomatensaft
30 ml alter, sirupartiger Balsamessig
Kerbelzweiglein
Dillzweiglein

Gemüseterrine

Die eingeweichte Gelatine mit dem Gemüsegelee mischen. Eine Terrinenform von 15 cm Länge und 8 cm Breite mit Frischhaltefolie auskleiden und diese am Rand überlappen lassen. Die Form so mit einer Schicht der blanchierten Zucchinistreifen auslegen, dass die Enden über den Rand der Form hängen. Anschließend mit Karotten- und Selleriestäbchen im Wechsel auskleiden. Dabei jede neue Zutat der Pastete mit etwas Gemüsegelee bestreichen. Mit einer Schicht Fenchel fortfahren, darauf eine Schicht Tomatenstücke legen, auf halber Höhe der Terrine die Artischockenböden verteilen, die Zitronenstreifen usw. Die überlappenden Zucchinistreifen über die Gemüseterrine schlagen. Zum Schluss die Folie darüber schlagen und die Terrine gut verschließen. Die Gemüseterrine mit einem Brettchen und einem Gewicht beschweren und für 8 Stunden in den Kühlschrank stellen.

Garnitur

Die Sellerie-, Oliven- und Zucchinistreifen in dem Olivenöl marinieren.

Fertigstellung

Die Terrine aus der Form nehmen, vorsichtig aus der Folie wickeln und in acht Scheiben schneiden. Auf den Tellern anrichten und mit dem marinierten Gemüse überziehen. Mit Fleur de sel und zerstoßenem Pfeffer würzen. Die Teller abwechselnd mit Tropfen von Tomatensaft und altem Balsamessig dekorieren und die Terrinenstücke mit den Kerbel- und den Dillzweiglein garnieren.

Galantine de pommes de terre, jeunes navets et poireaux aux truffes noires, acidulés au vinaigre balsamique

Kartoffel-Galantine mit jungen weißen Rübchen, Lauch und schwarzen Trüffeln, mit Balsamessig angemacht

Zutaten für 4 Personen

Gemüsegalantine
60 g Knollensellerie, in Wasser gegart und auf der Aufschnittmaschine in etwa 3 mm dicke Scheiben geschnitten
30 g schwarze Trüffeln, in feine Scheiben gehobelt
Haselnussöl
320 g dünne, junge Lauchstangen, in Wasser gegart
80 g Kartoffeln (vorzugsweise Agria), in Dampf gegart und in etwa 1 cm dicke Scheiben geschnitten
40 g junge weiße Rübchen, in Wasser gegart und in etwa 1 cm dicke Scheiben geschnitten
100 ml Gemüsegelee (siehe S. 279)

Fertigstellung
20 ml Walnussöl
Fleur de sel
zerstoßener Pfeffer
bunter Pfeffer
Vinaigrette mit altem Balsamessig (siehe S. 278)
40 g Mesclun-Salat der Saison
alter, sirupartiger Balsamessig
8 g Trüffelwürfel, in Butter geschwenkt

Gemüsegalantine

Eine Terrinenform von 12 cm Länge, 5 cm Breite und 5 cm Höhe mit Frischhaltefolie auskleiden und so mit den Selleriescheiben auslegen, dass diese leicht übereinander liegen und an den Rändern ein wenig überhängen.
Die Trüffelscheiben mit einem dünnen Strahl Haselnussöl benetzen. Kurz unter den vorgeheizten Salamander stellen.
Die Terrine zuerst mit einer Lage Lauchstangen, anschließend mit einer Schicht Trüffelscheibchen und einer Lage Kartoffelscheiben belegen. Darauf erneut Trüffelscheibchen, dann weiße Rübchenscheiben und wieder Trüffelscheibchen legen. Eine Lage Kartoffelscheiben darüber schichten. Mit einer Schicht Trüffelscheibchen und einer Schicht Lauchstangen abschließen. Zwischen den Schichten jeweils eine feine Schicht Gemüsegelee auftragen. Die überhängenden Selleriescheiben über die Galantine schlagen und gut mit der Klarsichtfolie abschließen. Mit einem Gewicht beschweren und 5 Stunden kalt stellen.

Fertigstellung

Die Galantine aus der Form nehmen und mitsamt der Folie in acht Scheiben schneiden. Die Folie entfernen und je zwei Scheiben Galantine auf einem Teller anrichten. Mit Walnussöl, Fleur de sel und zerstoßenem Pfeffer würzen. Den mit Balsamico-Vinaigrette angemachten Salat neben die Galantinescheiben setzen. Die Trüffelwürfel auf den Tellern rund um die Galantine anrichten. Zum Schluss die Teller mit Tropfen von altem Balsamessig dekorieren.

Dodine de Saint-Jacques aux endives safranées, vinaigrette de petits coquillages acidulée au jus de pamplemousse rose

Jakobsmuschelterrine mit Safran-Chicorée, Muschel-Vinaigrette mit rosa Grapefruitsaft

Zutaten für 4 Personen

Jakobsmuschelterrine
200 g Safran-Chicorée
200 g Jakobsmuschel-Nüsschen
Salz und Pfeffer
1 Prise Safran
30 g Butter
40 g rote Paprikaschote, in Stäbchen geschnitten und in Olivenöl sanft gegart
40 g gelbe Paprikaschote, in Stäbchen geschnitten und in Olivenöl sanft gegart
500 ml Gemüsegelee (siehe S. 279)

Safran-Chicorée
16 mittelgroße Chicoréestauden
100 g Zucker
40 g Salz
0,5 g Ascorbinsäure
20 g Butter
2 g Thymian
1 kleines Lorbeerblatt
1 Prise Safranpulver
10 Safranfäden

Muschel-Vinaigrette mit Grapefruitsaft
je 10 g ausgelöstes Muschelfleisch von Herzmuscheln, Braunen Venusmuscheln, Rauen Venusmuscheln und Strahligen Venusmuscheln
60 g Grapefruitsaft
70 g Olivenöl
2 g Schnittlauch, in Röllchen geschnitten
1 kleines Stück Orangenschale
1 kleines Stück Grapefruitschale
10 g Grapefruitfleisch, ohne Haut, in Würfel geschnitten
10 g Oliven, in kleine Würfel geschnitten (Brunoise)
10 g Tomate, in kleine Würfel geschnitten

Fertigstellung
Fleur de sel (feinstes Meersalz)
zerstoßener Pfeffer
Olivenöl
Kerbel- und Dillzweiglein

Jakobsmuschelterrine

Eine Terrinenform von 8 cm Länge, 7 cm Breite und 7 cm Höhe mit Frischhaltefolie auslegen. Mit 16 schönen Blättern Safran-Chicorée auskleiden, von dem übrigen Chicorée etwa 100 g beiseite legen und den Rest für eine andere Zubereitung verwenden. Die Blätter beim Auskleiden hochkant, an den Rändern überlappend so in die Terrinenform schichten, dass die eine oder andere Blattspitze über den Rand der Form hängt. Den übrigen Chicorée in 1,5 cm große Würfel schneiden. Die Jakobsmuscheln vierteln (wie Tortenstücke), mit Salz, Pfeffer und Safran würzen und kurz in heißer Butter schwenken, bis sie fest werden. Die Chicoréewürfel, die Jakobsmuschelstücke und die Paprikastäbchen mischen. Das Gemüsegelee unterziehen. Die Terrinenform mit dieser Mischung füllen. Die überhängenden Chicorée-Blattspitzen über die Füllung klappen und die Terrine mit der Folie gut verschließen. Die Terrine mit einem passenden Brettchen und einem Gewicht beschweren und über Nacht in den Kühlschrank geben.

Safran-Chicorée

Die äußeren Chicoréeblätter entfernen und aus den Stauden den Strunk jeweils keilförmig herausschneiden. 1 l Wasser aufkochen und alle anderen Zutaten hineingeben. Diese Flüssigkeit in einen kochfesten und luftdicht verschließbaren Plastikbeutel geben, den Chicorée hineinlegen und den Beutel schließen. Den Chicorée so 1 Stunde und 30 Minuten bei 90 °C im Dampfgarer garen. Anschließend den Beutel sofort in Eiswasser geben, um den Garprozess zu beenden.

Muschel-Vinaigrette mit Grapefruitsaft

Das rohe Muschelfleisch in einer Marinade aus Grapefruitsaft, Olivenöl und den anderen Vinaigrette-Zutaten marinieren lassen.

Fertigstellung

Die Terrine aus der Form nehmen und mitsamt der Folie in 4 dicke Scheiben schneiden. Die Folie entfernen und je 1 Scheibe auf einen Teller legen. Mit Salz und zerstoßenem Pfeffer würzen.
Die Scheiben mit Olivenöl beträufeln, darum herum die Vinaigrette mit dem Muschelfleisch verteilen und mit den Kerbel- und den Dillzweiglein dekorieren.

Terrine de canard au poivre vert

Ententerrine mit grünem Pfeffer

Zutaten für 8 Personen oder für eine Terrine von 15 cm × 8 cm Höhe

400 g Entenfleisch (Keulen, Flügel, Hals), ohne Fett und Sehnen, durch die mittelfeine Scheibe des Fleischwolfs gedreht
150 g Entenstopfleber, gegart und durch ein feines Sieb gestrichen
100 g frische Entenleber, gebraten, flambiert und in 5 mm große Würfel geschnitten
200 g durchwachsener Speck, durch die mittelfeine Scheibe des Fleischwolfs gedreht
80 g eingemachte Schalotten, fein geschnitten
100 ml Armagnac
100 g Rahm
12 g Salz
2 g Salpeter
2 g Pastetengewürz
1 g weißer Pfeffer, gemahlen
3 EL Erdnussöl
1 Entenfilet ohne Haut
150 g dünne Speckscheiben
40 g grüner Pfeffer in Lake, abgetropft und gründlich abgespült

Alle Zutaten – bis auf das Öl, das Entenfilet, die Speckscheiben und 10 g grünen Pfeffer – in einer Rührschüssel vermischen. Die Zutaten vor dem Einlegen in die Terrine 1 Nacht im Kühlschrank durchziehen lassen. Das Erdnussöl in einer Pfanne erhitzen, das Entenfilet mit Salz und Pfeffer würzen und rasch darin braten. Herausnehmen und abkühlen lassen. Die Terrinenform mit einer dünnen Schicht Speck auskleiden. Die Farce bis zur halben Höhe in die Form füllen und fest hineindrücken. Das Entenbrustfilet mittig darauf legen und mit der restlichen Farce bedecken. Die Terrine sorgfältig mit dem übrigen Speck schließen. Den restlichen grünen Pfeffer darüber streuen. Die Terrine mit etwas Armagnac beträufeln und im Wasserbad im vorgeheizten Ofen bei 110 °C 50 Minuten bis 1 Stunde garen, die Kerntemperatur soll 70 °C betragen. Vor dem Servieren 2 Tage im Kühlschrank durchziehen lassen.

Ballotine de volaille

Geflügel-Ballotine

Zutaten für 10 Personen

1 Bresse-Poularde, 1,8 kg, ausgenommen und abgeflammt
Salz, Pfeffer
120 g Geflügelfleisch, in kleine Würfel geschnitten
250 g Schweinehals, durch die mittelfeine Scheibe des Fleischwolfs gedreht
150 g Gänsestopfleber, gegart und durch ein feines Sieb gestrichen
2 Eier
1 TL Gewürzmischung »quatre-épices«
50 g eingemachte Schalotten
2 g Knoblauch
30 ml Cognac
4 g grobes Salz, Pfeffer aus der Mühle
2 EL braunes Geflügelgelee, mit rotem Portwein abgeschmeckt (siehe S. 279)

Das Geflügel vom Händler vorbereiten lassen oder die Keulen selbst von den Sehnen befreien, die Füße abschneiden und die Flügel entfernen. Danach die Poularde vom Rücken her auslösen, dabei Bürzel und Hals abschneiden und darauf achten, dass die Haut nicht beschädigt wird. Das Fleisch von der Karkasse ablösen und diese für die Zubereitung des Gelees aufbewahren.
Die Poularde auf einem Küchentuch flach ausbreiten. Salzen und pfeffern. Aus den übrigen Zutaten in einer Schüssel die Farce zubereiten. Diese in die Mitte der Poularde geben und den Vogel schließen, indem man die Seitenteile der Poularde zur Mitte hin über die Farce schlägt. Die Ballotine fest mit Küchengarn umwickeln und in eine Tonform von 19 cm Durchmesser und 8 cm Höhe geben.
Mit Folie zudecken und 1 Stunde und 45 Minuten bei 100 °C im Dampfgarer garen, die Kerntemperatur soll 85 °C betragen. Anschließend das Küchengarn sofort entfernen. Die Oberseite der Ballotine unter dem Salamander bräunen. 5 Stunden kalt stellen, dann mit dem leicht erwärmten Geflügelgelee glasieren. Vor dem Servieren 24 Stunden kalt stellen.

Foie gras d'oie ou canard au torchon à la fleur de sel, brioche toastée

Gänse- oder Entenstopfleber mit Fleur de sel und getoasteter Brioche

Zutaten für 12 Personen

1 kg Gänse- oder Entenstopfleber, alle grünlichen Stellen, Galle, Blutäderchen und Haut sorgfältig entfernt
15 g Fleur de sel (feinstes Meersalz)
2 g Zucker
2 g Salpeter
50 ml weißer Portwein
10 ml alter Madeira

Alle Zutaten vermischen und im Kühlschrank 12 Stunden durchziehen lassen. Die gewürzte Stopfleber mitsamt der Marinade in einen kochfesten und verschließbaren Garbeutel (40 cm × 30 cm) geben und im Dampfgarer bei 65 °C 8–10 Minuten garen. In Eiswasser abkühlen lassen und mit dem ausgetretenen Fett gut vermischen, bis eine homogene Masse entstanden ist.
Zu Rollen von 250 g oder 500 g formen und in Frischhaltefolie einschagen. In Tücher wickeln und luftdicht verpackt maximal 10 Tage aufbewahren. Mit getoasteter Brioche servieren (siehe S. 274).

Terrine de chamois

Gemsterrine

Zutaten für 8 Personen oder für eine Terrinenform von etwa 15 cm × 8 cm

400 g Gemsfleisch (z. B. Schulter oder Hals), von Fett und Sehnen befreit, durch die grobe Scheibe des Fleischwolfs gedreht
125 g Stopfleber, durch ein Sieb gestrichen
125 g Geflügelleber, gebraten und durch die mittlere Scheibe des Fleischwolfs gedreht
200 g Rahm
200 g durchwachsener Speck, in kleine Würfel geschnitten
80 g eingemachte Schalotten, fein geschnitten
80 g grüne Äpfel, in Würfel geschnitten
100 ml Cognac
12 g Salz
2 g Salpeter
2 g Pastetengewürz
100 g feines Schweinenetz

Das Gemsfleisch mit den übrigen Zutaten – bis auf das Schweinenetz – gründlich vermischen. Über Nacht im Kühlschrank durchziehen lassen.
Die Form mit dem feinen Schweinenetz auskleiden, mit der Masse füllen und zum Garen mit einem zurechtgeschnittenen Stück Backpapier abdecken. Im Wasserbad im vorgeheizten Ofen bei 110 °C ungefähr 1 Stunde und 15 Minuten garen, die Kerntemperatur soll 85 °C betragen. 24 Stunden ruhen lassen.

Rilettes de lapin maison

Kaninchen-Rilette

Zutaten für 10 Personen

30 Kaninchenschultern (von Stallkaninchen)
1,25 kg fetter Speck
1 kg Gänseschmalz
2,5 l trockener Weißwein
400 ml Cognac
2 TL weißer Pfeffer, gemahlen
5 g Fleur de sel (feinstes Meersalz)
5 frische Tomaten, halbiert
5 ganze große Karotten
10 ganze Schalotten, geschält
2 Lorbeerblätter
1 großes Kräuterbündel (Lorbeer, Thymian und Petersilie)
50 g Basilikumblätter
500 g Schweineschmalz
Öl

Alle Zutaten – bis auf das Schweineschmalz und das Öl – vermischen und 12 Stunden marinieren lassen. Die Kaninchenschultern abtropfen lassen, mit Salz und Pfeffer würzen und in rauchend heißem Öl anbraten.
Die Kaninchenschultern wieder in die Marinade geben und 6 Stunden bei 100 °C garen. Anschließend 1 Nacht durchziehen lassen.
Das Fleisch sorgfältig von den Knochen lösen, es dürfen keine Knochenstückchen im Fleisch zurückbleiben.

Den Kochsud leicht erwärmen und durch ein Passiertuch seihen. Das Kaninchenfleisch mit dem Kochsud vermischen und mit dem Schweineschmalz in der Küchenmaschine kräftig durchrühren, bis die Rilette-Masse eine grobe, aber homogene Konsistenz erhalten hat. Abschmecken, in eine Terrinenform füllen und kalt stellen. Das Rilette ist 14 Tage haltbar.

Paté de campagne

Bauernpastete

Zutaten für 8 Personen oder für eine Terrinenform von 15 cm × 8 cm

500 g Schweinenacken, durch die grobe Scheibe des Fleischwolfs gedreht
100 g Schweineleber, angebraten, durch die grobe Scheibe des Fleischwolfs gedreht
100 g Stopfleber, gegart und durch ein feines Sieb gestrichen
200 g Schweinefett, in 5 mm große Würfel geschnitten
100 g eingemachte Schalotten, fein geschnitten
120 ml Cognac
50 ml trockener Weißwein
50 g Rahm
15 g Salz
3 g Salpeter
2 g Pastetengewürz
1 g weißer Pfeffer, gemahlen
150 g fetter Speck, in dünne Scheiben geschnitten
250 g in Salzlake gepökelte Schweinebrust, in Würfel geschnitten

Alle Zutaten – bis auf 20 ml Cognac, die Speckscheiben und die gepökelte Schweinebrust – in einer Rührschüssel vermischen.
Die Terrinenform mit Speckscheiben auskleiden. Die gepökelten Schweinebrustwürfel unter die Pastetenmasse mischen. Einen Spritzer Cognac darüber träufeln und die Masse in die Terrinenform füllen.
Im Wasserbad 1 Stunde und 10 Minuten im vorgeheizten Ofen bei 130 °C garen, die Kerntemperatur soll 85 °C betragen.
2 Tage durchziehen lassen.

Kalte und warme Vorspeisen

Fromage blanc battu mariné au basilic, olives noires, jus de tomates pépins et artichauts croquants acidulés au vinaigre de Modène

Fromage blanc mit Basilikum, schwarzen Oliven, Tomatenfruchtfleisch und knusprigen Artischocken, mit Balsamico di Modena angemacht

Zutaten für 4 Personen

Marinierter Fromage blanc
400 g Fromage blanc, abgetropft (Typ Faisselle)
Fleur de sel (feinstes Meersalz)
zerstoßener bunter Pfeffer
100 g Basilikumblätter
200 g Spinatblätter, blanchiert

Fertigstellung
120 g Tomatenfruchtfleisch mit Kernen
50 ml Olivenöl (aus Nyons-Oliven oder aus Maussane)
100 ml Basilikumöl (siehe S. 279)
70 g Tapenade
8 kleine Artischocken, die Blattenden zurückgeschnitten, das Heu entfernt, geschmort
einige Kerbelzweiglein
60 g schwarze Oliven, in kleine Stäbchen geschnitten
300 g Mesclun-Salat der Saison, angemacht mit Balsamico-Vinaigrette (siehe S. 278)

Marinierter Fromage blanc

Den Fromage blanc mit Salz und Pfeffer würzen und die Hälfte in runde Ausstecher oder Metallringe füllen. Mit den grob gehackten Basilikumblättern belegen und anschließend den übrigen Fromage blanc darüber schichten.
Über Nacht in den Kühlschrank stellen, dann aus den Formen nehmen und mit blanchierten Spinatblättern umwickeln.

Fertigstellung

Drei kleine Käse auf jedem Teller anrichten und mit etwas Tomatenöl beträufeln (dazu das Tomatenfruchtfleisch mit dem Olivenöl vermischen).
Die Teller abwechselnd mit etwas Tomatenöl, Tomatenfruchtfleisch und Basilikumöl dekorieren.
Jeden Käse mit einem Tapenade-Klößchen und einigen Kerbelzweiglein garnieren und nach Belieben mit den in Stäbchen geschnittenen schwarzen Oliven dekorieren.
Abschließend die geviertelten, mit Salz und buntem Pfeffer gewürzten Artischocken daneben anrichten. Den Mesclun-Salat mit der Vinaigrette anmachen und auf die Artischocken setzen.

Consommé de tomates froid à la fine ratatouille au basilic

Kalte Tomaten-Consommé mit feinem Basilikum-Ratatouille

Zutaten für 4 Personen

Consommé
40 g Schalotten, fein geschnitten
Olivenöl
250 g reife Tomaten, geviertelt
1 EL Tomatenmark
150 ml Rahm
Salz, Pfeffer, Zucker, Tabasco
2 g Gelatine, in kaltem Wasser eingeweicht

Garnitur und Fertigstellung
60 g feine Puffbohnen, enthülst und abgezogen, in kleine Würfel geschnitten (Brunoise) (die feine Haut lässt sich abziehen, wenn man die Bohnenkerne kurz blanchiert und anschließend in Eiswasser abschreckt)
60 g rohe Tomaten, abgezogen und in Würfel geschnitten
4 frittierte Basilikumblätter
120 g feine Ratatouille (siehe S. 289)
500 ml Tomatengelee (siehe nebenstehendes Rezept)
Zitronenthymian
Kerbel
Borretschblüten
Fleur de sel

Consommé

Die Schalotten in Olivenöl anschwitzen und die Tomaten hinzufügen. Sobald sie ihren Saft abgeben, das Tomatenmark dazugeben und die Tomatenmischung etwas einkochen lassen.
Sobald die Tomaten zerfallen sind, den Rahm unterrühren. Die Suppe mit Salz, Pfeffer, Zucker und Tabasco würzen und knapp 1 Minute kochen. Mixen und durch ein Spitzsieb passieren. Nun die eingeweichte Gelatine hinzufügen und in der Consommé auflösen. Die Consommé beiseite stellen.

Fertigstellung

Die Bohnen-Brunoise und die Tomatenwürfel in tiefe Teller legen, die warme Tomaten-Consommé darüber gießen. Eventuell entstandene Luftbläschen durch leichtes Klopfen der Teller auf die Arbeitsoberfläche entfernen. Mindestens eine Stunde in den Kühlschrank stellen.

Die Oberfläche der Tomaten-Consommé mit einem Spiegel Tomatengelee glasieren. Die Mitte der Teller mit feiner Ratatouille garnieren, dabei entweder mit einem runden Ausstecher kleine Kreise bilden oder mit einem Teelöffel je drei Klößchen ausstechen. Mit einigen Zweiglein Zitronenthymian, den frittierten Basilikumblättchen, einigen Kerbelzweiglein und einigen Borretschblüten dekorieren. Zum Schluss eine Prise Fleur de sel darüber streuen.

Gelée de tomates

Tomatengelee

Zutaten für 4 Personen
1,5 kg sehr reife Tomaten, gewaschen und zu Püree eingekocht
5 g Salz
5 g Zucker

Fertigstellung
Gelatine, Salz, Tabasco, Zucker

Das Tomatenpüree durch ein Spitzsieb passieren. Zum Kochen bringen und sich klären lassen.
7 Minuten kochen, dann durch ein Passiertuch oder ein Sieb abgießen.

Fertigstellung

Pro Liter geklärte Tomatenbrühe 9 g Gelatine in kaltem Wasser einweichen und anschließend unterrühren. Mit in Wasser aufgelöstem Salz, Tabasco und Zucker abschmecken. Beiseite stellen.

Salsifis et artichauts poivrades aux truffes blanches d'Alba, mesclun d'automne acidulé au vinaigre de grains nobles, pain de campagne croustillant au fromage blanc

Schwarzwurzeln und Artischocken mit weißen Trüffeln aus Alba, herbstlicher Mesclun-Salat, knuspriges Landbrot mit Fromage blanc

Zutaten für 4 Personen

200 g Schwarzwurzeln, blanchiert und in gleichmäßige Stücke geschnitten
8 kleine Artischocken, gekocht und geviertelt
16 Tomaten-Confit-Stücke (siehe S. 134)
100 g Chasselas-Trauben, entkernt, geschält und in Butter geschwenkt
Olivenöl
Beerenauslese-Vinaigrette (siehe S. 284)
100 g Mesclun-Salat aus Rucola, jungen Spinatblättern, Frisée, Kerbel, Basilikum, Dill, glatter Petersilie und Eichblattsalat
1 weiße Trüffel aus Alba (Gewicht: etwa 60 g), in Scheiben gehobelt
60 g Parmesanspäne
50 ml Haselnussöl
100 ml Rahmsauce mit Trüffeln aus Alba (siehe S. 289)
20 ml Beerenauslese-Essig
1 Baguette, aufgeschnitten und getoastet
80 g Fromage blanc
zerstoßener bunter Pfeffer
Fleur de sel (feinstes Meersalz)

Die Schwarzwurzeln, die Artischocken, die eingemachten Tomatenviertel und die weißen Trauben in Olivenöl erhitzen. Dieses Ragout auf den Tellern anrichten. Mit je 1 Esslöffel Beerenauslese-Vinaigrette würzen. Den Mesclun-Salat mit der übrigen Vinaigrette anmachen und auf die Teller verteilen. Einige Trüffelscheiben und Parmesanspäne darüber streuen und etwas Haselnussöl darüber träufeln. Die Teller mit einigen Tropfen weißer Trüffelrahmsauce dekorieren. Die getoasteten Baguette-Scheiben mit Fromage blanc bestreichen und mit buntem Pfeffer und Salz würzen. Mit feinen Trüffelscheiben schuppenförmig belegen und dazu reichen.

Vichyssoise de pommes de terre rattes en chaud-froid á l'osciètre

Vichyssoise-Chaudfroid mit Osietra-Kaviar

Zutaten für 4 Personen

Vichyssoise
40 g Zwiebeln, grob gehackt
50 g Butter
150 g fest kochende, kleine Kartoffeln (vorzugsweise Ratte), halbiert und fein geschnitten
230 g Lauch (nur der weiße Teil), in dicke Stücke geschnitten
Salz, weißer Pfeffer
200 ml Gemüsebrühe (siehe S. 281)
200 g Rahm
3 g Gelatine, in kaltem Wasser eingeweicht

Fertigstellung
60 g Lauch, dicke Stücke, in Wasser gegart
200 g kleine, fest kochende Kartoffeln (vorzugsweise Ratte), gekocht, geschält und in sehr feine Scheiben geschnitten
Fleur de sel (feinstes Meersalz)
zerstoßener Pfeffer
Haselnussöl
Dill- und Kerbelzweiglein
60 g Osietra-Kaviar
Borretschblüten

Vichyssoise

Die Zwiebeln in der Butter anschwitzen, die Kartoffeln und den Lauch dazugeben und würzen.
Mit der Brühe aufgießen und zum Kochen bringen. Etwa 2 Minuten kochen, anschließend den Rahm dazugießen und köcheln lassen, bis die Kartoffeln weich sind. Die Vichyssoise in einem Mixer pürieren und durch ein Spitzsieb passieren. Die eingeweichte Gelatine unter die heiße Suppe rühren.

Anrichten und Fertigstellung

Die geschnittenen Lauchstücke in Portionsschalen oder tiefe Tellern legen. Die Vichyssoise darüber schöpfen und im Kühlschrank fest werden lassen.

Wenn die Vichyssoise gut angezogen hat, den Rand der Teller bzw. Schälchen mit den feinen Kartoffelscheibchen garnieren, diese mit Salz und zerstoßenem Pfeffer bestreuen und mit etwas Haselnussöl beträufeln. Zum Schluss die Ränder mit ein paar Kerbel- und Dillzweiglein verzieren und nach Belieben Borretschblüten darüber streuen. In die Mitte jeweils etwas Osietra-Kaviar setzen. Dazu knusprige Roggenstangen (siehe Seite 275) reichen.

Effilochée de tourteau et araignée de mer au caviar

Zerpflücktes Taschenkrebsfleisch und Meerspinne mit Kaviar

Zutaten für 4 Personen

Zerpflücktes Taschenkrebsfleisch und Meerspinne
120 g Taschenkrebsfleisch (oder 2 Stück von 400 g)
120 g Meerspinnenfleisch (oder 1 Stück von 800 g)
50 g Mayonnaise (siehe S. 278)
8 g Chiliöl (siehe S. 279)
6 g abgeriebene Orangenschale
8 g Zitronensaft
5 g rote Paprika, in kleine Würfel geschnitten (Brunoise)
5 g gelbe Paprika, in kleine Würfel geschnitten (Brunoise)
Salz und Pfeffer
4 g Schnittlauch, fein geschnitten

Sauce
80 g Mayonnaise
30 ml Scampi-Brühe (siehe S. 280)
10 g Zitronensaft
2 g fein geschnittener Dill
Salz und Pfeffer

Fertigstellung
40 g Kaviar
4 kleine Kräuterbündel (Kerbel, Dill, Schnittlauch)

Zerpflücktes Taschenkrebsfleisch und Meerspinne

Die Taschenkrebse in kaltem Wasser aufstellen, 15 Minuten kochen, anschließend abkühlen lassen. Das Fleisch herauslösen. Die Scheren für die Dekoration aufbewahren. Die Meerspinne in kaltem Wasser aufstellen, 25 Minuten kochen, dann abkühlen lassen. Anschließend das Fleisch herauslösen.
Das herausgelöste Fleisch der Taschenkrebse und der Meerspinne behutsam mit den übrigen Zutaten vermischen.

Sauce

Die Mayonnaise mit der Scampi-Brühe verlängern. Den Zitronensaft und den Dill untermischen und die Sauce mit Salz und Pfeffer abschmecken.

Fertigstellung

Runde Ausstecher oder Metallringe (Durchmesser: 8 cm) in die Mitte eines jeden Tellers platzieren und je 2 EL Sauce hineingießen. Die Sauce gleichmäßig verteilen.
Aus dem Taschenkrebsfleisch zwölf Klößchen formen und je drei pro Teller auf den Saucenspiegel geben. Das jeweils in die Mitte gesetzte Klößchen sollte kleiner als die anderen beiden sein und mit etwas Kaviar belegt werden.
Die Metallringe abnehmen, die Teller mit den beiseite gelegten Scheren dekorieren und in der Mitte mit einem Kräuterbündel garnieren.

Filet de thon rouge en carpaccio, ratatouille froide à la tapenade, croûtons à la catalane

Carpaccio von rotem Thunfisch, kaltes Ratatouille mit Tapenade und Croûtons à la catalane

Zutaten für 4 Personen

400 g rotes Thunfischfilet, aus der Mitte geschnitten
Chiliöl (siehe S. 279)
Salz, Pfeffer, Tabasco
15 g Tapenade, mit Olivenöl verlängert

Croûtons
1 Baguette, in Scheiben geschnitten, getoastet und mit Knoblauch eingerieben
Chiliöl (siehe S. 279)
Kerne von frischen Tomaten
10 g Tapenade

Fertigstellung
feines Ratatouille (siehe S. 289)
Mayonnaise, mit weißem Balsamessig verlängert
alter, sirupartiger Balsamessig

Carpaccio von rotem Thunfisch

Das Thunfischfilet in 4 mm dicke Scheiben, diese wiederum in 3 cm lange Streifen schneiden. Mit Chiliöl, Salz, Pfeffer, Tabasco und der Tapenade würzen.

Croûtons

Das geröstete Brot nach Belieben mit den verschiedenen Zutaten aromatisieren.

Fertigstellung

Runde Ausstecher oder Metallringe (Durchmesser: 8 cm) in die Mitte eines jeden Tellers stellen und eine dünne Schicht Ratatouille darin gleichmäßig verteilen. Je drei gleich große Thunfischklößchen darauf anrichten. Rundherum mit der mit Balsamessig verlängerten Mayonnaise verzieren, dabei die Mayonnaise mit einem Holzstäbchen strahlenförmig nach außen streichen. Die Teller mit etwas altem Balsamessig dekorativ beträufeln.
Kurz vor dem Servieren jedes Fischklößchen mit etwas Tapenade-Öl beträufeln und mit einem kleinen aromatischen Kräutersträußchen garnieren. Die Croûtons dazu reichen.

Ying et Yang de tourteau et araignée de mer en gelée, à la crème de pois verts au caviar

Ying und Yang von Taschenkrebs und Meerspinne in Gelee mit Erbsencreme und Kaviar

Zutaten für 4 Personen

Creme von kleinen grünen Erbsen
300 ml Scampi-Brühe (siehe S. 280)
100 g Rahm
500 g feine, junge Erbsen, enthülst, kurz blanchiert, in Eiswasser abgeschreckt
Salz, Tabasco, Zucker
4 g Gelatine, in kaltem Wasser eingeweicht

Taschenkrebs-Meerspinnen-Masse
80 g Meerspinnenfleisch
80 g Taschenkrebsfleisch
60 g Mayonnaise
1 TL zerstoßener Pfeffer
Orangensegmente, in kleine Würfel geschnitten
Zitronensegmente, in kleine Würfel geschnitten
1 TL fein geschnittener Schnittlauch
1 TL Chiliöl (siehe S. 279)
1 TL Minze in dünne Streifen geschnitten (Julienne)
1 Teelöffel Zitronensaft

Fertigstellung
120 g Gemüse, gekocht und mit einem ovalen, gewellten Kugelausstecher ausgestochen (Karotten, Zucchini, Sellerie)
10 g Tomatenkügelchen
Gemüsegelee (siehe S. 279)
8 Taschenkrebsscheren
60 g Osietra-Kaviar
Borretschblüten
Kerbelblättchen

Creme von kleinen grünen Erbsen

Die Brühe und den Rahm erhitzen und zum Kochen bringen. Die Erbsen mit dem Salz, Tabasco und einer Prise Zucker würzen und etwa 2 Minuten kochen. Im Mixer fein pürieren und durch ein Spitzsieb passieren. Die in Wasser eingeweichte Gelatine hinzufügen und auflösen.
Die Creme jeweils auf eine Hälfte der Teller geben und im Kühlschrank fest werden lassen.

Taschenkrebs-Meerspinnen-Masse

Das Fleisch der beiden Krustentiere würzen und vermischen. Alle Zutaten in der angegebenen Reihenfolge hinzufügen. Diese Masse in der Form des Yang-Zeichens (also S-förmig) jeweils auf den anderen Hälften der Teller anrichten. Nach Belieben dazu runde Ausstecher oder Metallringe zu Hilfe nehmen.

Fertigstellung

Die Formen abnehmen. Die restliche Taschenkrebs-Meerspinnen-Masse auf die Teller verteilen, eine dünne Schicht Gemüsegelee darüber geben und das Gelee im Kühlschrank erstarren lassen. Die Teller mit Gemüse- und Tomatenkügelchen dekorieren. Etwa 30 Minuten vor dem Servieren mit etwas Gemüsegelee glasieren.
Mit je zwei Taschenkrebscheren dekorieren und an jede Schere jeweils ein Kaviarklößchen setzen. Mit Borretschblüten und Kerbelblättchen dekorieren.

Velouté d'oursins verts d'Irlande en chaud-froid au fenouil

Velouté aus grünen irischen Seeigeln als Chaudfroid auf gekochtem Fenchel

Zutaten für 4 Personen

Seeigel-Velouté
12 mittelgroße grüne Seeigel aus Irland
60 g Schalotten, fein geschnitten
60 g Fenchel, fein geschnitten
50 g Champignons, geputzt und fein geschnitten
30 g Butter
50 ml Gemüsebrühe (siehe S. 280)
150 ml Scampi-Brühe (siehe S. 280)
120 g Rahm
Salz und Pfeffer
Pastis
Zitronensaft
4 g Blattgelatine, in kaltem Wasser eingeweicht

Fertigstellung
80 g Fenchel, in kleine Würfel geschnitten (Brunoise) und blanchiert
80 g Champignons, in kleine Würfel geschnitten (Brunoise) und mit Zitronensaft beträufelt
70 g Kaviar

Seeigel-Velouté

Die Seeigel mit einer kleinen Schere oben aufschneiden.
Den Saft sorgfältig durch ein feines Sieb gießen und in einer Schüssel auffangen. Beiseite stellen. Die Zungen mit einem kleinen Löffel herausnehmen und auf einer kleinen Edelstahlplatte beiseite stellen. Die Schalen waschen und auf einem Gitter gut abtropfen lassen. Schalotten, Fenchel und Champignons in Butter anschwitzen. Mit dem Seeigelsaft (etwa 150 ml), der Gemüsebrühe und der Scampi-Brühe aufgießen. Den Rahm dazugießen und alles 5 Minuten kochen. Mit einem Stabmixer fein pürieren, dann durch ein Spitzsieb passieren. Mit Salz, Pfeffer, Pastis und Zitronensaft würzen. Zum Schluss die eingeweichte Blattgelatine behutsam untermischen und die Velouté beiseite stellen.

Fertigstellung

Die Seeigelschalen mit dem fein gewürfelten Fenchel und den fein gewürfelten Champignons füllen. Die Zungen hineingeben und die Schalen zu drei Viertel mit der Velouté aufgießen. Erkalten lassen und zum Schluss auf jede erstarrte Velouté ein Kaviarklößchen setzen.

CAVIAR

Rissolette de foie gras de canard chaud aux châtaignes et fleurs de câpriers à l'huile de châtaigne, acidulé au vinaigre de grain noble

Gebratene Entenstopfleber mit Maronen und Kapern in Kastanienöl, mariniert mit Beerenauslese-Vinaigrette

Zutaten für 4 Personen

1 Entenstopfleber (Gewicht: 500 g netto)
Salz, Pfeffer, Mehl
1 EL Erdnussöl
20 g kleine Grelot-Zwiebeln, in Butter gebraten
12 Artischockenviertel, in Olivenöl gebraten
Kastanienbruch (12 Maronen), in Brühe gegart
12 feinste Kapern, in Salzlake eingelegt, abgetropft
20 g rote Zwiebeln, in Stifte geschnitten und gedünstet
12 Kerbelzweiglein
Beerenauslese-Vinaigrette (siehe S. 284)
20 ml Maronenöl

Die Entenleber in zwölf etwa 1,5 cm dicke Scheibchen schneiden. Mit einem runden Ausstecher (Durchmesser: 4 cm) aus den Scheiben 20 Kreise ausstechen. In den Kühlschrank stellen. Die Stopfleberreste anderweitig verwenden. Die Stopfleberscheiben salzen, pfeffern und in Mehl wenden.
Das Öl erhitzen und die Scheiben rasch von beiden Seiten anbraten und zum Schluss mit dem Bratensatz übergießen. Insgesamt etwa 2 Minuten braten. Auf Küchenpapier gut abtropfen lassen.
Auf jeden Teller fünf Entenstopfleberscheiben geben und rundherum die verschiedenen Garnituren anrichten.
Mit lauwarmer Vinaigrette und einem Esslöffel Maronenöl beträufeln.

Grosses asperges blanches du Valais à l'œuf poché, rémoulade légère au caviar et cerfeuil

Dicker weißer Spargel aus dem Wallis, pochierte Eier, leichte Remoulade mit Kaviar und Kerbel

Zutaten für 4 Personen

24 dicke, feste Spargelstangen, geschält (ungefähr 1,6 kg)
Haselnussöl
4 Eier
Salz und Pfeffer

Sauce
200 g Mayonnaise (siehe S. 278)
Saft von 1 Zitrone
5 g Kerbelblättchen, grob gehackt

Fertigstellung
40 g Osietra-Kaviar
20 Kerbelzweiglein, gehackt

Spargelzubereitung
5 l Wasser
50 g Salz

Spargel

Jeweils sechs Spargelstangen zu einem Bund zusammenbinden und etwa 11 Minuten in Salzwasser kochen. 120 ml der Garflüssigkeit aufbewahren. Die Spargelenden schräg abschneiden.

Pochierte Eier

Vier kleine Schälchen mit Frischhaltefolie auslegen, die zuvor mit etwas Haselnussöl bestrichen wurde. In jede Schale vorsichtig ein Ei schlagen und dieses mit Salz und Pfeffer würzen. Die Folie über jedem Ei mit einem Stück Küchengarn zusammenbinden. Die so verpackten Eier 4 Minuten in sprudelndem Wasser kochen und dann vorsichtig auf einem Küchentuch abtropfen lassen.

Sauce

Die Mayonnaise mit der aufbewahrten Garflüssigkeit verlängern. Gut abschmecken, den Zitronensaft sowie die grob gehackten Kerbelblättchen hinzufügen.

Fertigstellung

Einen Teil der Sauce auf die Teller gießen und den Kaviar darauf verteilen. Je sechs Spargelstangen fächerförmig auf jedem Teller anrichten. Die pochierten Eier mit der restlichen Sauce überziehen und vorsichtig an den unteren Enden der Spargelstangen anrichten. Mit Kerbel garnieren.

Œufs effilés aux perciatellini et épinards parfumés aux truffes blanches d'Alba

Eischaum mit Perciatellini und Spinat mit weißen Alba-Trüffeln

Zutaten für 4 Personen

Perciatellini
100 g Perciatellini (Röhrennudeln), ohne Öl
al dente gekocht
Butter
feine Geflügelfarce (siehe S. 289)

Spinatmasse mit weißen Trüffeln
20 g Schalotte, fein geschnitten
20 g Butter
50 g weiße Trüffeln, in sehr kleine Würfel geschnitten (sehr feine Brunoise)
40 g Rahm
100 g Spinat, blanchiert und sehr fein gehackt
Salz, Pfeffer, Muskatnuss

Blätterteigstäbchen
50 g Blätterteig
1 Eigelb
10 g geriebener Parmesan
Fleur de sel (feinstes Meersalz)

Fertigstellung
8 große Eigelb (65–70 g)
Fleur de sel (feinstes Meersalz)
Pfeffer
Geflügelbrühe
weiße Trüffelrahmsauce (siehe S. 289)
2 weiße Alba-Trüffeln von je 40 g, geschält
Kerbelzweiglein

Perciatellini

Die Perciatellini eng aneinander gedrückt zu einem Rechteck formen. Dazu rechteckige Ausstecher buttern und nur die Ränder mit den aufgerichteten Perciatellini auskleiden. Die Formen innen mit einer dünnen Schicht Geflügelfarce bestreichen. Bis zur Hälfte mit der Spinatmasse auffüllen. Mit Frischhaltefolie zugedeckt 5 Minuten im vorgeheizten Ofen bei 90 °C garen.

Spinatmasse mit weißen Trüffeln

Die Schalotte in Butter anschwitzen, die Trüffel-Brunoise dazugeben und mit dem Rahm mischen. 5 Minuten kochen, dann den sehr fein gehackten Spinat dazugeben. Mit Salz, Pfeffer und Muskat abschmecken und beiseite stellen.

Blätterteigstäbchen

Den Blätterteig 2 mm dick zu Rechtecken (etwa 8 cm × 15 cm) ausrollen. Mit Eigelb bestreichen, mit geriebenem Parmesan und Fleur de sel bestreuen und im vorgeheizten Ofen bei 180 °C in 4 Minuten goldgelb backen. Auskühlen lassen und in schmale Stäbchen schneiden.

Fertigstellung

Die Eigelbe mit Salz, Pfeffer, etwas Geflügelbrühe und ein paar Tropfen heißem Wasser zu einem Sabayon aufschlagen. Die Ausstechformen aus dem Ofen nehmen und mit dem warmen Sabayon füllen. Die Perciatellini-Rechtecke aus der Form nehmen, in die Mitte der Teller setzen und die Trüffelrahmsauce darüber schöpfen. Mit einigen dünnen Trüffelscheiben verzieren und je 2 Blätterteigstäbchen über Kreuz auf die Perciatellini-Rechtecke legen. Mit Kerbel garnieren.

Œufs en surprise à l'italienne aux truffes blanches d'Alba et copeaux de parmesan

Œufs en surprise auf italienische Art mit weißen Alba-Trüffeln und gehobeltem Parmesan

Zutaten für 4 Personen

Spinatmasse mit weißen Trüffeln
15 g Schalotten, fein gehackt
10 g Butter
20 g weiße Trüffeln, in sehr feine Würfel geschnitten (sehr feine Brunoise)
40 g Rahm
60 g Spinat, in Wasser gegart, fein gehackt
Salz, weißer Pfeffer

Œufs en surprise
50 g Butter
200 g Spaghetti, 50 cm lang, al dente gekocht
40 g feine Geflügelfarce (siehe S. 289)
8 große Eigelb
1 weiße Trüffel von 40 g, gewaschen, gebürstet und geschält (die Schalen beiseite gelegt)

Fertigstellung
200 ml Trüffelrahmsauce (siehe S. 289)
einige dünne weiße Trüffelscheiben
40 g Parmesan, gehobelt
Kerbelzweiglein

Spinatmasse mit weißen Trüffeln

Die Schalotten in der Butter anschwitzen, die Trüffel-Brunoise hinzufügen und den Rahm dazugießen. 5 Minuten kochen, dann den gehackten Spinat untermischen. Gut abschmecken und beiseite stellen.

Œufs en surprise

8 kleine Förmchen (Durchmesser: 4 cm) aus feuerfestem Glas buttern und den Rand jeweils mit einem dünnen Streifen Alufolie umwickeln, um das Herausnehmen zu erleichtern. Auf dem Boden von jedem Förmchen eine einzelne Spaghetti von der Mitte aus zu einer Spirale aufrollen und gut andrücken. Mit einer dünnen Schicht Geflügelfarce bestreichen. Mit einem Teelöffel eine etwa 4 mm dicke Schicht Spinatmasse darüber geben. Ein Eigelb (von dem man zuvor die Hagelschnur entfernt hat) in jedes Förmchen setzen, mit Salz und Pfeffer würzen und darauf je ein weißes Trüffelblättchen geben. Zum Schluss mit einer zur Spirale gerollten Spaghetti zudecken. Mit Frischhaltefolie zugedeckt im Dampfgarer bei 90 °C garen.

Fertigstellung

Die Œufs en surprise aus den Förmchen auf die Teller stürzen. Mit der Trüffelrahmsauce umgießen und mit einigen Trüffelblättchen und gehobeltem Parmesan bestreuen. Mit Kerbel garnieren.

Tourtes de truffes noires aux cardons

Gedeckte Trüffelküchlein mit Kardonen

Zutaten für 4 Personen

170 g Rahm
200 g Kardonen, in 1 cm große Würfel geschnitten und in mit etwas Mehl angerührtem Wasser gegart
Salz und Pfeffer
20 g Butter
20 g Schalotte, fein geschnitten
45 g schwarze Trüffeln, in 5 mm große Würfel geschnitten
50 ml Portwein

Fertigstellung
1 haselnussgroßes Stück Butter
120 g schwarze Trüffeln, in 3 mm dicke Scheiben gehobelt
Fleur de sel (feinstes Meersalz)
zerstoßener Pfeffer
Kardonen-Trüffel-Emulsion (siehe S. 286)

150 g Rahm um zwei Drittel auf 50 ml einkochen. Die gewürfelten Kardonen hinzufügen. Mit Salz und Pfeffer würzen und beiseite stellen.
Die Butter in einer Sauteuse zerlassen, die fein geschnittene Schalotte und die Trüffelwürfelchen dazugeben. Mit dem Portwein ablöschen und die Flüssigkeit vollständig einkochen. Mit dem restlichen Rahm (20 g) vermischen und rasch kochen, bis die Masse sehr dick ist. Beiseite stellen. Beide Massen miteinander vermischen.

Fertigstellung

4 Metallringe (Durchmesser: 6 cm, Höhe: 1 cm) buttern. Die Masse in die Ringe füllen. Die Trüffelscheiben jeweils rosettenförmig darauf setzen. Die Oberflächen leicht mit Butter bestreichen.

Zum Schluss die Trüffelküchlein mit Frischhaltefolie bedecken und bei 85 °C etwa 5 Minuten im Dampfgarer erhitzen. Herausnehmen und mit Salz und zerstoßenem Pfeffer würzen. Die Küchlein auf den Tellern anrichten und mit der Kardonen-Trüffel-Emulsion beträufeln.

Timbale de cardons aux truffes

Kardonen-Timbale mit Trüffeln

Zutaten für 4 Personen

20 g Butter
200 g im Glas eingemachte Kardonen (siehe S. 89)
40 g Rahm
20 g fein geschnittene Schalotte
80 g schwarze Trüffeln, in Würfel geschnitten
Kardonen-Trüffel-Emulsion (siehe S. 286)

Kleine runde Ausstechformen oder Metallringe (Durchmesser: 4 cm, Höhe: 3 cm) mit der Hälfte der Butter (etwa 10 g) ausstreichen. Einen Teil der Kardonen (ungefähr 80 g) in Stäbchen von etwa 3 cm Länge schneiden und die Formen damit auskleiden. Die restlichen Kardonen in kleine Würfel schneiden. Die Hälfte des Rahms einkochen lassen. Die Schalotte in der restlichen Butter anschwitzen, etwa die Hälfte der Trüffeln (40 g) und einen Teil der gewürfelten Kardonen (80 g) dazugeben. Mit dem eingekochten Rahm aufgießen. 3 Minuten kochen, dann in die Formen gießen. Die restlichen Trüffel- und Kardonenwürfel mischen und die Timbalen mit dieser Mischung füllen.
5 Minuten im Dampfgarer garen und anschließend auf den Tellern anrichten. Mit der heißen Kardonen-Trüffel-Emulsion umgießen.

Œufs de poules fermières truffés aux trois apprêts

Getrüffelte Landeier auf dreierlei Art

Zutaten für 4 Personen

80–100 g schwarze Trüffeln, geschält
Butter
12 Eier
30 g Rahm
Fleur de sel (feinstes Meersalz)
Trüffeljus (siehe S. 284)
zerstoßener Pfeffer

Variante 1

40 g Trüffeln in kleine Würfel schneiden, in Butter schwenken und beiseite stellen. Nach Belieben außerdem 10 g Trüffeln in eine feine Julienne schneiden und ebenfalls beiseite stellen.
Aus sechs Eiern ein Rührei zubereiten. Dazu die Eier vorsichtig im oberen Viertel mit einem kleinen Sägemesser köpfen. Die Schalen sollen dabei unversehrt bleiben, da sie später zum Anrichten benötigt werden. Die Eier gründlich miteinander verquirlen.
Butter zerlassen und die Eier unter Rühren mit einem Küchenspatel darin stocken lassen. Den Rahm dazugießen und so den Garprozess unterbrechen, dann die Trüffelwürfel hinzufügen.
Das Rührei auf vier Eierschalen verteilen (die übrigen beiden leeren Schalen sowie eine weitere werden für Variante 3 verwendet). Jede Portion nach Belieben mit Trüffel-Julienne garnieren und mit einer Prise Fleur de sel würzen.

Variante 2

Aus einer schwarzen Trüffel sehr kleine Scheiben schneiden und daraus vier Rosetten mit dem Durchmesser eines Eies formen.
Vier Eier wie oben beschrieben köpfen. Pochieren und vorsichtig in die Schalen gleiten lassen. 50 ml Trüffeljus mit 80 g Butter verrühren und auf die Eier gießen. Darauf je eine Trüffelrosette setzen. Kurz unter dem Salamander erhitzen. Mit einer Prise Salz und zerstoßenem Pfeffer würzen.

Variante 3

10 g Trüffeln in eine feine Julienne schneiden und beiseite stellen.
20 g Trüffelwürfel in Butter schwenken. Zwei Eier wie links beschrieben köpfen, den Inhalt des einen Eies anderweitig verwenden. Die Trüffelwürfel auf vier leere Eierschalen verteilen.
Ein großes Ei mit 80 ml Trüffeljus verrühren. Mit Salz und Pfeffer würzen und durch ein Spitzsieb passieren.
Die vier Schalen zur Hälfte mit der Ei-Trüffeljus-Mischung füllen. Mit Alufolie bedecken und 4 Minuten im Dampfgarer bei 90 °C erhitzen.
50 ml Trüffeljus mit 80 g Butter verrühren. Die Eier aus dem Dampfgarer nehmen, die Trüffelbutter über die kleinen Flans geben. Mit der rohen Trüffel-Julienne garnieren.

Cardons de Crissier aux fines rouelles de truffe noire à l'huile de noisette

Kardonen mit feinen Trüffelscheibchen in Haselnussöl

Zutaten für 4 Personen

Kardonenflan
100 ml Kardonenjus
50 ml Geflügelbrühe (siehe S. 281)
110 ml Rahm
20 g schwarzer Trüffeljus (siehe S. 284)
2 große Eier von je 80 g
40 g schwarze Trüffeln, in kleine Würfel geschnitten und in Butter geschwenkt
40 g Kardonen, gegart und in Würfel geschnitten

Fertigstellung
Kardonen-Trüffel-Emulsion (siehe S. 286)
40 g rohe schwarze Trüffeln, in feine Blättchen geschnitten
Fleur de sel (feinstes Meersalz)
Haselnussöl

Kardonenflan

Aus dem Kardonenjus, der Geflügelbrühe, dem Rahm, dem Trüffeljus und den Eiern die Flanmasse zubereiten. Alle Zutaten gut miteinander mischen, dann durch ein Spitzsieb passieren.
Die Trüffelwürfel und die gewürfelten Kardonen auf vier kleine feuerfeste Schälchen verteilen.
Die Kardonenmasse darüber gießen, etwa 60 g pro Schälchen, und mit Alufolie bedecken. Etwa 8 Minuten im Dampfgarer bei 90 °C garen.

Fertigstellung

Aus dem Dampfgarer nehmen und die Kardonen-Trüffel-Emulsion auf die vier Schälchen verteilen. Die feinen rohen Trüffelblättchen darüber streuen. Mit etwas Salz bestreuen und mit ein wenig Haselnussöl beträufeln.

Vichyssoise tiède aux petits champignons, croustillants de cuisses de grenouilles à la ciboule

Lauwarme Vichyssoise mit kleinen Champignons, knusprigen Froschschenkeln und Frühlingszwiebeln

Zutaten für 4 Personen

Vichyssoise-Flan
20 g Lauch, schräg in feine Streifen geschnitten
40 g Frühlingszwiebeln, in feine Streifen geschnitten
300 ml Vichyssoise (siehe S. 49)
2 Eier

Froschschenkel-Frikassee
240 g entbeinte Froschschenkel (4 Dutzend)
30 g Mehl
70 g Rahm
20 g geklärte Butter
40 g Butter
5 g Knoblauch, zerdrückt
20 g Schalotten, fein gehackt
160 g Wildpilze, gebraten (siehe S. 74)
5 g glatte Petersilie, gehackt

Dekoration
80 g Kartoffeln (vorzugsweise Agria)
Salz, Pfeffer
Öl

Fertigstellung
300 ml Vichyssoise (siehe S. 49)
Kerbelblättchen

Vichyssoise-Flan

Den Lauch in Wasser garen. Zusammen mit den Frühlingszwiebeln auf einzelne Schälchen verteilen (je einen Teil der Frühlingszwiebeln und des Lauchs zum Garnieren beiseite legen).
Anschließend den Flan zubereiten: mit dem Schneebesen die kalte Vichyssoise und die Eier rasch verrühren und durch ein Spitzsieb passieren. Die Masse auf die vier Schälchen verteilen, mit Alufolie bedecken und für 9 Minuten in den 90 °C heißen Ofen stellen.

Froschschenkel-Frikassee

Die Froschschenkel salzen, pfeffern, mit Mehl bestäuben und durch den Rahm ziehen. In einer sehr heißen Bratpfanne in der geklärten Butter bräunen. Anschließend die kalte Butter, den Knoblauch und die Schalotten hinzufügen und im letzten Moment die gebratenen Wildpilze und die Petersilie dazugeben. Auf Küchenpapier gut abtropfen lassen.

Dekoration

Die Kartoffeln in sehr feine, etwa 1,5 mm dicke Scheiben hobeln.
Ein Blech mit Backpapier auslegen und die Kartoffelscheiben darauf verteilen. Mit Salz und Pfeffer würzen und mit etwas Öl beträufeln.
Darüber einen Bogen Backpapier legen und die Kartoffelscheiben mit einem Blech beschweren. Etwa 40 Minuten im vorgeheizten Ofen bei 100 °C garen. Gut abkühlen lassen und in luftdicht verschließbaren Behältern aufbewahren.

Fertigstellung

Das Froschschenkel-Frikassee und die Pilze dachziegelartig auf dem Vichyssoise-Flan anrichten. Die übrige Vichyssoise schaumig schlagen. Die obere, feine Schaumschicht abschöpfen und damit Frikassee und Pilze garnieren.
Mit Kerbelblättchen, Frühlingszwiebeln und Lauch garnieren. Zum Schluss zwei Kartoffelchips auf jede Portion setzen.

Gigotins de grenouilles aux quatre apprêts

Froschschenkel auf viererlei Art

Zutaten für 4 Personen

12 g grüner Spargel, in Wasser gegart und in kleine Würfel geschnitten
20 g Froschschenkel, in Butter geschwenkt
100 ml grüne Spargelcreme (siehe S. 71)
4 Schalottenplätzchen (nach Belieben)
4 Kerbelzweiglein

Froschschenkel mit Steinpilzen
70 g Steinpilze, fein gewürfelt
5 g Schalotten, fein geschnitten
1 Messerspitze Knoblauch
30 ml Rahm
10 g feine Geflügelfarce (siehe S. 289)
Jus von Wildpilzen (siehe S. 284)
8 Froschschenkel, in einer Panade mit Petersilie gewendet

Froschschenkel mit Petersilie
60 g Froschschenkel-Frikassee (siehe S. 67)
gepfefferter Petersilienjus (siehe S. 282)
4 Kerbelzweiglein

Froschschenkel mit Artischocken
60 g junge Zwiebeln, gehackt
10 g Artischocken, die Blattenden zurückgeschnitten, das Heu entfernt, geschmort (siehe S. 80) und in kleine Würfel geschnitten (Brunoise)
40 g zartes Froschschenkelfleisch, kurz in schäumender Butter geschwenkt
40 g weiche Butter
50 ml Coulis aus violetten Artischocken (siehe S. 284)
4 Froschschenkel
Weißbrot ohne Rinde, gerieben
Kerbelblättchen

Froschschenkel mit Spargel

Die Spargelwürfel und die Froschschenkel auf vier Schälchen verteilen. Die Schälchen zu drei Viertel mit der grünen Spargelcreme aufgießen.
Mit den Schalottenplätzchen und den Kerbelzweiglein garnieren.

Froschschenkel mit Steinpilzen

Die Steinpilze in Butter anbraten, die Schalotten, den Knoblauch und den Rahm hinzufügen und 3 Minuten kochen. Abkühlen lassen und dann die feine Geflügelfarce unterrühren. Die Masse auf vier runde Ausstecher oder Metallringe (Durchmesser: 4 cm) verteilen. Noch einmal 3 Minuten im Dampfgarer bei 90 °C garen.
In Schälchen füllen, die Formen entfernen und den Jus von Wildpilzen um die Steinpilze herum träufeln. In der Zwischenzeit die Froschschenkel frittieren. Jedes Schälchen obenauf mit 2 frittierten Froschschenkeln dekorieren.

Froschschenkel mit Petersilie

Das Froschschenkel-Frikassee auf vier Schälchen verteilen und mit dem gepfefferten Petersilienjus begießen. Mit Kerbelzweiglein garnieren.

Froschschenkel mit Artischocken

Die Zwiebeln und die Artischocken-Brunoise auf vier runde Ausstecher oder Metallringe (Durchmesser: 4 cm, Höhe: 1 cm) verteilen. Das in der Butter geschwenkte zarte Froschschenkelfleisch darauf sternförmig anordnen und großzügig mit der Butter bestreichen.
3 Minuten im Dampfgarer bei 90 °C erhitzen. In die Mitte von vier Schälchen gleiten lassen, die Formen wegnehmen. Den Artischocken-Coulis aufmixen und um das Froschschenkelfleisch herum in die Schälchen löffeln.
Die vier Froschschenkel panieren und kurz frittieren. Abtropfen lassen, mit Kerbelblättchen garnieren und auf das Froschschenkelfleisch setzen.

Flan léger de foie gras à la crème de flageolets, aux noisettes torréfiées

Leichter Stopfleberflan mit Flageolet-Bohnen-Creme und gerösteten Haselnüssen

Zutaten für 4 Personen

Stopfleberflan
320 ml heller Geflügelfond (siehe S. 281)
160 g Stopfleber, gegart (siehe S. 40) und durch ein feines Sieb gestrichen
1 TL Zucker
120 g Rahm
Salz und Pfeffer
4 Eier

Flageolet-Bohnen-Creme
300 g Flageolet-Bohnen-Kerne (Chevrier-Bohnen aus Arpajon), über Nacht in kaltem Wasser eingeweicht
300 ml heller Geflügelfond (siehe S. 281)
250 g Rahm
60 g Butter
Salz, weißer Pfeffer, Tabasco

Fertigstellung
etwa 40 g gegarte Bohnenkerne
12 Haselnüsse, gehobelt und geröstet

Stopfleberflan

Den Geflügelfond zum Kochen bringen. Vom Herd nehmen, die durch ein feines Sieb gestrichene Stopfleber und den Zucker hinzufügen und gründlich untermischen. Anschließend den Rahm unterrühren. Die Flüssigkeit durch ein feines Spitzsieb passieren und mit Salz und Pfeffer abschmecken. Abkühlen lassen und kalt stellen.
Die Eier hinzufügen. Die Flanmasse fein mixen und durch ein Spitzsieb passieren.

Flageolet-Bohnen-Creme

Die eingeweichten Bohnenkerne in 1 Stunde und 30 Minuten sehr weich kochen, dann mit Eiswasser abschrecken. Etwa 40 g Flageolet-Bohnen für die Einlage zurückbehalten. Den Geflügelfond mit dem Rahm aufkochen und die Bohnenkerne hinzufügen. Im Mixer fein pürieren, dann durch ein Spitzsieb passieren. Mit Butter aufmontieren, bis die Creme samtig wird und Bindung annimmt. Mit Salz, Pfeffer und Tabasco abschmecken. Nicht weiter kochen lassen, damit sie ihre Farbe beibehält.

Fertigstellung

Je 1 Esslöffel gegarte Bohnenkerne in ein feuerfestes Schälchen füllen. Darauf eine Schöpfkelle voll Stopfleberflan-Masse geben. Im Dampfgarer 8 Minuten bei 90 °C garen. Zum Schluss die aufmontierte Bohnencreme darüber schöpfen und mit den Haselnussblättchen bestreuen. Servieren.

Fin velouté d'asperges vertes parfumeé aux truffes noires

Feine Velouté von grünem Spargel mit schwarzen Trüffeln

Zutaten für 8 Personen

Feine Velouté von grünem Spargel
400 ml heller Geflügelfond (siehe S. 281)
600 g grüner Spargel, fein geschnitten
Salz
400 g Rahm
50 g Butter
Pfeffer, Zucker

Grüner-Spargel-Flan
120 g grüner Spargel
80 g schwarze Trüffeln, in Würfel geschnitten und in Butter geschwenkt
250 ml feine Velouté von grünem Spargel
50 ml Trüffeljus (siehe S. 284)
1 Ei

Fertigstellung
40 g grüne Spargelspitzen, ungekocht
40 g Trüffeln, in feine Streifen geschnitten (Julienne)

Feine Velouté von grünem Spargel

Den Geflügelfond zum Kochen bringen. Den Spargel hinzufügen – er sollte knapp mit Flüssigkeit bedeckt sein. Mit Salz würzen. Zugedeckt rasch gar kochen. Den Rahm unterrühren, erneut 4 Minuten kochen und die Rahmsuppe schließlich im Mixer fein pürieren. Durch ein Spitzsieb passieren. Mit Butter aufschlagen und mit Salz, Pfeffer und Zucker abschmecken.

Grüner-Spargel-Flan

Die Spargelspitzen etwa 5 cm lang abschneiden. Die übrigen Stangen schräg in 5 mm dicke Scheiben schneiden. Die Spargelspitzen für die Fertigstellung beiseite legen. Die Spargelscheiben in Salzwasser garen. Zusammen mit den Trüffelwürfeln in acht vorgewärmte Schälchen (Durchmesser: 11 cm) füllen. Die Spargelvelouté, den Trüffeljus und das Ei im Mixer fein pürieren und diese Flanmasse in die Schälchen füllen. Mit Alufolie bedecken und 9 Minuten im Dampfgarer bei 90 °C garen.

Fertigstellung

Die ungekochten Spargelspitzen in eine feine Julienne schneiden.
Die übrige Spargelvelouté kurz durchschlagen und über die gestockte Flanmasse in den Schälchen schöpfen.
Die Trüffel- und die Spargelspitzen-Julienne darüber verteilen und die Rahmsuppe sofort servieren.

Fricassée de grenouilles à l'échalote

Froschschenkel-Frikassee mit Schalotten

Zutaten für 4 Personen

4 Dutzend Froschschenkel (Gewicht: 480 g)
Salz und Pfeffer
120 ml Rahm
40 g Mehl
40 ml geklärte Butter
80 g frische Butter, in kleine Würfel geschnitten
40 g Schalotte, fein gehackt
1 Messerspitze Knoblauch
10 g Petersilie, grob gehackt

Falls nötig, die Froschschenkel zusammenbinden und die Füßchen abschneiden. Würzen und gut mit dem Rahm und dem Mehl vermischen. Die geklärte Butter in einer gusseisernen Pfanne erhitzen und die gewürzten Froschschenkel darin goldbraun braten. Die Froschschenkel sollten unter ständigem Wenden mit Hilfe einer Gabel gebraten werden, damit sie gleichmäßig Farbe annehmen und nicht zusammenkleben. Nach etwa 3 Minuten die frische Butter hinzufügen und aufschäumen lassen. Anschließend die Schalotte und den Knoblauch zugeben und die Froschschenkel bei mittlerer Hitze etwa 3 Minuten weiter garen. Schließlich die gehackte Petersilie, kurz bevor die Froschschenkel zum Abtropfen aus der Pfanne genommen werden, darüber streuen und untermischen. Sofort auf sehr heißen Tellern servieren.

Pilze, Gemüse und Suppen

Fricassée de bolets et chanterelles à l'échalote

Steinpilz-Eierschwamm-Frikassee mit Schalotten

Zutaten für 8 Personen

400 g Steinpilze, abgerieben und geschnitten (die Köpfe geviertelt und die Stiele in feine Scheiben geschnitten)
40 ml Olivenöl
50 g Butter
60 g Schalotten, fein geschnitten
400 g kleine Eierschwämme (Pfifferlinge), geschält, gewaschen und trockengetupft
4 g zerdrückter Knoblauch
6 g glatte Petersilie, fein gehackt
Salz und Pfeffer

Die Steinpilze in Olivenöl anbraten und Farbe annehmen lassen, anschließend abtropfen lassen. In einer Bratpfanne die Butter aufschäumen lassen und die Schalotten darin anschwitzen. Die Eierschwämme hineingeben und 2 Minuten anbraten. Die Steinpilze hinzufügen und den Knoblauch und die gehackte Petersilie untermischen. Salzen, pfeffern und sofort servieren.

Cassolette de fines pointes d'asperges vertes aux morilles

Cassolette aus grünen Spargelspitzen und Morcheln

Zutaten für 4 Personen

200 g kleine Morcheln
15 g geklärte Butter
Salz und Pfeffer
70 g frische Butter
10 g Schalotte, fein geschnitten
1 Messerspitze zerdrückter Knoblauch
30 ml Portwein
20 ml Madeira
300 g Rahm
Zitronensaft
300 g feine grüne Spargelspitzen
Kerbelzweiglein

Die Morcheln gründlich abbürsten und unter fließendem Wasser waschen. Auf Küchenpapier abtropfen lassen. Diesen Arbeitsgang eventuell wiederholen, bis die Morcheln absolut sauber sind. Die Morcheln halbieren. Die geklärte Butter in einer Sauteuse erhitzen und die Pilze darin bei starker Hitze kurz anbraten. Salzen, pfeffern und in einem Sieb abtropfen lassen.
20 g Butter in die Sauteuse geben und darin die fein geschnittene Schalotte anschwitzen. Die Morcheln und den Knoblauch hinzufügen. Mit Portwein und Madeira ablöschen und die Flüssigkeit auf die Hälfte einkochen lassen. Den Rahm dazugießen. 4 Minuten unter häufigem Schwenken kochen lassen, dabei auf die Konsistenz der Sauce achten. Mit 20 g Butter aufmontieren, mit einem Spritzer Zitronensaft würzen und mit Salz und Pfeffer abschmecken.
Die Spargelspitzen in 4 Minuten in kochendem Salzwasser bissfest garen. Abtropfen lassen und schräg in etwa 5 cm lange Stücke schneiden. In 30 g zerlassener frischer Butter schwenken, bis sie schön glänzen.
Die Morcheln in die Mitte der Teller schöpfen und die Spargelspitzen darauf anrichten. Mit Sauce umgießen und mit einigen Kerbelzweiglein garnieren.

Poêlée de chanterelles

Gebratene Eierschwämme

Zutaten für 4 Personen

400 g kleine Eierschwämme (Pfifferlinge), geputzt, gewaschen und trockengetupft
30 ml Olivenöl
30 g Butter
30 g Schalotten, fein geschnitten
2 g zerdrückter Knoblauch
5 g Salz
2 g Pfeffer
4 g glatte Petersilie, grob gehackt

Die Pilze rasch in Olivenöl anbraten. und anschließend abtropfen lassen. Die Butter in einer Pfanne zerlassen und die Schalotten darin anschwitzen. Die Eierschwämme und den Knoblauch dazugeben und alles mit Salz und Pfeffer würzen. Zum Schluss die gehackte Petersilie hinzufügen.

Timbale de chanterelles

Eierschwamm-Timbale

Zutaten für 6 Personen

600 g kleine Eierschwämme (Pfifferlinge), gewaschen und sorgfältig trockengetupft
4 EL Olivenöl
50 g Butter
30 g Schalotten, fein geschnitten
100 ml Madeira
250 ml Rahm
150 g feine Geflügelfarce (siehe S. 289)
Jus von Wildpilzen (siehe S. 284)

Einige Eierschwämme für die Fertigstellung beiseite legen. Die übrigen Eierschwämme bei starker Hitze in dem Olivenöl anbraten und in einem Sieb abtropfen lassen. Die Butter in der Pfanne zerlassen und die Schalotten darin anschwitzen, anschließend die Eierschwämme dazugeben. Mit dem Madeira ablöschen und den Rahm dazugießen. Die Flüssigkeit um zwei Drittel einkochen lassen, bis die Konsistenz samtig und dickflüssig ist.
Die Masse vollständig auskühlen lassen, dann die Geflügelfarce untermischen. In zylindrische Terrinenformen (Länge: 20 cm, Durchmesser: 3,5 cm) füllen und mit Klarsichtfolie zugedeckt etwa 5 Minuten im Dampfgarer bei 80 °C garen. Über Nacht in den Kühlschrank stellen. Mit Hilfe eines Holzlöffels aus der Form nehmen. Die Timbalen mit Hilfe von Klarsichtfolie in Form bringen und in etwa 5 cm hohe Stücke schneiden. Dazu müssen sie ausreichend kalt sein. Mit einigen gebratenen Eierschwämmen dekorieren und mit Pilzjus servieren.

Jeunes pousses d'épinards aux truffes noires à l'œuf poché

Junger Spinat mit schwarzen Trüffeln auf pochierten Eiern

Zutaten für 4 Personen

Pochierte Eier mit Trüffeljus
10 ml Haselnussöl
4 Eier von je 55 g
Salz und Pfeffer
1 TL Trüffeljus

Trüffelrosetten
4 Trüffeln von je 40 g
Salz und Pfeffer
Olivenöl

Fertigstellung
120 g junge Spinatblätter
Vinaigrette mit altem Balsamessig (siehe S. 278)
10 ml alter Balsamessig
Fleur de sel (feinstes Meersalz)
zerstoßener bunter Pfeffer
Trüffelstangen (siehe S. 275)

Pochierte Eier mit Trüffeljus

Vier Bogen Klarsichtfolie mit etwas Haselnussöl bestreichen und vier kleine Schälchen damit auslegen. Vorsichtig ein Ei in jedes Schälchen schlagen. Mit Salz, Pfeffer und ein paar Tropfen Trüffeljus würzen. Die Folie zu kleinen Säckchen formen und mit Küchengarn zubinden. Die so verpackten Eier 4 Minuten in leicht köchelndem Wasser pochieren.

Trüffelrosetten

Die Trüffeln schälen und in 2 mm dicke Scheibchen hobeln. Aus den Trüffelscheibchen vier Rosetten (Durchmesser: etwa 10 cm) formen und diese mit Salz und Pfeffer würzen.
Etwa 30 Sekunden unter dem vorgeheizten Salamander erhitzen. Einige Tropfen Olivenöl darüber träufeln und die Trüffelrosetten beiseite legen.

Fertigstellung

Vier runde Ausstecher oder Metallringe (Durchmesser: 12 cm) auf jeden Teller legen und die Spinatblätter darin verteilen. Mit der Balsamico-Vinaigrette anmachen. Die Ausstecher oder Metallringe entfernen.
Das Küchengarn durchschneiden, die pochierten Eier aus der Folie nehmen und auf jeden Teller ein Ei in die Mitte des Spinatnests geben. Jedes Ei mit etwas altem Balsamessig beträufeln und mit ein paar Körnern Fleur de sel und zerstoßenem bunten Pfeffer bestreuen.
Auf jedes Ei eine lauwarme Trüffelrosette legen. Die Teller rundherum mit einigen Tropfen Balsamico-Vinaigrette und altem Balsamessig dekorieren. Sofort servieren und dazu Trüffelstangen reichen.

Fins gâteaux de champignons d'automne au fumet de sous-bois

Feine herbstliche Pilzküchlein

Zutaten für 4 Personen

Pilzküchlein
400 g kleine Steinpilze
Salz und Pfeffer
20 ml Olivenöl
30 g Butter
50 g Schalotten, fein geschnitten
1 g zerdrückter Knoblauch
1 EL alter Madeira
1 EL Portwein
100 g Rahm
4 g glatte Petersilie, fein gehackt

Dekoration
2 Blätter Filoteig
1 Eigelb
10 g Schnittlauch

Fertigstellung
Jus von Wildpilzen (siehe S. 284)
10 ml Haselnussöl
20 g Kerbelzweiglein

Pilzküchlein

Die Pilzstiele in kleine Würfel schneiden und die Kappen zurückbehalten. Mit Salz und Pfeffer würzen, in Olivenöl kurz anbraten und abtropfen lassen.
Die Butter in einer Pfanne zerlassen, die Schalotten und den zerdrückten Knoblauch darin anschwitzen.
Mit Madeira und Portwein ablöschen, den Rahm hinzufügen und einige Minuten eindicken lassen.
Nun die klein gewürfelten Pilzstiele dazugeben und alles mit Salz und Pfeffer abschmecken. Zum Schluss die Petersilie darüber streuen.
Die Pilzmasse in runden Ausstechern oder Metallringen (Durchmesser: 4 cm) verteilen. Etwa 1 Stunde mit Frischhaltefolie zugedeckt im Kühlschrank durchkühlen lassen. Die Pilzkappen in feine, etwa 2 mm dicke Scheiben schneiden und die Pilzmasse in den Formen damit dachziegelartig belegen. Salzen, pfeffern und mit Folie bedeckt 7 Minuten im Dampfgarer bei 90 °C garen.

Dekoration

Ein Filoteigblatt mit Eigelb bestreichen. Die Schnittlauchhalme darauf legen und mit dem zweiten Teigblatt bedecken. Zwischen zwei Lagen Backpapier 25 Minuten im vorgeheizten Ofen bei 125 °C trocknen. Anschließend die Teigblätter in kleine Dreiecke schneiden.

Fertigstellung

Die Pilzküchlein aus den Formen nehmen und auf Tellern anrichten. Den Jus von Wildpilzen mit ein paar Tropfen Haselnussöl verlängern und an die Küchlein gießen.
Je zwei geröstete Filoteigdreiecke auf die Küchlein setzen und mit Kerbelblättchen garnieren.

Gratin de cardons de Crissier aux copieaux de parmesan

Gratin mit Kardonen und gehobeltem Parmesan

Zutaten für 4 Personen

400 g in Gläsern eingemachte Kardonen, (siehe S. 89), in kurze, 1 cm dicke Stäbchen geschnitten
160 g Béchamelsauce (hergestellt aus 120 ml Milch und 35 g heller Mehlschwitze)
1 EL Doppelrahm
40 g Parmesan, gerieben
50 g Parmesan, gehobelt
Fleur de sel (feinstes Meersalz)
zerstoßener bunter Pfeffer
Muskatnuss

Die Kardonen in einem Sautoir erhitzen. Die Béchamelsauce erhitzen, den Doppelrahm und den geriebenen Parmesan hinzufügen. Die Sauce über die Kardonen gießen und darunter mischen. Die Masse in eine Auflaufform geben. Den gehobelten Parmesan darüber streuen und alles mit Salz, buntem Pfeffer und Muskat würzen. Bei 180 °C auf der obersten Schiene des Ofens gratinieren.

Artichauts à la barigoule

Artischocken à la barigoule

Zutaten für 4 Personen

160 g weiße Champignons, geviertelt
120 g Zwiebeln, in Würfel geschnitten (Mirepoix)
100 g Karotten, in Würfel geschnitten (Mirepoix)
60 g Schalotten, fein geschnitten
50 g Knollensellerie, in kleine Würfel geschnitten (Brunoise)
4 ungeschälte Knoblauchzehen, halbiert
12 mittelgroße violette Artischocken
Olivenöl
2 sehr reife Tomaten
80 g geräucherter Speck am Stück
300 ml Weißwein
800 ml Geflügelbrühe (siehe S. 281)
1 Kräuterbündel (Lorbeer, Thymian und Petersilie)
Saft von 1–2 Zitronen
Salz und Pfeffer
1 g Ascorbinsäure (oder Zitronensaft)

Das Gemüse bis auf die Artischocken in Olivenöl anbraten, anschließend die Tomaten und das Stück Speck hinzufügen. Mit dem Weißwein ablöschen, den Ansatz mit der Geflügelbrühe auffüllen und zum Kochen bringen. Das Kräuterbündel und die Hälfte des Zitronensafts hinzufügen. Den Barigoule-Ansatz mit Salz und Pfeffer würzen und etwa 5 Minuten köcheln lassen. Inzwischen die Artischocken vorbereiten.

Eine große Schüssel etwa zur Hälfte mit kaltem Wasser füllen, die Ascorbinsäure und den übrigen Zitronensaft hinzufügen. Die Blattenden, die äußeren Blätter und das »Heu« der Artischocken entfernen, die Artischocken sofort in das Zitronenwasser legen. Die Artischocken auf einmal in den köchelnden Ansatz geben und zugedeckt 12 Minuten sanft garen, damit sie sich nicht öffnen. Anschließend vollständig auskühlen lassen.

Laitue romaine braisée

Geschmorter Römersalat

Zutaten für 4 Personen

4 schöne Römersalate (je 500 g), gewaschen
Salz
100 g Frühlingszwiebeln, fein geschnitten
80 g Karotten, in grobe Stücke geschnitten
40 g geräucherte Schweinebrust, in feine Streifen geschnitten
40 g Butter
1 kleines Kräuterbündel (Lorbeer, Thymian und Petersilie)
300 ml heller Geflügelfond (siehe S. 281)
200 ml Kalbsjus (siehe S. 283)

Die Salate kurz in kochendem Salzwasser blanchieren. Den Strunk und die äußeren Blätter jeweils wegschneiden. Die Frühlingszwiebeln, die Karotten und den geräucherten Speck in einem Sautoir aus Kupfer in der Butter anschwitzen. Die Salate darauf legen, das Kräuterbündel hinzufügen und den Geflügelfond und den Kalbsjus dazugießen. Mit Backpapier zudecken. Im vorgeheizten Ofen bei 145 °C 1 Stunde schmoren, dabei regelmäßig mit der Garflüssigkeit begießen. Aus dem Ofen nehmen und die geschmorten Salatköpfe abschließend mit der sirupartig eingekochten Garflüssigkeit glasieren.

Chou rouge cuit en cocotte

Geschmorter Rotkohl

Zutaten für 4 Personen

1 großer Rotkohl (Gewicht: 750 g)
60 g Butter
100 g weiße Zwiebeln, fein geschnitten
Salz, Pfeffer aus der Mühle, Muskatnuss
100 ml Rotwein
200 ml Wasser
100 g Äpfel (vorzugsweise Boskop), fein geschnitten
5 g Zucker
10 ml alter Rotweinessig

Vom Kohlkopf die Blätter im Ganzen ablösen und waschen. Die dicken Blattrippen wegschneiden und die Kohlblätterin 5 mm breite und 4 cm lange Streifen schneiden.
Die Butter in einem Schmortopf erhitzen und die Zwiebeln kurz darin anschwitzen, dann den Rotkohl, Salz, Pfeffer und Muskat hinzufügen. Mit dem Rotwein ablöschen und anschließend mit dem Wasser aufgießen. Die Äpfel und den Zucker hinzufügen und alles zugedeckt 35 Minuten schmoren. Zum Schluss den Essig dazugießen und abschmecken.

Coulis d'endives

Chicorée-Coulis

Zutaten für 4 Personen

600 g Chicorée, die äußeren Blätter und ein Teil des Strunks jeweils entfernt
50 g Zucker, eventuell etwas mehr, wenn der Chicorée sehr bitter ist
10 g Salz
1 Messerspitze Ascorbinsäure
30 ml Erdnussöl
30 ml Zitronensaft
90 g Butter
weißer Pfeffer
rosa Pfeffer
6 g Schnittlauch, fein geschnitten

Den Chicorée schräg in Stücke schneiden und mit Zucker, Salz, Ascorbinsäure, Erdnussöl und Zitronensaft vermischen. 20 g Butter in einem Sautoir zerlassen und den Chicorée dazugeben. Zugedeckt rasch garen. Nach drei Viertel der Garzeit den Deckel abnehmen und die Flüssigkeit reduzieren.
Mit der restlichen Butter aufschlagen. Gut abschmecken und, falls nötig, noch etwas Zitronensaft hinzufügen. Die beiden Pfeffersorten dazugeben. Auf einem großen Teller anrichten und mit Schnittlauchröllchen bestreuen.

Cocotte de légumes d'été aux chanterelles

Geschmortes Sommergemüse mit Eierschwämmen

Zutaten für 4 Personen

10 kleine Bundkarotten
10 g kleine weiße Rübchen mit Kraut
10 kleine Frühlingszwiebeln
8 kleine Blumenkohlröschen
8 kleine Kartoffeln (vorzugsweise Charlotte)
8 sehr kleine Knollensellerie
8 sehr kleine Fenchelknollen
4 sizilianische (schwarze) Mini-Auberginen, längs halbiert
50 g zerlassene Butter
3 EL Olivenöl
1 TL Lebkuchengewürz
10 g Zucker
1 Lorbeerblatt
1 TL abgeriebene Orangenschale
1 TL abgeriebene Zitronenschale
1 Sternanis
1 Thymianzweig
Salz, Pfeffer, Zitronensaft
100 g kleine Eierschwämme (Pfifferlinge), in Butter geschwenkt
10 Kerbelblättchen

Alle kleinen Gemüse putzen und waschen. In einer ofenfesten Glasform miteinander vermischen. Alle Zutaten bis auf die Eierschwämme und die Kerbelblättchen dazugeben und den Topf verschließen. Alles 35 Minuten im vorgeheizten Ofen bei 120 °C schmoren. Zum Schluss die in Butter geschwenkten Eierschwämme und die Kerbelblättchen hinzufügen. Gemüse und Pilze in der Form servieren.

Tourte de choux de Bruxelles et pommes de terre au jus de carotte trancheé à l'huile de noisette

Rosenkohl-Kartoffel-Törtchen und Haselnussöl-Karotten-Jus

Zutaten für 4 Personen

Rosenkohlgemüse
50 g Zwiebeln, fein geschnitten
40 g Karotten, in grobe Stücke geschnitten
40 g Butter
140 g Rosenkohlblätter, blanchiert und grob gehackt
40 g gebratene kleine Eierschwämme (Pfifferlinge) (siehe S. 75)

Fertigstellung
8 schöne Grünkohlblätter
50 g Karotten, in flache Stäbchen geschnitten und in Wasser gegart
50 g Knollensellerie, in flache Stäbchen geschnitten und in Wasser gegart
24 Rosenkohlröschen
80 g Kartoffelschaum (siehe S. 88)
12 Kerbelblättchen
Schnittlauch
10 ml Karottenjus (siehe S. 128)
30 ml Haselnussöl

Rosenkohlgemüse

Zwiebeln und Karotten in Butter anbraten, die blanchierten Rosenkohlblätter und anschließend die gebratenen Eierschwämme hinzufügen. Beiseite stellen.

Fertigstellung

Die Grünkohlblätter blanchieren und die groben Stiele entfernen. Runde Ausstecher oder Metallringe (Durchmesser: etwa 5 cm) mit den Karotten- und den Knollenselleriestäbchen auskleiden, dabei das Gemüse aufgestellt dicht nebeneinander anordnen. Jedes Förmchen abwechselnd mit einem Grünkohlblatt und einer Lage Rosenkohlgemüse bis knapp unter das obere Ende der Gemüsestäbchen füllen.Die Rosenkohlröschen entblättern und die Blätter bei 160 °C frittieren. Gut abtropfen lassen und beiseite stellen. Zum Schluss die Törtchen 6 Minuten im vorgeheizten Ofen bei 90 °C erhitzen. Auf jedes Törtchen eine Kugel Kartoffelschaum setzen.

Die frittierten und gesalzenen Rosenkohlblättchen sowie einige Kerbelzweiglein und Schnittlauchhalme dekorativ in den Kartoffelschaum stecken. Den Karottenjus über einem Wasserbad mit dem Haselnussöl aufmontieren und auf die Teller gießen.

Petis farcis niçois

Kleine gefüllte Gemüse

Zutaten für 4 Personen

Kartoffeln
4 ovale Kartoffeln (vorzugsweise Charlotte), 5 cm lang und 2 cm dick
20 ml Brühe
10 g Zwiebeln, fein geschnitten
5 g Butter
20 g Kartoffeln, in feine Würfel geschnitten (Brunoise)
1 TL Chiliöl (siehe S. 279)

Fenchel
8 sehr kleine Fenchelknollen, 8 cm lang
2 g zerdrückter Knoblauch
30 g Schalotten, fein geschnitten
40 g Butter
10 g Semmelbrösel

Zucchini
4 kleine, runde Zucchini (Durchmesser: etwa 4 cm)
5 g Schalotten, fein geschnitten
20 ml Olivenöl
15 g Zucchini, in kleine Würfel geschnitten (Brunoise)
10 g Tomaten, in kleine Würfel geschnitten (Brunoise)
5 g schwarze Oliven, in kleine Würfel geschnitten (Brunoise)

Knollensellerie
4 kleine, runde Stücke Knollensellerie (2 cm hoch, Durchmesser: etwa 3 cm)
2 g junge Zwiebeln, fein geschnitten
20 g Butter
20 g Sellerie, in kleine Würfel geschnitten (Brunoise)
10 g Tomaten-Confit, in kleine Würfel geschnitten (Brunoise)
1 g Thymian

Tomaten
5 g Schalotten, fein geschnitten
20 ml Olivenöl
10 g Tomaten-Confit, in kleine Würfel geschnitten (Brunoise)
1 g Thymian
1 g Basilikum, grob geschnitten
10 g Tomaten-Confit, in kleine Würfel geschnitten (Brunoise)
4 sehr reife Cocktailtomaten

Junge Zwiebeln
4 große junge Zwiebeln (Durchmesser: etwa 3 cm)
30 g junge Zwiebeln, fein geschnitten
30 g Butter
1 g Knoblauch
2 g Petersilie, grob gehackt

Auberginen
4 sehr kleine Auberginen (Durchmesser: etwa 3 cm)
20 ml Olivenöl
1 g Thymian
1 g Knoblauch, zerdrückt
8 g Schalotten, fein geschnitten
30 g gegartes Auberginen-Fruchtfleisch, grob gehackt
1 g Knoblauchöl
Kurkuma
15 g Tomaten-Confit

Weiße Rübchen
4 kleine weiße Rübchen (Durchmesser: 4 cm) (Brunoise)
10 g Zwiebeln, geschält
1 Messerspitze Knoblauch
40 g weiße Rübchen, in kleine Würfel geschnitten
2 g glatte Petersilie, grob gehackt

Fertigstellung
Olivenöl
Fleur de sel (feinstes Meersalz)
zerstoßener Pfeffer
Chiliöl (siehe S. 279)
Kerbelblättchen

Kartoffeln
Die Kartoffeln in der Brühe kochen und anschließend aushöhlen. Die Zwiebeln in der Butter andünsten. Die feinen Kartoffelwürfel dazugeben und würzen. Die Kartoffeln mit der Farce füllen.

Fenchel
Die Fenchelknollen kochen und sofort in Eiswasser abschrecken. Den Knoblauch und die Schalotten in Butter glasig dünsten. Die Fenchelknollen mit dieser Mischung bestreichen, mit den Semmelbröseln bestreuen und überbacken.

Zucchini
Die Zucchini in Wasser kochen. Anschließend aushöhlen. Die Schalotten in Olivenöl glasig dünsten. Die klein gewürfelten Zucchini, Tomaten und Oliven hinzufügen und alle Zutaten gut vermischen. Die Zucchini mit der Farce füllen.

Knollensellerie
Die Knollenselleriestücke gar dämpfen und aushöhlen. Die Zwiebeln in Butter andünsten. Die Selleriewürfel dazugeben und etwa 3 Minuten dünsten. Kurz vor Ende der Garzeit das fein gewürfelte Tomaten-Confit und den Thymian hinzufügen. Die ausgehöhlten Selleriestücke mit der Farce füllen.

Tomaten
Die Schalotten im Olivenöl andünsten, das Tomatenfruchtfleisch, den Thymian und das Basilikum hinzufügen und einkochen lassen. Zum Schluss das gewürfelte Tomaten-Confit dazugeben. Von den Cocktailtomaten Deckel abschneiden. Die Tomaten aushöhlen und mit der Farce füllen.

Junge Zwiebeln

Die Zwiebeln quer halbieren, aushöhlen und im Dampfgarer garen. Die fein geschnittenen Zwiebeln in Butter andünsten, den Knoblauch und schließlich die Petersilie hinzufügen. Die Zwiebeln mit der Farce füllen.

Auberginen

Die Auberginen mit Olivenöl, Thymian und Knoblauch einreiben und etwa 8 Minuten im vorgeheizten Ofen bei 150 °C backen. Aushöhlen, dabei den Stiel nicht entfernen. Die Schalotten in Öl glasig dünsten, Auberginenfruchtfleisch, Knoblauchöl, Kurkuma und zum Schluss das Tomaten-Confit hinzugeben. Die Auberginen mit der Farce füllen.

Weiße Rübchen

Die weißen Rübchen im Dampfgarer garen und anschließend aushöhlen. Die Zwiebeln mit dem Knoblauch anschwitzen, die Rübchenwürfel hineingeben und kurz andünsten. Anschließend die gehackte Petersilie hinzufügen. Die ausgehöhlten Rübchen mit der Farce füllen.

Fertigstellung

Die acht gefüllten Gemüse auf einer gusseisernen Platte anrichten, mit ein paar Tropfen Olivenöl beträufeln und im Backofen erhitzen. Mit Salz, zerstoßenem Pfeffer und ein paar Tropfen Chiliöl würzen und mit einigen Kerbelblättchen dekorieren.

Mousseline de pommes de terre rattes

Kartoffelschaum

Zutaten für 8 Personen

600 g Kartoffeln (vorzugsweise Ratte)
1 l Wasser
8 g Salz
150 ml Milch
100 g Rahm
300 g weiche Butter
Salz

Die Kartoffeln in der Schale garen, ohne dass das Wasser dabei kocht. Die noch heißen Kartoffeln schälen und durch ein Passiergerät drücken. Die Masse durchgehend warm halten. Durch ein feines Sieb streichen. Das Püree mit der zuvor erhitzten Milch und dem Rahm verfeinern. Anschließend die Butter in kleine Stücke schneiden und das Püree damit aufmontieren. Dabei darauf achten, dass die Butter ausreichend lange und gründlich mit einem Schneebesen untergearbeitet wird. Erst ganz zum Schluss abschmecken.

Spaetzlis

Spätzli

Zutaten für 8 Personen

500 g Mehl
6–7 Eier
10 g grobes Salz
50 ml Mineralwasser mit Kohlensäure
75 ml Vollmilch
Salz
Speiseöl
geklärte Butter
Muskatnuss

Am Vortag Mehl, Eier und Salz kräftig kneten bzw. mit der Küchenmaschine durcharbeiten. Nach und nach Mineralwasser und Milch dazugeben, bis der Teig eine glatte und geschmeidige Konsistenz hat. Die Masse mindestens 8 Stunden kalt stellen. In einem Topf Salzwasser zum Kochen bringen und den Teig mit einer Spätzlireibe direkt hineinhobeln. Die Spätzli zugedeckt 1 Minute unter dem Siedepunkt gar ziehen lassen. In Eiswasser abschrecken. Abtropfen lassen und mit Öl beträufeln, damit sie nicht zusammenkleben. Die Spätzli nun in einer Pfanne in der sehr heißen geklärten Butter braten, bis sie goldbraun und knusprig sind. Zum Schluss eventuell nachsalzen und mit etwas Muskat würzen.

Cordons sterilisés en bocaux

Eingemachte Kardonen

Zutaten für 10 Einmachgläser (je 1 Liter Inhalt)

11 l Wasser
11 g Ascorbinsäure
5 Stauden Kardone (etwa 10 kg brutto)
100 g Salz
50 g Zucker

3 l kaltes Wasser mit 1 g Ascorbinsäure mischen. Von den Kardonen die Blätter und die unteren Enden abschneiden. Die Stiele waschen und schälen – dabei die Fäden abziehen – und sofort bis zur Weiterverarbeitung in das gesäuerte Wasser legen.
8 l Wasser mit 10 g Ascorbinsäure, dem Salz und dem Zucker aufkochen. Die Kardonenstiele in gleich lange Stücke schneiden und aufrecht in die Einmachgläser stellen. Die kochend heiße Flüssigkeit darüber gießen. Die Gläser im Sterilisiergerät vom Aufkochen an1 Stunde und 15 Minuten sterilisieren.Kühl und lichtgeschützt aufbewahrt, halten sich die Kardonen 1 Jahr.

Pommes Anna aux oignons

Anna-Kartoffeln mit Zwiebeln

Zutaten für 8 Personen

180 g Butter
800 g Kartoffeln (vorzugsweise Agria)
200 g Zwiebeln, geschält
Salz und Pfeffer
70 g geschmolzene Butter
5 g Thymian

Eine flache rund Form aus verzinntem Kupfer oder einen Sautoir mit etwa 120 g Butter großzügig fetten.
Die Kartoffeln schälen, jedoch nicht waschen, und anschließend in 3 mm dicke Scheiben hobeln.
Die Zwiebeln in der übrigen Butter (60 g) glasig dünsten. Abkühlen lassen.
Kartoffelscheiben rosettenförmig dicht an dicht auf den Boden der Form legen. Auf die gleiche Weise die Wände der Form auskleiden.
Mit Salz und Pfeffer würzen und eine Lage glasig gedünstete Zwiebeln auf die Kartoffelschicht geben.
Wieder eine Schicht Kartoffeln rosettenförmig anordnen und mit einer Lage Zwiebeln bedecken. Erneut würzen und den Vorgang wiederholen.
Die Kartoffel-Zwiebel-Schichten mit einem Deckel fest zusammendrücken. Mit der zerlassenen Butter begießen und mit Thymian bestreuen. Die Kartoffeln im vorgeheizten Ofen etwa 30 Minuten bei 160 °C backen, dabei die Form gelegentlich auf eine Arbeitsfläche klopfen, um ein Festbacken zu vermeiden.
Anschließend wenden und weitere 25 Minuten backen. Auf einem Gitter abtropfen lassen. Sofort servieren.

Pommes de terre pompadour fondantes en impression

Schmelzkartoffeln

Zutaten für 4 Personen

450 g Kartoffeln (vorzugsweise Pompadour oder Agria), geschält
16 Kerbelblättchen
160 g Butter
grobes Meersalz
zerstoßener bunter Pfeffer

Die Kartoffeln in 16 etwa 2 cm dicke Scheiben (Durchmesser: 4 cm) schneiden, gründlich waschen und sorgfältig auf Küchenpapier abtropfen lassen.
In die Oberseite jeder Kartoffelscheibe eine feine, 1 mm tiefe Kerbe schneiden. Je ein Kerbelblättchen hineinlegen und die Kartoffelscheibe wieder verschließen.
Einen Sautoir aus Kupfer (Durchmesser: etwa 26 cm) reichlich buttern und die Kartoffelscheiben mit den Einschnitten nach unten hineinlegen.
Die Kartoffeln im vorgeheizten Ofen 25 Minuten bei 170 °C garen, dann wenden und mit dem Einschnitt nach oben weitere 5 Minuten garen.
In der Butter abkühlen lassen. Kurz vor dem Servieren die Kartoffeln mit Butter überglänzen und mit grobem Meersalz und zerstoßenem buntem Pfeffer bestreuen.
Die Schmelzkartoffeln als Beilage zu gebratenem Geflügel, Fleisch oder Fisch reichen.

Chartreuse de chou vert frisé aux chanterelles

Chartreuse von Grünkohl mit Eierschwämmen

Zutaten für 4 Personen

Chartreuse
1 EL Butter
50 g Karotten, in Wasser gegart und in 1 cm breite und 3 cm lange Stäbchen geschnitten
50 g Knollensellerie, in Wasser gegart und in 1 cm breite und 3 cm lange Stäbchen geschnitten
4 schöne Grünkohlblätter, blanchiert

Grünkohlgemüse mit Eierschwämmen
30 g Zwiebel, fein geschnitten
20 g Butter
40 g Karotten, in Scheiben geschnitten
20 g geräucherter Speck, in feine Streifen geschnitten
120 g Grünkohl, in grobe Stücke geschnitten, blanchiert und von groben Stielen befreit
60 g Eierschwämme (Pfifferlinge), gebraten

Chartreuse
4 runde Förmchen (Durchmesser: 4 cm, Höhe 3 cm) buttern und abwechselnd mit Karotten- und Selleriestäbchen auskleiden. Mit den blanchierten Kohlblättern auskleiden und mit Grünkohlgemüse füllen. Mit den überhängenden Teilen der Kohlblätter gut verschließen.

Grünkohlgemüse
Die Zwiebel in Butter anschwitzen, die Karotten und den geräucherten Speck dazugeben. Den Kohl hinzufügen und das Gemüse einige Minuten dünsten, dann die gebratenen Eierschwämme untermengen.

Fertigstellung
Im Dampfgarer 5 Minuten bei 90 °C erhitzen. Die Chartreusen auf die Teller stürzen.

Échalotes confites

Schalotten-Confit

Zutaten für 4 Personen

20 mittelgroße Schalotten (vorzugsweise rosafarbene Jersey-Schalotten), ungeschält, gewaschen und trockengetupft
4 rosa Knoblauchzehen
5 g Thymian
1 kleines Lorbeerblatt
60 g geklärte Butter
60 ml Olivenöl
Fleur de sel (feinstes Meersalz)
bunter Pfeffer, zerstoßen

Die Zutaten in der angegebenen Reihenfolge in eine Auflaufform aus Keramik geben und mit Alufolie zudecken. Im vorgeheizten Ofen etwa 1 Stunde und 15 Minuten bei 100 °C garen, dabei öfter nachsehen und falls nötig etwas Wasser oder Brühe zugießen.
Kurz vor dem Servieren die Schalotten halbieren und mit Fleur de sel und zerstoßenem bunten Pfeffer bestreuen.

Polenta à la bergamasque

Polenta à la bergamasque

Zutaten für 8 Personen

50 ml Olivenöl
100 g Zwiebeln, fein geschnitten
260 g Polenta aus grobem Maismehl
1 l Wasser
1 Kräuterbündel (Lorbeer, Thymian und Petersilie)
Salz und Pfeffer
Muskatnuss
110 g Parmesan, gerieben

Das Olivenöl in einem kleinen Kupfertopf erhitzen. Die Zwiebeln hinzufügen und anschwitzen. Die Polenta hineinrieseln lassen und kurz anbraten. Mit dem Wasser vermischen und das Kräuterbündel hinzufügen. Mit Salz und Pfeffer würzen, etwas Muskatnuss darüber reiben und alles 1 Stunde und 30 Minuten im vorgeheizten Ofen bei 120 °C garen, dabei wiederholt umrühren.
Aus dem Ofen nehmen und den geriebenen Parmesan darüber streuen. Die Polenta darf nicht zu fest sein. Falls nötig mit etwas Wasser auflockern.

Gnocchi à la piémontaise

Gnocchi à la piémontaise

Zutaten für 4 Personen

300 g in der Schale gegarte Kartoffeln (vorzugsweise Agria), ausgedämpft und geschält
100 g Mehl, gesiebt
14 g Basilikum, grob gehackt
10 g Estragon, fein geschnitten
15 g schwarze Oliven aus Nyons, in feine Würfel geschnitten (Brunoise)
20 g Tomaten-Confit, in feine Würfel geschnitten (Brunoise)
1 Eigelb
Olivenöl
5 g Salbei, gehackt

Die Kartoffeln bereits am Vortag durch ein Sieb streichen und das gesiebte Mehl dazugeben. Den Basilikum, den Estragon, die gewürfelten Oliven und das Tomaten-Confit unter die Masse ziehen. Das Eigelb mit einem Teigschaber unterarbeiten. Die Gnocchi-Masse über Nacht in den Kühlschrank stellen.

Aus der Masse kleine, 3 cm lange Gnocchi von etwa 1 cm Durchmesser formen und mit den Zinken einer Gabel einritzen. Die Gnocchi 2 Minuten in Olivenöl braten. Zum Schluss den gehackten Salbei darüber streuen.

Pastilla d'aubergines

Auberginenplätzchen

Zutaten für 4 Personen

2 Auberginen (je 300 g)
4 g Knoblauch, in dünne Scheiben geschnitten
Olivenöl
1 g Curry
50 g Tomaten-Confit, püriert
20 g schwarze Oliven, zerkleinert
20 g Schalotten-Confit, fein geschnitten
4 Blätter Filoteig
1 Eigelb
fein gerebelter Thymian
Niora (oder edelsüßes Paprikapulver)
Fleur de sel (feinstes Meersalz)
zerstoßener Pfeffer
4 eingemachte rosafarbene Knoblauchzehen (Knoblauch-Confit)

Die Auberginen leicht einschneiden und die Knoblauchscheibchen in die Kerben drücken. Die Auberginen auf ein Backblech legen, mit Olivenöl beträufeln und 30 Minuten im vorgeheizten Ofen bei 145 °C backen.
Die Auberginen aushöhlen und das Fruchtfleisch mit einem Messer hacken. 1 Esslöffel Olivenöl in einer Pfanne erhitzen, das gehackte Auberginenfruchtfleisch, Curry, das pürierte Tomaten-Confit, die zerkleinerten Oliven und das Schalotten-Confit hinzufügen. 10 Minuten dünsten, dann beiseite stellen.
Zwei Blätter Filoteig mit Eigelb bestreichen, mit gerebeltem Thymian, Niora, Salz und Pfeffer bestreuen. Die beiden übrigen Filoteigblätter darauf legen und fest andrücken. 12 Minuten im vorgeheizten Ofen bei 150 °C backen.
Aus dem Ofen nehmen und Dreiecke mit 4 cm Seitenlänge zurechtschneiden. In luftdicht verschließbaren Behältern aufbewahren. Die vier Auberginenplätzchen ähnlich einem Millefeuille herstellen, dabei abwechselnd je eine Schicht Filoteig und eine Lage Auberginenpüree übereinander schichten.
Die dritte und letzte Auberginenschicht mit je einer eingemachten rosafarbenen Knoblauchzehe garnieren.

Tian d'aubergines

Gratinierte Auberginen

Zutaten für 4 Personen

2 große Kartoffeln (vorzugsweise Agria)
2 vollreife Tomaten
200 g junge Zwiebeln, fein geschnitten und eingemacht
4 sehr kleine Auberginen
Salz und Pfeffer
Thymian
Olivenöl
Chiliöl (siehe S. 279)
1 Artischocke, gebraten und geviertelt

Die rohen Kartoffeln mit Hilfe einer ovalen, 7 cm langen, 3 cm breiten und 3 cm hohen Ausstechform in vier etwa 5 mm dicke Scheiben schneiden.
Die Scheiben auf den Boden von vier ebenso großen Formen legen. Darauf nacheinander je eine etwa 5 mm dicke Tomatenscheibe und je ein Viertel der eingemachten Zwiebeln schichten. Die kleinen Auberginen in sehr dünne, etwa 1 mm dicke Scheiben schneiden. Die Scheibchen rosettenförmig auf die eingemachten Zwiebeln setzen.

Mit Salz und Pfeffer würzen, mit einigen Thymianblättchen dekorieren und mit ein paar Spritzern Olivenöl beträufeln. Die Formen auf eine ofenfeste Platte setzen und die kleinen Aufläufe im vorgeheizten Ofen bei 150 °C unter häufigem Begießen etwa eine halbe Stunde garen. Herausnehmen und die Aufläufe auf Tellern anrichten. Mit ein paar Tropfen Chiliöl würzen und auf jeden Auflauf ein Artischockenviertel geben.

Salsifis au jus

Schwarzwurzeln in Jus

Zutaten für 4 Personen

600 g Schwarzwurzeln, geschält und in gesalzenem Mehlwasser gekocht
40 g Butter
30 g Schalotten, fein geschnitten
50 ml Kalbsjus (siehe S. 283)
1 kleines Sträußchen frischer Thymian
1 Knoblauchzehe, längs halbiert, der Keimling entfernt
Salz, Pfeffer

Die Schwarzwurzeln schräg in 5 cm lange Stücke schneiden.
In einem Sautoir aus Kupfer die Butter zerlassen und die fein geschnittenen Schalotten anschwitzen. Die Schwarzwurzelstücke hinzufügen.
Mit dem Kalbsjus ablöschen. Thymian, Knoblauch, Salz und Pfeffer dazugeben. 25 Minuten zugedeckt im vorgeheizten Ofen bei 110 °C garen. Zwischendurch mit dem Jus begießen und nach dem Herausnehmen mit dem sirupartigen Jus glasieren.

Crème de tomates

Tomatencremesuppe

Zutaten für 4 Personen

80 g Schalotten, geschält und fein geschnitten
60 g Butter
700 g Tomaten, ungeschält und geviertelt
1 TL Tomatenmark
1 Prise Zucker
300 g Rahm
4 Basilikumblätter, sehr fein geschnitten
Salz, Pfeffer, Tabasco

Die fein geschnittenen Schalotten in der Butter anschwitzen, anschließend die geviertelten Tomaten, das Tomatenmark und den Zucker dazugeben. Den Rahm dazugießen und das Basilikum hinzufügen. 10 Minuten kochen, dann weitere 10 Minuten ziehen lassen.
Im Mixer fein pürieren und durch ein Spitzsieb passieren. Mit Salz, Pfeffer und Tabasco abschmecken.

Crème de pois verts

Erbsencremesuppe

Zutaten für 8 Personen

300 ml heller Geflügelfond (siehe S. 281)
400 g Rahm
900 g feine Erbsen, blanchiert
110 g Butter
Salz, Zucker, Cayennepfeffer

Den Geflügelfond mit dem Rahm zum Kochen bringen. Die Erbsen dazugeben und 6 Minuten kochen, dann pürieren und durch ein Spitzsieb passieren.
Mit Butter aufschlagen, mit Salz, Zucker und Cayennepfeffer abschmecken.

Crème de chou-fleur

Blumenkohlcremesuppe

Zutaten für 4 Personen

500 g Blumenkohl, in kleine Stücke geschnitten
250 ml Wasser
250 ml heller Geflügelfond (siehe S. 281)
200 g Rahm
100 g Butter
Salz und Pfeffer

Den in kleine Stücke geschnittenen Blumenkohl rasch in dem Wasser und dem Geflügelfond gar kochen. Am Ende der Garzeit den Rahm dazugießen und die Suppe pürieren. Durch ein Spitzsieb passieren und mit der Butter aufschlagen. Mit Salz und Pfeffer abschmecken.

Crème de fenouil

Fenchelcremesuppe

Zutaten für 10 Personen

100 g Butter
1 kg Fenchel, fein geschnitten
15 g Anissamen, zerstoßen
3 Stück Sternanis
Salz und Pfeffer
50 ml Pastis
1 kg Rahm
600 ml Gemüsebrühe (siehe S. 281)

Die Hälfte der Butter in einem kleinen Topf zerlassen und den Fenchel darin mit dem Anis und dem Sternanis anschwitzen. Mit Salz und Pfeffer würzen und mit dem Pastis ablöschen. Auf die Hälfte einkochen lassen, dann mit dem Rahm und der Gemüsebrühe mischen. Weitere 15 Minuten kochen und den Sternanis herausnehmen.
Die Suppe durch ein Spitzsieb passieren. Mit der restlichen Butter aufschlagen und nach Belieben abschmecken.

Crème de cresson

Kressecremesuppe

Zutaten für 4 Personen

20 g Butter
160 g Brunnenkresse, gezupft
250 ml heller Geflügelfond (siehe S. 281)
Zucker, Salz, Pfeffer aus der Mühle
200 g Rahm

Die Butter in einem Sautoir aus Kupfer zerlassen.Die Brunnenkresse darin andünsten. Den Geflügelfond dazugießen, würzen und 4 Minuten köcheln lassen. Die Flüssigkeit darf dabei nicht stark kochen, damit die Brunnenkresse schön grün bleibt. Den Rahm dazugießen und die Suppe im Mixer fein pürieren. Durch ein Spitzsieb passieren und mit Zucker, Salz und Pfeffer abschmecken.

Soupe de poireaux et pommes de terre

Lauch-Kartoffel-Suppe

Zutaten für 8 Personen

80 g Butter
100 g Zwiebeln, fein geschnitten
300 g Lauch, in grobe Stücke geschnitten
400 g Kartoffeln (vorzugsweise Charlotte), in grobe Stücke geschnitten
1,4 l heller Geflügelfond (siehe S. 281)
100 g geräucherter Speck

60 g Butter in einem kleinen Topf zerlassen und die Zwiebeln, den Lauch und die Kartoffeln darin anschwitzen, dann den Geflügelfond dazugießen.
Zum Kochen bringen, abschäumen und den geräucherten Speck dazugeben.
Zudeckt 20 Minuten leicht köcheln lassen. Den Speck herausnehmen und in feine Streifen schneiden. Die restliche Butter (20 g) und die Speckstreifen in die Suppe geben und abschmecken.

Velouté léger de potiron

Leichte Kürbis-Velouté

Zutaten für 4 Personen

150 g Zwiebeln, fein geschnitten
130 g Butter
800 g Kürbis, in Würfel geschnitten
1,1 l geklärte Geflügelbrühe
Salz, Cayennepfeffer, Curry
150 g Crème épaisse (dicker Rahm)

Die Zwiebeln in einem Teil der Butter (50 g) anschwitzen und die Kürbiswürfel dazugeben.
Das Fett von der Geflügelbrühe abschöpfen, eventuelle Rückstände entfernen.
Das Zwiebel-Kürbis-Gemisch mit 900 ml Brühe aufgießen und alles gut verrühren.
Mit Salz, Cayennepfeffer und Curry abschmecken.
Bei schwacher Hitze 25 Minuten köcheln lassen. Im Mixer fein pürieren, anschließend durch ein Spitzsieb passieren.Zum Schluss die Crème épaisse, die übrige Geflügelbrühe (die genaue Menge hängt von der Konsistenz der Velouté ab) und die restliche Butter (80 g) hinzufügen.

Potage minestrone de la »Nonna«

Minestrone à la »Nonna«

Zutaten für 8 Personen

Minestrone
20 g Zwiebeln, fein geschnitten
20 ml Olivenöl
100 g Karotten, in Scheiben geschnitten
100 g Lauch, in Scheiben geschnitten
60 g Grünkohlblätter, fein geschnitten
50 g weiße Rübchen, in kleine Stücke geschnitten
50 g Kohlrabi, in kleine Stücke geschnitten
50 g Pancetta (oder gepöckelter Brustspeck), in Streifen geschnitten
80 g Zucchini, in Scheiben geschnitten
1 EL Tomatenmark
200 g abgezogene und entkernte Tomaten, in Würfel geschnitten
3 l Wasser (oder Hühnerbrühe)
50 g Borlottibohnen, 6 Stunden eingeweicht, in Wasser gekocht
50 g kurze Nudeln (oder Spaghetti, in 1 cm lange Stückchen zerbrochen)

Fertigstellung (Misto)
70 g krause Petersilie
4 g Knoblauch
100 g fetter Speck
20 ml Basilikumöl (siehe S. 279) oder 10 frische Basilikumblätter, grob gehackt

Minestrone

Die Zwiebeln in dem Olivenöl anschwitzen und anschließend alle Zutaten – bis auf die Nudeln – in der angegebenen Reihenfolge hinzufügen. Die Gemüse etwa 20 Minuten in der köchelnden Brühe garen. Ungefähr 10 Minuten vor Ende der Garzeit die Nudeln dazugeben und zugedeckt leicht köcheln lassen.

Fertigstellung (Misto)

Die Petersilie, den Knoblauch und den fetten Speck mit dem Wiegemesser fein zerkleinern. Alle Zutaten gut miteinander vermischen. 4 Minuten vor Ende der Garzeit 2 Esslöffel von dieser Mischung in die Suppe geben. Vom Herd nehmen und kurz vor dem Servieren das Basilikumöl oder die grob gehackten frischen Basilikumblätter dazugeben.

Gaspacho

Gazpacho

Zutaten für 8 Personen

1 kg sehr reife Strauchtomaten
160 ml Nyons-Oliven-Öl
80 ml Rotweinessig
70 g entrindetes Weißbrot
60 g Gurken, geschält, in Würfel geschnitten
60 g grüne Paprika, roh geschält und in kleine Würfel geschnitten (Brunoise)
40 g Zwiebeln, fein geschnitten
2 g Knoblauch, gepresst
Tabasco, Salz, Zucker

Alle Zutaten (bis auf den Knoblauch, falls die Gazpacho aufbewahrt werden soll) miteinander vermischen. Durch ein feines Spitzsieb passieren und abschmecken.

Bisque de homard

Hummercremesuppe

Zutaten für 10 Personen

200 ml Olivenöl
1 kg Hummerkarkassen, zerstoßen
80 g Karotten, in Scheiben geschnitten
80 g Zwiebeln, in Scheiben geschnitten
40 g Schalotten, in dünne Scheiben geschnitten
25 ml Cognac
60 g Tomatenmark
50 ml weißer Portwein
2 l Scampi-Bruhe (siehe S. 280)
100 ml Kalbsjus (siehe S. 283)
1 Kräuterbündel (Lorbeer, Thymian und Petersilie)
4 Knoblauchzehen
1 TL zerstoßener bunter Pfeffer
800 g Rahm
60 g Butter
Cayennepfeffer, Salz und schwarzer Pfeffer aus der Mühle

Das Olivenöl in einem großen Sautoir aus Kupfer erhitzen und die Hummerkarkassen darin Farbe annehmen lassen. Die Karotten, die Zwiebeln und die Schalotten hinzufügen und ebenfalls rundherum anbräunen. Mit dem Cognac flambieren. Das Tomatenmark hinzufügen und weitere 4 bis 5 Minuten bräunen. Mit dem Portwein ablöschen und mit der Scampi-Brühe und dem Kalbsjus aufgießen. Das Kräuterbündel, den Knoblauch und den bunten Pfeffer in die Suppe geben und 15 Minuten kochen, anschließend weitere 15 Minuten ziehen lassen.

Durch ein Spitzsieb passieren, dabei die Karkassen gut ausdrücken. Die Masse erneut auf den Herd stellen und den Rahm dazugießen. Bei schwacher Hitze 5 Minuten köcheln lassen, anschließend mit der Butter aufschlagen. Mit etwas Salz, schwarzem Pfeffer aus der Mühle, Cayennepfeffer und Cognac abschmecken und servieren.

Soupe de poisson de l'Hôtel de Ville

Fischsuppe »Hôtel de Ville«

Zutaten für 8 Personen

200 ml Olivenöl
400 g kleine Rascasse
400 g Knurrhahn
200 g Karkassen vom Petersfisch
400 g Kleine Petermännchen
200 g Meeraal
500 g Hummerparüren (Beine, Innereien des Körpers)
500 g Taschenkrebs-Karkassen (Scheren, Beine und Fleisch)
100 ml Olivenöl
300 g Lauch, in Scheiben geschnitten
100 g Champignons, fein geschnitten
100 g Zwiebeln, fein geschnitten
100 g Karotten, in Scheiben geschnitten
150 g frische Tomaten, geviertelt
100 g Tomatenmark, gebräunt
1 Kräuterbündel (Lorbeer, Thymian und Petersilie)
2 l Fischsud (siehe S. 280)
½ l Scampi-Brühe (siehe S. 280)
1 g Safranfäden
3 g schwarzer Pfeffer
2 g Cayennepfeffer
100 g Aïoli-Sauce (siehe S. 288)
gemahlener Espelette-Pfeffer
Cognac

Die Hälfte des Olivenöls in einem Kupfertopf erhitzen und die geschuppten und gewaschenen Fische dazugeben. Schnell Farbe annehmen lassen, anschließend die Hummerparüren und die Taschenkrebskarkassen hinzufügen. Das Gemüse (Lauch, Champignons, Zwiebeln, Karotten und Tomaten) getrennt in dem restlichen Olivenöl bräunen und zu den Fischen geben. Anschließend das Tomatenmark hinzufügen und unter ständigem Rühren das Kräuterbündel, den Fischsud und die Scampi-Brühe, zum Schluss Safran, schwarzen Pfeffer und Cayennepfeffer dazugeben.

25 Minuten kochen und regelmäßig abschäumen, dann 20 Minuten stehen lassen. Die Suppe durch ein Passiergerät (grobe Scheibe) drücken. Im Mixer fein pürieren, dann durch ein Spitzsieb passieren. Mit der Aïoli-Sauce binden und mit dem Espelette-Pfeffer, Salz, Cayennepfeffer und etwas Cognac abschmecken. Sehr heiß mit Rouille-Sauce servieren. Dazu kleine Croûtons à la catalane (siehe S. 51) reichen.

Fisch und Meeresfrüchte

Fines rouelles de Saint-Jacques en carpaccio aux cèpes et granny smith à l'aceto de vino santo

Jakobsmuschel-Carpaccio mit Steinpilzen, Granny-Smith-Äpfeln und Vino-Santo-Essig

Zutaten für 4 Personen

weißes Muskelfleisch (Nüsschen) von
12 Jakobsmuscheln
10 g Hummerrogen (nach Belieben)
Butter
200 g gebratene Steinpilze, in kleine Würfel geschnitten (Brunoise)
Fleur de sel (feinstes Meersalz)
zerstoßener, bunter Pfeffer
20 ml Vino-Santo-Essig
10 ml Haselnussöl
20 Schnittlauchhalme, fein geschnitten
9 g Orangenschale, in sehr kleine Würfel geschnitten (Brunoise)
2 g Limettenschale, in sehr kleine Würfel geschnitten (Brunoise)
80 g Granny-Smith-Äpfel, in feine Streifen geschnitten (Julienne)
80 g weiße Champignons, in feine Streifen geschnitten (Julienne)
12 Kerbelblättchen
12 Dillspitzen
100 g kleine Eierschwämme (Pfifferlinge), in Essig eingelegt

Fertigstellung

10 ml sirupartiger alter Balsamico-Essig
10 ml Vinaigrette mit Vino Santo (siehe S. 278)
10 ml Hummersauce (siehe S. 287)

Jakobsmuschel-Carpaccio

Die Jakobsmuschel-Nüsschen mit dem Hummerrogen mit Hilfe eines kleinen Pinsels einfärben. 20 Sekunden in schäumender Butter anbraten, anschließend in etwa 3 mm dünne Scheiben schneiden und beiseite stellen. Runde Ausstecher oder Metallringe (Durchmesser: 8 cm) mit einer dünnen Schicht gebratener Steinpilz-Brunoise auskleiden und diese mit Salz, buntem Pfeffer, Vino-Santo-Essig und Haselnussöl würzen. Darauf die Jakobsmuschelscheiben rosettenförmig anrichten.
Mit dem Schnittlauch sowie der Orangen- und der Limettenschalen-Brunoise bestreuen. Jede Portion mit etwas Vino-Santo-Essig beträufeln, mit Haselnussöl benetzen und mit etwas Salz und zerstoßenem Pfeffer würzen. Darauf die Apfel- und die Champignon-Julienne häufen und die Kerbelblättchen und die Dillspitzen hineinstecken.

Fertigstellung

Zum Servieren auf jeden Teller eine Jakobsmuschel-Rosette geben und die kleinen Eierschwämme darum herum anrichten. Die Teller mit Streifen von Balsamico, Vinaigrette und Hummersauce dekorieren.

Saint-Jacques de la rade de Brest en coquilles, navets croquants au safran de Mund

Jakobsmuscheln aus Brest in der Schale, mit knusprigen weißen Rübchen und Safran aus Mund

Zutaten für 4 Personen

12 Jakobsmuscheln in der Schale
40 g Butter
Fleur de sel (feinstes Meersalz)
zerstoßener bunter Pfeffer
12 kleine weiße Rübchen, tourniert, gedämpft und anschließend glasiert
40 g Lauch (grüner Teil), in sehr kleine Würfel geschnitten (Brunoise)
10 g Karotten, in sehr kleine Würfel geschnitten (Brunoise)
10 g Knollensellerie, in sehr kleine Würfel geschnitten (Brunoise)
12 Safranfäden aus Mund
400 g Algen
300 g graues, grobes Meersalz
Safransauce (siehe S. 288)

Die Muscheln vorsichtig öffnen, ohne dabei die Schalen zu weit aufzuklappen. So bleiben die Gelenke der Schalen intakt. Den grauen Rand vom weißen Muskelfleisch und dem orangefarbenen Rogen ablösen. Das Muskelfleisch, auch Nüsschen genannt, und die Schalen sehr gründlich unter fließendem Wasser waschen. Die Nüsschen großzügig buttern und in den Schalen im vorgeheizten Ofen bei 150 °C garen (6–8 Minuten, die Kerntemperatur soll 40 °C betragen). Die Nüsschen sollen dabei glasig bleiben. Aus dem Ofen nehmen und die Butter abtropfen lassen. Dann mit Fleur de sel und zerstoßenem bunten Pfeffer würzen. Je drei kleine Rübchen in jede Muschel drücken. Mit Gemüse-Brunoise und Safranfäden bestreuen.

Die Jakobsmuscheln auf einem Bett aus Algen und grauem, grobem Meersalz anrichten. Mit einem Esslöffel die Safransauce in die Muschelschalen träufeln. Sofort servieren.

Bouchées de Saint-Jacques à l'émincé de poireau, velouté léger au champagne et caviar

Gefüllte Jakobsmuscheln mit leichter Champagner-Kaviar-Samtsauce

Zutaten für 4 Personen

das weiße Muskelfleisch von 12 Jakobsmuscheln (Gewicht: je 20 g)
120 g Lauch, in feine Würfel geschnitten (Brunoise), gegart
8 schöne Spinatblätter, blanchiert und abgetropft
70 g weiche Butter
Fleur de sel (feinstes Meersalz)
zerstoßener bunter Pfeffer
40 g Osietra-Kaviar
12 Herzmuschelschalen
Champagnersauce (siehe S. 287)

Die Jakobsmuschelnüsschen quer halbieren und mit der Lauch-Brunoise füllen. Die Hälften wieder aufeinander setzen und jedes gefüllte Nüsschen in ein Spinatblatt wickeln. Die Oberflächen mit Butter bepinseln. Die vorbereiteten Päckchen auf eine großzügig gebutterte Platte setzen. Den Ofen auf 140 °C vorheizen und die Muscheln etwa 5 Minuten im Ofen garen. Die Kerntemperatur soll 40 °C betragen.

Zum Servieren die gefüllten Jakobsmuscheln mit Fleur de sel und zerstoßenem bunten Pfeffer bestreuen. Auf jedem Muschelpäckchen eine mit Kaviar gefüllte Herzmuschel anrichten. Die Sauce aufschlagen und über die Jakobsmuscheln schöpfen.

Couteaux de l'Adriatique aux petites girolles et oignons rouges à la livèche

Schwertmuscheln von der Adria mit kleinen Eierschwämmen, roten Zwiebeln und Liebstöckel

Zutaten für 4 Personen

320 g Fleisch von Schwertmuscheln, roh aus den Schalen gelöst und in 5 mm breite Stücke geschnitten
100 g Butter
40 g Schalotten, fein geschnitten
1 g gerebelter Thymian
1 Messerspitze Knoblauch
1 g Dillspitzen, gehackt
100 g kleine Eierschwämme (Pfifferlinge), gebraten (siehe S. 75)
40 g rote Zwiebeln, in Dreiecke mit 5 mm Seitenlänge geschnitten und in Rotwein gegart
Gewürzsauce (siehe S. 285)
8 g Liebstöckelblätter, in nadelfeine Streifen geschnitten

Die Schalen der Schwertmuscheln waschen und zum Anrichten aufbewahren. Einen Sautoir kalt großzügig mit Butter ausstreichen und die Schalotten, den Thymian, den Knoblauch und den Dill hineingeben. Langsam erhitzen und die Muschelstücke hinzufügen. Alles vorsichtig vermischen und die Schwertmuscheln auf eine Temperatur von maximal 70°C erhitzen.
Die Schwertmuschelstücke in die leicht erwärmten Schalen füllen.
Die Eierschwämme und die in Rotwein gegarten roten Zwiebeln darauf anrichten. Den Muschelsud mit einem Schneebesen aufschlagen.
Die beiden Saucen in Pipetten erwärmen. Mit der Gewürzsauce Streifen über die Muscheln ziehen und mit dem aufgeschlagenen Muscheljus Punkte dazwischen setzen. Zum Schluss mit den Liebstöckelstreifchen dekorieren.

Velouté de laitue romaine aux coquillages et oursins verts

Muscheln und grüne Seeigel mit Velouté von Römersalat

Zutaten für 4 Personen

Velouté von Römersalat
2 schöne Römersalate von je 350 g
(das Herz eines Römersalats entnehmen und beiseite legen)
300 g Rahm
90 g Butter
100 ml Muscheljus
Muskat, weißer Pfeffer,
Fleur de sel (feinstes Meersalz)

Seeigel-Flan
8 grüne Seeigel
150 g Rahm
2 Eier

Gedünsteter Salat
2 Römersalatherzen
2 kleine junge Zwiebeln
40 g Butter
Salz und Pfeffer

Muscheln
50 g Herzmuscheln
40 g Venusmuscheln
40 g Schwertmuscheln
40 g Glatte Venusmuscheln
40 g Teppichmuscheln

Fertigstellung
8 Kerbelblättchen

Velouté von Römersalat

Die Salate in Wasser oder über Dampf garen, danach sofort in Eiswasser abschrecken. Gut abtropfen lassen, dann mit den anderen Zutaten im Mixer fein zerkleinern, bis eine samtige Sauce von intensivem Grün entstanden ist.

Seeigel-Flan

Die Seeigel mit einer Schere öffnen. Die Flüssigkeit dabei auffangen und durch ein Spitzsieb seihen, die Zungen auffangen. Alle Zutaten im Mixer fein zerkleinern und durch ein Spitzsieb passieren. Die Mischung in ofenfeste Schälchen schöpfen. Im Dampfgarer 5 Minuten bei 90 °C garen.

Gedünsteter Salat

Die Salatherzen blanchieren und in Streifen schneiden. Die Zwiebeln fein schneiden und in etwas Butter anschwitzen. Zuerst die Salatstreifen, dann die übrige Butter hinzufügen. Mit Salz und Pfeffer abschmecken.

Muscheln

Die Herzmuscheln und die Venusmuscheln kurz erhitzen, anschließend öffnen. Die Schwertmuscheln, die Glatten Venusmuscheln und die Teppichmuscheln roh aus den Schalen lösen. Die verschiedenen Muscheln – bis auf die Herzmuscheln – in Streifen oder Stücke schneiden.

Anrichten und Fertigstellung

Die Seeigel-Flans aus dem Dampfgarer nehmen und jeweils in die Tellermitte stürzen. Metallringe (Durchmesser: 6 cm) darauf legen und je 20 g gedünsteten Salat darin verteilen. Darauf die lauwarmen Muscheln anrichten. Vorsichtig die Metallringe entfernen. Die Velouté von Römersalat um die Flans herum schöpfen und die Muscheln mit den Kerbelblättchen dekorieren.

Bouchées de moules de bouchots étuvées aux carottes et fenouil à l'aneth

Miesmuscheltörtchen mit Karotten und Fenchel

Zutaten für 12 Törtchen

Miesmuscheltörtchen
100 g junge Zwiebeln, in dünne Scheiben geschnitten
80 g Fenchel, geputzt und in Scheiben geschnitten
80 g Karotten, in feine Würfel geschnitten (Brunoise) (für die Dekoration ein Stückchen Karotte schräg in Scheiben schneiden und beiseite legen)
40 g Butter
1,5 kg Zucht-Miesmuscheln

Karottenjus
400 g Karotten
400 ml Wasser
80 ml Muschelsud, gefiltert (siehe Rezept »Miesmuscheln nach Seemannsart« S. 112)
Zitronensaft
Kirschwasser
30 g Butter
Cayennepfeffer
fein gehackter Dill

Fertigstellung
einige Dillzweiglein

Miesmuscheltörtchen

Die Zwiebeln, den Fenchel und die Karotten in einer Sauteuse in der Butter anschwitzen. Mit etwas Wasser oder Gemüsebrühe bei schwacher Hitze dünsten, dabei, falls nötig, von Zeit zu Zeit weitere Flüssigkeit zugeben.
Diese Masse in zwölf kleinen rechteckigen Ausstechern verteilen. Die Muscheln wie im Rezept »Miesmuscheln nach Seemannsart« (Seite 112) zubereiten.
Das Muschelfleisch aus den Schalen lösen und dicht aneinander gelegt in einem Streifenmuster auf dem Gemüse anrichten. Die Törtchen mit weicher Butter einpinseln und in jedes einige Karottenscheibchen stecken.

Karottenjus

Die Karotten in dem Wasser zugedeckt garen. Mit der Kochflüssigkeit fein mixen, durch ein Passiertuch abtropfen lassen und den Saft auffangen. Etwa 100 g von dem Karottensaft abmessen. Den Saft in einer Kasserolle mit dem gefilterten Muschelsud vermischen, mit etwa 1 Teelöffel Zitronensaft, 1 Teelöffel Kirschwasser, der Butter und Cayennepfeffer mischen. Alles mit einem Schneebesen aufschlagen und beiseite stellen.

Fertigstellung

Die Miesmuscheltörtchen mit Alufolie bedeckt im vorgeheizten Ofen bei 140 °C etwa 3 Minuten erhitzen.
Den Karottenjus aufkochen, dabei mit dem Schneebesen kräftig aufschlagen. Zum Schluss den Dill unterrühren.
Die Miesmuscheltörtchen auf den Tellern anrichten und die Formen vorsichtig entfernen. Den Jus darum herum schöpfen und die Muscheltörtchen mit einigen Dillzweiglein garnieren.

Moules marinière

Miesmuscheln in Weißwein-Zwiebel-Sauce

Zutaten für 4 Personen

Muscheln
1,4 kg Zucht-Miesmuscheln
Pfeffer aus der Mühle
80 g neue Zwiebeln, fein geschnitten
½ TL Knoblauch, zerdrückt
Thymianzweiglein
10 g glatte Petersilie, gezupft
60 g Butter
200 ml trockener Weißwein

Fertigstellung
80 g Butter
2 EL neue Zwiebeln, fein geschnitten
2 Zweiglein Zitronenthymian
2 EL glatte Petersilie, gehackt
50 g Tomaten, abgezogen, entkernt und in Würfel geschnitten
Weißwein
weißer Pfeffer

Muscheln

Die Muscheln in drei Gängen gründlich waschen, abbürsten und eventuelle Sand- und Kalkreste entfernen. Anschließend die Bärte mit Daumen und Zeigefinger abziehen. Geöffnete Muscheln und solche, die sich nicht ganz schließen, entfernen. Die Muscheln mit Pfeffer bestreuen. Die Zwiebeln und den Knoblauch in einer großen Kasserolle mit dem Thymian und der Petersilie in der Butter andünsten, anschließend mit der Hälfte des Weißweins ablöschen. Die Muscheln zugeben und zugedeckt unter gelegentlichem Wenden bei starker Hitze etwa 3 Minuten dämpfen, damit sie sich schnell öffnen. Vom Herd nehmen, in ein Sieb geben und den Sud auffangen. Die Muscheln warm stellen.

Fertigstellung

Den Muschelsud durch ein mit einem Passiertuch ausgeschlagenes Spitzsieb filtern. Aufkochen und mit dem Schneebesen 40 g Butter darunter schlagen. Die Zwiebeln und die Petersilie zugeben und einige Male umrühren. Mit dem restlichen Butterstück aufmontieren, die Tomatenwürfel und einen Schuss Weißwein hinzufügen und den Jus mit Pfeffer würzen. Inzwischen die Miesmuscheln in einer Keramikschüssel anrichten und den Jus darüber gießen.

Oursins verts d'Irlande à l'œuf de caille cuit mollet, sauce oursinade

Grüne Seeigel aus Irland mit weich gekochten Wachteleiern und Seeigelsauce

Zutaten für 4 Personen

Grüne Seeigel mit Wachteleiern
12 mittelgroße grüne Seeigel aus Irland
100 g Butter
30 g Schalotten, fein geschnitten
40 g Champignons, in feine Scheiben geschnitten
20 g Fenchel, fein geschnitten
1 g Fenchelsamen
1 g Sternanis
30 ml Pastis
50 ml Weißwein
100 ml Jus von Seeigeln
100 ml Herzmuscheljus
150 g Rahm
Salz und Pfeffer
12 Wachteleier
80 g Fenchel, in kleine Würfel geschnitten (Brunoise) und in Butter gedünstet
60 g Champignons, in kleine Würfel geschnitten (Brunoise) und in Butter gebraten

Fertigstellung
grobes Meersalz
aromatische Kräuter

Grüne Seeigel mit Wachteleiern

Die Oberseiten der Seeigel abkratzen und die Stacheln entfernen. Diese Deckel mit einer Schere rundherum abschneiden. Die Zungen aus den Seeigeln lösen und herausnehmen. Den Seeigeljus auffangen, durch ein feines Spitzsieb filtern und für die Sauce aufbewahren.
Die Seeigelzungen vorsichtig unter einem dünnen Wasserstrahl abspülen, dabei Verunreinigungen und Stacheln entfernen. Mit Klarsichtfolie bedecken, auf eine kleine Platte aus Edelstahl setzen und beiseite stellen.
Einen Teil der Butter (70 g) in einem Sautoir aus Kupfer zerlassen und die fein geschnittenen Schalotten, die in Scheiben geschnittenen Champignons und den fein geschnittenen Fenchel darin anschwitzen. Fenchelsamen und Sternanis zugeben und ebenfalls kurz anschwitzen. Mit dem Pastis und dem Weißwein ablöschen und die Flüssigkeit auf die Hälfte reduzieren.
Mit dem Seeigeljus und dem Muscheljus aufgießen. 4 Minuten kochen, dann den Rahm unterrühren. Nochmals 5 Minuten einkochen, dann durch ein Spitzsieb passieren. Mit der übrigen Butter (30 g) aufmontieren und mit Salz und Pfeffer abschmecken.
Die Sauce mit zehn Seeigelzungen aufschlagen und mit etwas Wasser verdünnen: Die Sauce sollte rosafarben und von lockerer Konsistenz sein.
Die Wachteleier in 3 Minuten in kochendem Wasser wachsweich kochen und anschließend schälen.
Die Seeigelschalen etwa 3 Minuten im vorgeheizten Ofen bei 180 °C erhitzen, anschließend auf einer Platte anrichten und mit der Fenchel-Champignon-Brunoise, den Wachteleiern und je vier Seeigelzungen füllen. Die Seeigelsauce mit dem Stabmixer aufschlagen. Zum Schluss die Seeigelschalen mit der aufgeschlagenen Sauce füllen und servieren.

Fertigstellung

Auf jedem Teller drei Kreise aus angefeuchtetem grobem Meersalz formen und die Seeigelschalen darauf betten. Als Dekoration kleine Bouquets aus aromatischen Kräutern zwischen die Seeigelschalen setzen.

Omble chevalier du haut lac en court-bouillon, velouté au Dézaley et cerfeuil

Wandersaibling in Court-Bouillon pochiert, Weißwein-Velouté und Kerbel

Zutaten für 4 Personen

Wandersaiblinge in Court-Bouillon
20 g Liebstöckelblätter
2 Wandersaiblinge (Gewicht: je 400 g netto), ausgenommen
60 g Karotten, in feine Scheiben geschnitten
50 g junge Zwiebeln, fein geschnitten
30 g Lauch, schräg in Scheiben geschnitten
2 g rosa Pfefferkörner
5 g Dillzweiglein
3 l Court-Bouillon (siehe S. 280)

Weißwein-Velouté
50 g Butter
100 g weiße Champignons, in feine Scheiben geschnitten
100 g Schalotten, fein geschnitten
2 g zerstoßener bunter Pfeffer
300 ml Weißwein (vorzugsweise Dézaley)
300 ml Fischsud (siehe S. 280)
200 g Rahm
1 g Liebstöckel, fein geschnitten
2 g Estragon, fein geschnitten
Saft von ½ Zitrone
Salz und Pfeffer
6 g Kerbel, gehackt

Fertigstellung
15 Kerbelzweiglein
15 Dillzweiglein

Wandersaiblinge in Court-Bouillon

Die Liebstöckelblätter in die Bauchhöhlen der Fische geben. Die Karotten, die Zwiebel, den Lauch, die rosa Pfefferkörner und den Dill in die Court-Bouillon geben. Zum Kochen bringen und die Saiblinge darin 3 Minuten pochieren, dabei darauf achten, dass die Temperatur des Suds nicht höher als 85 °C wird.

Weißwein-Velouté

Die Butter in einer Sauteuse zerlassen, die in Scheiben geschnittenen Champignons, die Schalotten und den zerstoßenen bunten Pfeffer hineingeben. Mit dem Weißwein ablöschen. Auf die Hälfte reduzieren. Mit dem Fischsud aufgießen und 7 Minuten kochen.

Den Rahm dazugießen, anschließend den Liebstöckel und den Estragon sowie den Zitronensaft hinzufügen.
Alles 10 Minuten kochen und anschließend durch ein feines Spitzsieb passieren. Mit Salz und Pfeffer abschmecken und mit einem Schuss Weißwein verfeinern. Den gehackten Kerbel kurz vor dem Servieren unterrühren.

Fertigstellung

Die Haut der pochierten Saiblinge rasch abziehen. Die Fische auf eine Servierplatte geben und das Gemüse aus der Court-Bouillon darüber anrichten.
Mit den Kerbel- und den Dillzweiglein garnieren und die Weißwein-Velouté separat dazu reichen.

Aiguillette de sole de Vendée étuvée au blanc de poireaux, jus de petits coquillages

Streifen von Seezungen aus der Vendée, mit weißem Lauch gedämpft, Jus von kleinen Muscheln

Zutaten für 4 Personen

80 g weißer Lauch, in dünne Scheiben geschnitten
100 g Butter

Gedämpfte Seezungenstreifen
2 Seezungen (Gewicht: je 500 g brutto)
Salz und Pfeffer

Sauce
100 ml Muscheljus
50 g Butter
1 TL Pastis
1 EL Dill, grob geschnitten
60 g gemischte kleine Muscheln (Herzmuscheln, Glatte Venusmuscheln, Samtmuscheln, Teppichmuscheln)
1 kleine Stange Lauch, schräg in dünne Scheiben geschnitten

Fertigstellung
1 kleine Stange Lauch, in Wasser gegart
einige Nyons-Oliven

Gedämpfte Seezungenstreifen

Den Lauch in 40 g Butter dünsten. Beiseite stellen und abkühlen lassen.
Die Seezungenfilets auslösen, ohne dabei die weiße Haut zu verletzen. Dazu die Seezungen unter fließend kaltem Wasser gründlich abspülen und schleimige Partien entfernen. Den Kopf und die Seitenflossen abschneiden. Anschließend die Mittelgräten entfernen. Dazu jeweils auf der Mittelgräte (schwarze Hautseite nach oben) der Länge nach vom Kopfende bis fast zum Schwanzende einschneiden. Die beiden Filets vorsichtig von den Gräten lösen, ohne dabei das Schwanzende zu entfernen. Die freiliegende Mittelgräte mit einem kräftigen Knick brechen. Ein Messer an der Bruchstelle unter die Mittelgräte führen und an den Gräten nach außen entlangfahren, bis die unteren Filets freiliegen. Die Mittelgräte anschließend ganz herausheben. In der unteren Hälfte der Seezungen die Gräten auf die gleiche Weise entfernen. Die ausgelösten Filets (mit Schwanzende) mit der weißen Seite nach unten auf eine ofenfeste Platte legen. Die oberen Filets zum Schwanzende nach hinten klappen und der gesamten Länge nach mit einer dünnen Schicht gedünstetem Lauch füllen. Die Filets zurück auf die Füllung klappen. Die Seezungen oben mit Salz und Pfeffer würzen und großzügig mit der restlichen Butter bestreichen.
Fest in Folie wickeln und 8 Minuten im Dampfgarer bei 90 °C garen. Die Kerntemperatur soll 50 °C betragen.
Die Seezungen 5 Minuten ruhen lassen, auspacken, abtropfen lassen und längs durchschneiden.

Sauce

Das rohe Muschelfleisch aus den Schalen der gemischten kleinen Muscheln lösen, dabei ein paar Muscheln beiseite legen. Den Muscheljus erhitzen und mit der Butter aufmontieren. Den Pastis und den zerkleinerten Dill hinzufügen und ganz zum Schluss die Muschelmischung sowie den rohen, schräg in dünne Scheiben geschnittenen Lauch unter die Sauce mischen.

Fertigstellung

Auf kleine Spießchen abwechselnd je eine Samtmuschel, eine Herzmuschel, eine Nyons-Olive und eine schräg geschnittene Scheibe der gegarten kleinen Lauchstange stecken. Kurz vor dem Servieren die gefüllten Seezungenstreifen auf den Tellern anrichten und in jeden Streifen ein Spießchen stecken. Die Sauce mit den kleinen Muscheln um die Seezungenstreifen herum schöpfen.

Sole de l'Atlantique étuvée au four, écrevisses pattes rouges au vin jaune

Im Ofen gegarte Atlantikseezunge und Flusskrebse mit Vin Jaune aus dem Jura

Zutaten für 4 Personen

Seezungen
4 Seezungen (je 450 g)

Champignon-Duxelle
80 g Butter
40 g gehackte Schalotten
200 g gereinigte Champignons, in kleine Würfel geschnitten (Brunoise)
300 ml Fischsud (siehe S. 280)
Salz und Pfeffer

Flusskrebse
20 Flusskrebse (je 60 g)
Court-Bouillon vom Fisch (siehe S. 280)
20 ml Olivenöl
100 ml Portwein
50 ml Cognac
200 ml Vin jaune aus dem Jura
300 g Rahm
Salz, Pfeffer, Cayennepfeffer
30 ml Zitronensaft

Seezungen

Die Seezungenfilets auslösen, wie auf Seite 117 beschrieben. Die Filets im Kühlschrank aufbewahren.

Champignon-Duxelle

Die Hälfte der Butter aufschäumen. Die Schalotten hineingeben und anschwitzen. Die Champignon-Brunoise zugeben und mit Salz und Pfeffer würzen. Bei starker Hitze garen, dann beiseite stellen. Die Seezungen mit der weißen Hautseite nach unten auf eine ofenfeste Platte legen. Die oberen Filets nach hinten zurückklappen und das Fleisch mit Salz und Pfeffer würzen. Das Duxelle der gesamten Länge nach auf den unteren Filets verteilen. Die oberen Filets zurückklappen. Die Seezungen vorsichtig umdrehen und die unteren Filets mit Salz und Pfeffer würzen. Mit Butter einstreichen, in Klarsichtfolie wickeln und im Kühlschrank aufbewahren.
Die Seezungen 6 Minuten im Dampfgarer bei 85 °C garen (die Kerntemperatur soll 50 °C betragen). Aus dem Dampfgarer nehmen und 3 Minuten ruhen lassen. Die Seezungen vorsichtig auspacken und die Garflüssigkeit auffangen – sie wird für die Sauce benötigt.

Flusskrebse

Die Flusskrebse in der Court-Bouillon 2 Minuten vorgaren. Vorsichtig die Schwänze von den Körpern abtrennen, die Schalen entfernen, das Schwanzfleisch auf der Oberseite leicht einschneiden und den Darm behutsam herausziehen. Den Körper und die Scheren abtrennen und aufbewahren.
Das Scherenfleisch auslösen und die Schalen ebenfalls für die Sauce beiseite legen. Auch den Rogen aufbewahren. Das Olivenöl in einer Sauteuse erhitzen, die zerkleinerten Körper und Scherenschalen darin anbraten und leicht Farbe annehmen lassen. Mit Portwein und Cognac ablöschen und flambieren. Den Vin Jaune dazugießen und auf die Hälfte reduzieren. Den Rahm unterrühren und 4–5 Minuten köcheln lassen. Durch ein feines Spitzsieb passieren. Die Sauce mit Salz, Cayennepfeffer und Zitronensaft abschmecken. Beiseite stellen.

Fertigstellung

Die gefüllten Seezungen auf Tellern anrichten. Die Sauce erhitzen und zusammen mit der Garflüssigkeit der Seezungenfilets schaumig aufmixen. Das Scheren- und das Schwanzfleisch in die Sauce geben und diese Mischung um und über die Seezungenfilets gießen. Die Teller mit den aufgestellten Krebskörpern dekorieren.

Dos de turbot d'Audierne en croûte de sel, émulsion tiède de pommes de terre et crème battue au citron

Steinbuttrücken in der Salzkruste, warme Kartoffelsauce und Zitronencreme

Zutaten für 4 Personen

Steinbutt
1 Steinbuttrücken (Gewicht: 1,2 kg), pariert, ohne Kopf, Schwanz und schwarze Haut
100 g Butter
abgeriebene Schale von 1 Limette
Fleur de sel
zerstoßener bunter Pfeffer
1 g Thymian
1 TL Sternanissamen, zerkleinert

Salzkruste
600 g Mehl
300 g grobes Salz
6 g gerebelter Thymian
5 g Rosmarin
125 g Eiweiß
200 ml Wasser

Warme Kartoffelsauce
120 g Kartoffeln (vorzugsweise Ratte), in Wasser gekocht und geschält
100 ml Fischsud (siehe S. 280)
50 ml Olivenöl
Salz und Pfeffer
100 g Crème épaisse (dicker Rahm)
abgeriebene Schale von 1 Limette
abgeriebene Schale von 1 Zitrone
Saft von ½ Zitrone
1 EL Chiliöl
1 EL Schnittlauch, fein geschnitten

Steinbutt

Für den Salzteig das Mehl, das grobe Salz, den Thymian, den Rosmarin, das Eiweiß und das Wasser gründlich verkneten. 1 Stunde an einem kühlen Ort ruhen lassen.
Den Steinbutt auf der Seite, auf der zuvor die schwarze Haut war, auf den Grill legen und mit einem Streifenmuster versehen. Großzügig mit Butter bestreichen und kalt stellen.
Den Salzteig 5 mm dick ausrollen. Den Steinbuttrücken darauf legen und darüber die Limettenschale, den Thymian, den Sternanis, das Fleur de sel und den zerstoßenen bunter Pfeffer streuen. Die Teigränder über den gewürzten Steinbuttrücken schlagen und die Nähte sehr sorgfältig schließen – der Fisch muss hermetisch abgeschlossen sein. Die Oberfläche mit ein wenig Wasser anfeuchten.

12–14 Minuten im vorgeheizten Ofen bei 180 °C garen. Die Kerntemperatur soll 35 °C betragen. Zum Servieren die Salzteigkruste aufbrechen und den Steinbutt vorlegen. Mit der warmen Kartoffelsauce und einem Gemüse der Saison servieren.

Warme Kartoffelsauce

Die gegarten und geschälten Kartoffeln durch ein feines Sieb passieren und mit einem Schneebesen den Fischsud unterrühren. Die Sauce mit dem Olivenöl aufmontieren und mit Salz und Pfeffer abschmecken. Kräftig durchschlagen und beiseite stellen.
Mit einem Schneebesen die Crème épaisse mit der abgeriebenen Limetten- und Zitronenschale, dem Zitronensaft, dem Chiliöl und dem Schnittlauch aufschlagen. Eine Sauciere mit einer Lage Zitronencreme auskleiden und die Kartoffelsauce darüber gießen.

Hâtelet de turbot aux agrumes et flageolets de Crissier, mousseline de pommes de terre rattes à l ciboulette

Steinbutt-Spießchen mit Zitrusfrüchten und Flageolet-Bohnen, Kartoffelschaum mit Schnittlauch

Zutaten für 4 Personen

Steinbuttspießchen
1 Steinbuttfilet (Gewicht: 600 g netto), ohne Haut
abgeriebene Schale von 1 Orange und 1 Limette
Fleur de sel
zerstoßener Pfeffer
Butter

Garnitur
100 g frische grüne Flageolet-Bohnen-Kerne, in Wasser gegart
50 g Karotten, in Wasser gegart und in Dreiecke geschnitten
50 g Ingwer, in Wasser gegart und in Dreiecke geschnitten
50 g Lauch (grüner Teil), in Wasser gegart und in Dreiecke geschnitten
Olivenöl
Salz und Pfeffer

Fertigstellung
10 g Schnittlauch, fein geschnitten
150 ml Kartoffelschaum, mit Olivenöl zu einer dickflüssigen Sauce verlängert (siehe S. 88)
30 ml Zitronenöl (siehe S. 279)
Chiliöl (siehe S. 279)
12 Dillzweiglein
Fleur de sel (feinstes Meersalz)
zerstoßener Pfeffer

Steinbuttspießchen

Das Steinbuttfilet in große Würfel von je etwa 25 g Gewicht schneiden. Mit der Zitrusschale, dem Fleur de sel und dem Pfeffer würzen.
Die Fischwürfel auf etwa 8 cm lange Metallspießchen stecken, je 2 Würfel pro Spießchen. In schäumender Butter etwa 1 Minute von jeder Seite anbraten.

Für die Garnitur

Die Flageolet-Bohnen-Kerne, die Karotten, den Ingwer und den Lauch bei großer Hitze in dem Olivenöl kurz anbraten und mit Salz und Pfeffer würzen.

Anrichten und Fertigstellung

Auf jeden Teller drei Fisch-Spießchen geben, die Garnitur darüber und um die Spießchen herum anrichten. Den fein geschnittenen Schnittlauch unter den mit Olivenöl verdünnten Kartoffelschaum mischen und die Kartoffelschaumsauce neben die Spießchen löffeln. Das Zitronen- und das Chiliöl direkt vor dem Servieren über den Fisch träufeln und die Spieße mit den Dillzweiglein garnieren.

Daurade royale grillée, pommes dans la cendre, beurre à la cancalaise

Goldbrasse vom Grill, Folienkartoffeln, Butter à la cancalaise

Zutaten für 4 Personen

4 kleine Lorbeerblätter
1 Goldbrasse (Gewicht: 1,2 kg netto), ausgenommen, geschuppt, ohne Kopf und Flossen
140 g Fenchel, in dünne Scheiben geschnitten und gedämpft
40 ml Olivenöl
1 g Knoblauch, fein geschnitten
2 g Thymianzweiglein
2 g Dill, gehackt
1 TL Sternanis, zerstoßen
1 TL schwarzer Pfeffer, zerstoßen
Fleur de sel, zerstoßener Pfeffer

Garnitur
8 kleine Kartoffeln von je 50 g (vorzugsweise Charlotte)
12 Frühlingszwiebeln
gesalzene Butter

Die Lorbeerblätter unter die Fischhaut schieben und die Bauchhöhle mit dem gedämpften Fenchel füllen. Aus dem Olivenöl, dem Knoblauch, dem Thymian, dem Dill, dem Sternanis und dem schwarzen Pfeffer eine Marinade herstellen. Über die Goldbrasse geben und den Fisch 2 Stunden im Kühlschrank marinieren.
Einen Holzkohlengrill 1 Stunde vor der weiteren Zubereitung des Fisches einfeuern und eine starke Glut herstellen. Die kleinen Kartoffeln in Alufolie wickeln, in die heiße Asche legen und 40 Minuten garen.
Die Goldbrasse aus der Marinade nehmen, abtropfen lassen, auf den glühend heißen Grill legen und von jeder Seite 30 Sekunden grillen. Mit Fleur de sel und zerstoßenem Pfeffer würzen und in etwas größerer Entfernung von der Kohlenglut in etwa 12 Minuten fertig garen, damit die Haut nicht verbrennt. Die Goldbrasse dabei regelmäßig mit der Marinade bestreichen. Die Frühlingszwiebeln in Alufolie einschlagen und ebenfalls in der Asche garen.
Zum Schluss – die Kerntemperatur des Fisches soll 32 °C betragen – das Öl der Marinade über den Fisch gießen und die Goldbrasse erneut mit Fleur de sel und zerstoßenem Pfeffer würzen. Sobald die Folienkartoffeln gar sind, diese einschneiden und je ein nussgroßes Stück Butter in die Öffnungen stecken. Die Goldbrasse mit den Kartoffeln und den Frühlingszwiebeln darum herum anrichten und die Cancalais-Butter in einer Sauciere dazu reichen.

Beurre cancalais

Butter à la cancalaise

Zutaten für 4 Personen
30 g rohe Karotten, in sehr kleine Würfel geschnitten (Brunoise)
30 g roher Fenchel, in sehr kleine Würfel geschnitten (Brunoise)
15 g Schalotte, sehr fein geschnitten
30 g roher Lauch (grüner Teil), in sehr kleine Würfel geschnitten (Brunoise)
1 Spritzer Pastis
1 TL Zitronensaft
1 g gehackter Dill
1 g fein geschnittener Schnittlauch
1 g abgeriebene Orangenschale
1 g abgeriebene Limettenschale
8 g Queller (Salzkraut), blanchiert
12 Umdrehungen aus der Pfeffermühle
2 g Fleur de sel
100 g Butter
15 g Osietra-Kaviar

Alle Zutaten – bis auf den Kaviar – unter ständigem Rühren in die weiche Butter einarbeiten. Den Kaviar ganz zum Schluss hinzufügen und vorsichtig unterheben. Sofort servieren.

Papillote de daurade rose, fenouil, tomate séchée et olives noires à l'huile de Maussane

Graubarsch in Pergamenthülle gegart, Fenchel, getrocknete Tomaten und schwarze Oliven mit Öl aus Maussane

Zutaten für 4 Personen

Graubarsch in Pergamenthülle

1 Graubarsch (Daurade rose) (Gewicht: 1,2 kg)
Salz und Pfeffer
120 g Artischocken à la barigoule (siehe S. 80), geviertelt
80 g tournierte kleine Karotten, gedämpft
80 g tournierte kleine Zucchini, gedämpft
60 g tournierte kleine Knollenselleriestücke, gedämpft
60 g tournierte kleine Kartoffeln, in Wasser gekocht
20 g schwarze Oliven, in Stäbchen geschnitten
20 g Schalotten, in feine Scheiben geschnitten
20 g weiße Champignons, in feine Streifen geschnitten (Julienne)
2 kleine Lorbeerblätter
4 g rosa Pfeffer
10 ml Olivenöl aus Maussane

Fertigstellung

Kerbelzweiglein
Coulis aus violetten Artischocken (siehe S. 284)

Graubarsch in Pergamenthülle

Den Graubarsch filetieren und die Haut von den Filets abziehen. Die Filets auf beiden Seiten mit Salz und Pfeffer würzen und auf einen großen Bogen Backpapier legen. Alle Zutaten für die Garnitur um die Filets herum verteilen und das Backpapier gleich einem Kissen dicht verschließen. Im vorgeheizten Ofen bei 160 °C 8–9 Minuten garen.

Fertigstellung

Die Papierhülle halb öffnen, einige Kerbelblättchen hineinschieben und die Filets sofort servieren. Den erhitzten Coulis aus violetten Artischocken in einer Sauciere separat dazu servieren.

Saumon sauvage mariné façon »Gravlax«

Marinierter Wildlachs auf »Graved Lachs«-Art

Zutaten für 12 Personen

Marinierter Lachs
1 schottisches Wildlachsfilet (Gewicht: 2 kg), entgrätet, mit Haut
120 g grobes graues Meersalz
90 g Zucker
50 g zerstoßener bunter Pfeffer
abgeriebene Schale von 3 Zitronen und 3 Limetten
25 g gemahlene Anissamen
6 TL gehackter Dill

Fertigstellung
20 ml Olivenöl
1 EL Dill
1 EL zerstoßener Pfeffer

Marinierter Lachs

Die Hautseite des Lachsfilets schuppen und die Haut mit einer Nadel mehrmals durchstechen, damit die Marinade das Fleisch durchdringen kann. Alle weiteren Zutaten miteinander vermischen und in einer etwa 1 cm dicken Schicht auf eine Platte geben. Das Lachsfilet darauf legen und mit der übrigen Beize bedecken. 14 Stunden marinieren.

Fertigstellung

Die Beize entfernen. Das marinierte Lachsfilet abspülen, sorgfältig trockentupfen und anschließend mit Olivenöl, Dill und zerstoßenem Pfeffer würzen. Danach breit auslegen und in dünne Tranchen schneiden. Dabei darauf achten, dass das Filet nicht zu stark gepresst wird.
Haltbarkeit: 3 Wochen.

Sauté de saumon sauvage au jus de carottes, gingembre et citron vert

Wildlachsragout mit Karottenjus, Ingwer und Limette

Zutaten für 4 Personen

Ragout vom Wildlachs
400 g Wildlachs, ohne Gräten und Haut, die Haut jedoch aufbewahren
50 g Butter
Salz und Pfeffer
1 g Ingwer, in feine Würfel geschnitten (Brunoise)
abgeriebene Schale von 1 Limette
Fleur de sel
Chiliöl (siehe S. 279)

Leicht gesäuerter Karottenjus
100 ml Orangensaft
20 g Ingwer, fein geschnitten
300 ml Karottensaft
40 g Butter
Zitronensaft
Balsamicessig

Fertigstellung
40 g Gemüsekugeln (Karotten, Sellerie und Zucchini), mit einem ovalen, gerillten Kugelausstecher ausgestochen und in Wasser gegart
10 g Ingwer, in dünne Streifen geschnitten (Julienne) und frittiert

Ragout vom Wildlachs

Das Lachsfilet in 16 Würfel (Seitenlänge: 2 cm) schneiden. Die Lachshaut auf eine gebutterte Platte legen. Die Lachswürfel darauf verteilen und mit Salz, Pfeffer, Ingwer und Limettenschale würzen. Die Lachswürfel rundum großzügig mit Butter bestreichen und anschließend mit einem gebutterten Bogen Backpapier bedecken. Im vorgeheizten Ofen bei 80 °C 8 bis 9 Minuten garen: Dabei darauf achten, dass der Lachs seine Farbe nicht verändert. Herausnehmen und die Lachswürfel mit Fleur de sel und ein paar Tropfen Chiliöl würzen.

Leicht gesäuerter Karottenjus

Den Orangensaft mit dem fein geschnittenen Ingwer auf die Hälfte reduzieren. Den Karottensaft dazugießen und die Flüssigkeit auf ein Drittel reduzieren. Durch ein mit einem Passiertuch ausgekleidetes Spitzsieb passieren und die Flüssigkeit mit der Butter aufmontieren. Den Jus mit Zitronensaft und etwas Balsamessig leicht säuerlich abschmecken.

Fertigstellung

Je vier Wildlachs-Würfel auf jeden Teller geben und darum herum die Gemüsekugeln anrichten. Den leicht gesäuerten Karottenjus um die Lachswürfel gießen und mit dem frittierten Ingwer garnieren.

Dos de saumon sauvage mi-cuit, mousseline de fèves à l'huile de Nyons acidulée au jus d'agrumes

Halb gegartes Wildlachsrückenstück, Puffbohnenschaum mit Nyons-Oliven und Zitrussaft

Zutaten für 4 Personen

1 Wildlachsrückenstück (Gewicht: 400 g netto), gehäutet, entgrätet, in 4 Stücke geschnitten, die Haut aufbewahrt
Salz undPfeffer
130 g Butter
Chiliöl (siehe S. 279)
Fleur de sel
zerstoßener Pfeffer

Puffbohnenschaum
200 ml Lachsfond (siehe S. 280)
200 g frische rohe Puffbohnen, enthülst
Salz und Pfeffer
20 ml Orangensaft
Zitronensaft
5 g Oliven, in kleine Würfel geschnitten (Brunoise)
5 g Fenchel, in kleine Würfel geschnitten (Brunoise)

Fertigstellung
20 g ganze Nyons-Oliven, entsteint
20 g Tomaten-Confit

Halb gegarter Lachsrücken

Die Lachshaut in eine flache Keramikform legen und die Lachsstücke darauf geben. Die Lachsschnitzel großzügig mit Butter (80 g) einpinseln. Im vorgeheizten Ofen bei 90 °C 10 Minuten garen, dabei darauf achten, dass das Fleisch nicht weißlich wird – die Kerntemperatur soll 32 °C betragen. Aus dem Ofen nehmen, mit ein wenig Chiliöl beträufeln und mit Fleur de sel und zerstoßenem Pfeffer würzen.

Puffbohnenschaum

Den Lachsfond aufkochen und die frischen Puffbohnen hineingeben (5 g davon für die Garnitur beiseite legen). 3 Minuten kochen, anschließend im Mixer fein pürieren und durch ein Spitzsieb passieren. Die pürierten Bohnen mit der übrigen Butter (50 g) aufmontieren. Mit Salz und Pfeffer würzen und mit dem Orangensaft und einem Spritzer Zitronensaft abschmecken.
Die übrigen Puffbohnen in kleine Würfel (Brunoise) schneiden und kurz vor dem Servieren zusammen mit der Oliven- und der Fenchel-Brunoise unter den Puffbohnenschaum rühren

Fertigstellung

Die Oliven mit Tomaten-Confit-Stücken füllen und auf vier Spießchen stecken. In die Mitte jedes Tellers ein Lachsschnitzel geben, je ein Spießchen darauf stecken und den Puffbohnenschaum um den Fisch herum schöpfen.

Vapeur de lotte de l'île d'Yeu, jus d'endives safrané à l'huile pimentée

Gedämpfter Seeteufel, Chicorée-Jus mit Safran und Chiliöl

Zutaten für 4 Personen

Gedämpfter Seeteufel
1 Seeteufelfilet (Gewicht: 300 g netto), sorgfältig pariert
Salz und Pfeffer
gemahlener Safran
Chiliöl (siehe S. 279)
Fleur de sel
zerstoßener bunter Pfeffer

Chicorée-Jus
50 g Zucker
15 g Salz
8 Safranfäden
1 g Ascorbinsäure
1 kleines Lorbeerblatt
8 Stauden Chicorée
20 g Butter
Zitronensaft

Fertigstellung
15 g grüne Äpfel, in kleine Rauten geschnitten
10 g rote Paprikaschote, in kleine Rauten geschnitten
5 g Ingwer, in sehr kleine Würfel geschnitten (Brunoise)
Butter
Dillzweiglein

Chicorée-Jus

500 ml Wasser zum Kochen bringen. Den Zucker, das Salz, die Safranfäden, die Ascorbinsäure und das Lorbeerblatt zugeben. Diesen Jus in einen großen kochfesten, dichten Beutel füllen, die Chicoréestauden hineingeben und im vorgeheizten Ofen 1 Stunde und 25 Minuten bei 90 °C garen.
Die Chicoréestauden abtropfen lassen, die Blätter abpflücken und die Herzen und 8 schöne Blätter beiseite legen. Den Jus mit den restlichen Blättern im Mixer fein pürieren und anschließend durch ein Spitzsieb passieren. Mit der Butter aufmontieren und mit Salz, Pfeffer, Zucker und Zitronensaft abschmecken.

Gedämpfter Seeteufel

Das Seeteufelfilet mit Salz, Pfeffer und gemahlenem Safran würzen. Ein großes Stück Klarsichtfolie ausbreiten und die acht schönen Chicoréeblätter nebeneinander so darauf legen, dass sich die Ränder leicht überlappen. Das Seeteufelfilet auf die Chicoréeblätter legen und das Filet mit Hilfe der Klarsichtfolie fest so in die Blätter einrollen, dass sich eine große Rolle bildet. Die Rolle 6 Minuten im vorgeheizten Ofen bei 85 °C garen – die Kerntemperatur soll 35 °C betragen. Anschließend 5 Minuten ruhen lassen und in acht gleich große Tranchen schneiden. Jede Tranche mit etwas Chiliöl beträufeln und mit Fleur de sel und zerstoßenem buntem Pfeffer würzen.

Fertigstellung

Die Apfelrauten, die Paprikarauten und die Ingwer-Brunoise in den Chicorée-Jus geben. Die Chicoréeherzen in flüssiger Butter überglänzen. Je zwei Seeteufelmedaillons auf einem Teller anrichten. Darum herum den Chicorée-Jus schöpfen. Seitlich je ein Chicoréeherz anrichten und die Seeteufelmedaillons mit einigen Dillzweiglein garnieren.

Filets de rougets de roche croustillants, jus de tomates à l'huile de Nyons et basilic

Knusprige Streifenbarbenfilets, Tomatenjus, Nyons-Öl und Basilikum

Zutaten für 4 Personen

Streifenbarben
8 Streifenbarben (Gewicht: je 140 g)
Salz, Pfeffer aus der Mühle
50 g Mehl
20 ml Olivenöl
30 g Tapenade, mit Olivenöl verlängert

Fenchel-Timbale mit Tomatenconfit
60 g Nyons-Oliven, entsteint
120 g Tomaten-Confit-Stücke
3 Fenchelknollen, in Wasser gegart und längs halbiert
Olivenöl

Fischsud-Öl-Emulsion
300 ml Fischsud (siehe S. 280), auf 150 ml reduziert
350 ml Nyons-Oliven-Öl
Zitronensaft
Salz und Pfeffer
80 g Tomaten, abgezogen, entkernt und in Stäbchen geschnitten
40 g schwarze Oliven, in Stäbchen geschnitten
80 g Zucchini, mitsamt der Haut in Stäbchen geschnitten, blanchiert und in Eiswasser abgeschreckt
30 g Queller (Salzkraut), blanchiert (nur die Spitzen verwenden)
50 g junge Zwiebeln, fein geschnitten
1 EL Schnittlauch

Tomatenjus
200 g sehr reife Tomaten
2 g Tomatenmark
5 g Zucker
Tabasco
Salz

Fertigstellung
4 frittierte Basilikumblätter
8 Kerbelblättchen
8 Dillzweiglein
2 TL Chiliöl

Streifenbarben

Die Streifenbarben schuppen und filetieren. Die Gräten mit einer Pinzette herausziehen und die Filets kalt stellen. Kurz vor dem Servieren die hellen Seiten der Filets mit Salz und Pfeffer würzen. Die Hautseiten der Filets leicht mit Mehl bestäuben. Eine beschichtete Bratpfanne erhitzen und die Filets mit der Hautseite nach unten im rauchend heißen Öl etwa 1 Minute braten. Das Fleisch soll durch das Braten zu drei Viertel weiß werden. Sofort aus der Pfanne nehmen und die Filets auf den Hautseiten leicht mit dem Tapenade-Öl bestreichen.

Fenchel-Timbale mit Tomaten-Confit

Für die Spieße Metallspießchen oder einfache Holzzahnstocher verwenden. Die Oliven mit Tomaten-Confit-Stücken füllen, auf jeden Spieß einige Oliven stecken. Ein Stück Tomaten-Confit und eine Scheibe Fenchel in runden Ausstechern (Durchmesser: 2 cm) und 4 cm Höhe übereinander schichten. Erneut ein Tomaten-Confit-Stück, anschließend ein Scheibe Fenchel und wieder ein Tomaten-Confit-Stück, darauf eine Fenchelscheibe und zum Schluss ein Tomaten-Confit-Stück legen. Darauf die Olivenspießchen stecken. Mit etwas Olivenöl bestreichen und mit Klarsichtfolie zudecken. Kurz vor dem Servieren im vorgeheizten Ofen bei 100 °C erhitzen.

Fischsud-Öl-Emulsion

Den reduzierten Fischsud zum Kochen bringen und mit dem Olivenöl kräftig aufschlagen. Etwas Zitronensaft zugeben. Die Sauce mit Salz und Pfeffer würzen und die Emulsion mit etwas Wasser stabilisieren. Gemüsestäbchen, Queller, Zwiebeln und Schnittlauch unterheben.

Tomatenjus

Die Tomaten mit Tomatenmark, Zucker und Tabasco im Mixer fein pürieren. Durch ein feines Spitzsieb passieren. Kurz vor dem Anrichten erhitzen und mit Salz abschmecken.

Fertigstellung

Die Fischsud-Öl-Emulsion mit Gemüsestäbchen und Quellern auf die Teller schöpfen, dabei die Gemüsestäbchen unregelmäßig anrichten. Den Tomatenjus dekorativ darüber träufeln.
Auf jeden Teller 2 Streifenbarbenfilets geben und mit etwas Chiliöl beträufeln. Je eine Fenchel-Timbale daneben setzen. Zum Schluss mit einem frittierten Basilikumblatt, den Kerbelblättchen und den Dillzweiglein garnieren.

Pétales de tomates confites

Tomaten-Confit-Stücke

8 Tomaten
3 EL Olivenöl
Salz, Pfeffer
2 EL Zucker
1 TL Thymian
1 TL Knoblauchöl

Die Tomaten abziehen und vierteln, alle Kerne entfernen. Eine ofenfeste Form mit Olivenöl ausstreichen und die Tomatenstücke darauf legen.
Mit Salz und Pfeffer würzen und den Zucker, den Thymian und das Knoblauchöl darauf verteilen. Im vorgeheizten Ofen bei 90 °C 1 Stunde und 30 Minuten garen. Mit Olivenöl bedeckt im Kühlschrank aufbewahren.

Dos de saint-pierre grillé au thym, jus de persil poivré

Gegrillter Petersfisch mit Thymian und würzigem Petersilienjus

Zutaten für 4 Personen

Gegrillter Petersfisch
2 Petersfische (Gewicht: je 1,2 kg)
Salz und Pfeffer
50 g geklärte Butter
100 g ungeschälter Knoblauch
10 g Zitronenthymian
Fleur de sel
zerstoßener bunter Pfeffer
80 g frische Butter
50 ml Chiliöl (siehe S. 279)

Gemüse und Schmelzkartoffeln
150 g Fenchel, in dünne Scheiben geschnitten
40 g schwarze Nyons-Oliven, in Stäbchen geschnitten
16 kleine neue Zwiebeln, in Butter gebräunt
8 Schmelzkartoffeln
Butter
8 Tomaten-Confit-Stücke

Fertigstellung
300 g frittierter Thymian
gepfefferter Petersilienjus (siehe S. 282)

Gegrillter Petersfisch

Die Haut von jeweils einer Seite der Petersfische abziehen, die Fische ausnehmen und die Köpfe abschneiden. Würzen und mit der gehäuteten Seite nach unten bei starker Hitze in der geklärten Butter scharf anbraten. Den Garvorgang im Ofen fortsetzen. Dazu den Knoblauch, den Zitronenthymian, Fleur de sel und zerstoßenen bunten Pfeffer sowie die frische Butter in Stückchen darüber geben und die Fische unter häufigem Begießen etwa 7 Minuten im vorgeheizten Ofen bei 210 °C garen. Die Kerntemperatur soll 35 °C betragen. Aus dem Ofen nehmen und auf den Grill legen. Die Petersfische würzen und mit etwas Chiliöl beträufeln.

Gemüse und Schmelzkartoffeln

Den Fenchel blanchieren und in Olivenöl schwenken. Die Zwiebeln erneut in Butter anbraten. Die gebratenen Kartoffeln in Butter fertig garen.

Fertigstellung

Die beiden Petersfische mit der gehäuteten Seite nach oben auf ein Bett aus frittiertem Thymian legen, die Gemüse und die Schmelzkartoffeln darum herum anrichten. Den erhitzten gepfefferten Petersilienjus in einer Sauciere separat dazu reichen.

Vapeur de cœur de cabillaud au sel de Guérande et mignonette quatre baies

Gedämpfter Kabeljau mit Sel de Guérande und buntem Pfeffer

Zutaten für 4 Personen

Kabeljau
60 g Butter
zerstoßener bunter Pfeffer
1 Kabeljaustück (Gewicht: 950 g brutto), sorgfältig pariert (ergibt ein Filet von 500 g)

Sauce
100 g Kartoffeln, in der Schale gegart, geschält und durch ein feines Sieb passiert
1 Eigelb
60 ml Olivenöl
60 ml Erdnussöl
50 ml Fischglace (reduzierter Fischfond)
Knoblauchöl
10 g Tomaten-Confit, püriert (siehe S. 134)
5 g pürierte Anchovisfilets
Tabasco
Fleur de sel
Chiliöl (siehe S. 279)

Garnitur
80 g rohe frische Anchovisfilets, in Rauten geschnitten
100 g violette Artischockenherzen à la barigoule (siehe S. 80), in Rauten geschnitten
40 g rote Paprikaschote, in Rauten geschnitten
Olivenöl

Fertigstellung
Fleur de sel de Guérande (feinstes Meersalz)
zerstoßener bunter Pfeffer
Chiliöl
12 Kerbelblättchen
12 Dillzweiglein

Kabeljau

8 Metallringe (Durchmesser: 5 cm) mit Butter ausstreichen und innen mit zerstoßenem buntem Pfeffer ausstreuen. Aus jedem Filet vier Stücke schneiden. Die Ringe mit den Kabeljaustücken auslegen. Im vorgeheizten Dampfgarer 5 Minuten bei 80 °C garen. Die Kerntemperatur soll 35 °C betragen.

Sauce

Die passierten Kartoffeln mit dem Eigelb vermischen und mit den beiden Ölen gleich einer Mayonnaise aufschlagen. Diese Sauce mit dem Fischglace verlängern. Mit den übrigen Zutaten nach Geschmack würzen.

Garnitur

Die drei Zutaten für die Garnitur kurz in ein wenig Olivenöl erhitzen.

Anrichten und Fertigstellung

Den Kabeljau aus den Formen nehmen und in der Mitte der Teller anrichten. Mit Fleur de sel, zerstoßenem bunten Pfeffer und Chiliöl würzen. Die heiße Garnitur darum herum verteilen und die Sauce dazwischen träufeln. Den Fisch mit einigen Kerbelblättchen und Dillzweiglein dekorieren.

Aile de raie bouclée tiède aux légumes croquants et fleurs de câpriers

Flügel vom Nagelrochen, lauwarm, mit knusprigem Gemüse und Kapern

Zutaten für 4 Personen

4 Flügel vom Nagelrochen (Gewicht: je 120 g netto, vom Fischhändler lediglich den fleischigeren oberen Teil heraustrennen lassen, die Haut und den Knorpel entfernen lassen)
90 g Butter
je 40 g Karotten-, Knollensellerie- und Zucchinikugeln, mit einem ovalen und gerillten Kugelausstecher ausgestochen
40 g feinste Kapern, in Öl eingelegt
20 ml Olivenöl
Fleur de sel
zerstoßener bunter Pfeffer
weißer Balsamessig
Olivenölemulsion (siehe S. 281)
Gewürzsauce (siehe S. 285)
5 g Dillspitzen
5 g Kerbelblättchen

Die Rochenflügel am Rand einschneiden, damit sie sich nicht krümmen. Mit etwa 60 g Butter großzügig bestreichen. Die Gemüsekugeln bissfest dämpfen. Die Kapern in Olivenöl erhitzen.
In einer beschichteten Pfanne die übrige Butter (30 g) zerlassen und aufschäumen lassen. Die Rochenflügel hineinlegen und auf jeder Seite 40 Sekunden so braten, dass das Innere noch glasig bleibt. Anschließend die Rochenflügel auf ein perforiertes Blech legen und zum Schluss mit Fleur de sel, zerstoßenem Pfeffer und etwas weißem Balsamessig würzen.

Die Olivenölemulsion und die Gewürzsauce separat in Pipetten erhitzen und damit abwechselnd helle und dunkle Streifen dicht nebeneinander über die Rochenflügel spritzen.
Einen Rochenflügel in die Mitte eines jeden Tellers geben, die gedämpften Gemüsekugeln, die Kapern und die Kräuter darum herum anrichten. Die übrigen Saucen separat in Saucieren dazu reichen.

Chaudrée de La Rochelle aux poireaux, velouté au muscadet, croûtons de pain frottés à l'ail

Eintopf aus La Rochelle mit Lauch, Muscadet-Velouté und Knoblauchcroûtons

Zutaten für 4 Personen

Eintopf (Grundansatz)
75 g Kartoffeln, geschält und in Stücke geschnitten
130 g Lauch, in Scheiben geschnitten
40 g Butter
200 ml Miesmuscheljus
100 ml Herzmuscheljus
200 ml Fischsud (siehe S. 280)
300 ml Rahm
Salz
Tabasco
30 ml Muscadet

Die Fische für den Eintopf
4 Seezungenfilets (je 40 g)
4 Petersfischfilets (je 30 g)
4 kleine Rochenflügel (je 30 g)
4 kleine Seeteufelfilets (je 50 g)
600 ml Fischsud (siehe S. 280)
4 große Scampischwänze, ausgelöst
Chiliöl (siehe S. 279)
4 Streifenbarbenfilets (je 40 g)
24 Zucht-Miesmuscheln

Gemüse für den Eintopf
160 g kleine Lauchstangen, schräg in dünne Streifen geschnitten
120 g Karotten, in dünne Scheiben geschnitten
80 g Knollensellerie, in schräge Stücke geschnitten
80 g junge Zwiebeln, fein geschnitten
30 g Quellerspitzen (Salzkraut), blanchiert

Kalmarspießchen
160 g kleine Kalmare
50 g kleine Lauchstangen, in Wasser gegart und schräg in Streifen geschnitten
Olivenöl
10 g Butter
5 g Schalotten, fein geschnitten
1 g Knoblauchöl (1 zerdrückte Zehe kurz in Erdnussöl einlegen, anschließend das Öl durch ein feinmaschiges Sieb abgießen)
Petersilie
Chiliöl (siehe S. 279)

Croûtons
1 Baguette, in dünne Scheiben geschnitten und geröstet
Knoblauch
Fruchtfleisch von abgezogenen Tomaten mit Kernen
Tapenade

Fertigstellung
Kerbelblättchen
Dillspitzen
Zitronenthymianzweiglein
Chiliöl (siehe S. 279)
zerstoßener bunter Pfeffer
Olivenöl

Eintopf (Grundansatz)

Die Kartoffelstücke und die Lauchscheiben in der Butter anschwitzen, den Miesmuscheljus, den Herzmuschelsud, den Fischsud und den Rahm dazugießen. Mit Salz und Tabasco würzen. Etwa 20 Minuten leicht köcheln lassen. Anschließend im Mixer zerkleinern und mit dem Muscadet abschmecken.

Fische und Gemüse für den Eintopf

Die ersten vier Fischfiletsorten in dem Fischsud kurz pochieren (die Seezungen, die Petersfische und die Rochenflügel etwa 10 Sekunden, die kleinen Seeteufelfilets etwa 30 Sekunden). Die Därme der Scampi durch einen kleinen Einschnitt entfernen und die Scampi 10 Sekunden pochieren. Etwas Chiliöl über die Rücken der Scampi träufeln. Die Streifenbarbenfilets 20 Sekunden mit den Hautseiten nach unten anbraten.
Die Miesmuscheln wie im Rezept »Miesmuscheln in Weißwein-Zwiebel-Sauce« (Seite 112) beschrieben zubereiten.
Die geöffneten Muscheln in ihren Schalen lassen, die verschlossen gebliebenen Miesmuscheln wegwerfen. Alle halb gegarten Fische und die Scampi in einen Schmortopf oder direkt in Schalen oder Suppenteller geben. Anschließend die verschiedenen Gemüse rasch dazugeben.

Kalmarspießchen

Abwechselnd drei zusammengerollte kleine Kalmare und drei Lauchstreifen auf die Spießchen stecken. In Olivenöl anbraten. Die Butter, die Schalotten und das Knoblauchöl hinzufügen und die Spießchen wenden. Die Petersilie zugeben, die Spießchen abtropfen lassen und etwas Chiliöl darüber träufeln.

Croûtons

Das geröstete Brot nach Geschmack mit den angegebenen Zutaten würzen.

Fertigstellung

Kurz vor dem Servieren den kochend heißen Eintopfansatz in den Schmortopf oder in die Schalen füllen, mit Kerbel, Dill und Zitronenthymian garnieren. Mit einem Spritzer Chiliöl, zerstoßenem buntem Pfeffer und etwas Olivenöl abschmecken. Die Kalmarspießchen in die Fische stecken. Mit den Knoblauchcroûtons servieren.

Bagna cauda de pattes et pinces de homard breton aux aubergines et courgettes confites, vinaigrette de coquillages

Bagna cauda mit Scheren und Beinen vom bretonischen Hummer, Auberginen-Zucchini-Confit, Muschel-Vinaigrette

Zutaten für 4 Personen

Hummer
4 bretonische Hummer (Gewicht: je 400–500 g)

Gemüse-Confit
1 Aubergine (200 g)
1 Zucchino (200 g)
Salz und Pfeffer
2 g zerdrückter Knoblauch
2 g gerebelter Thymian
gemahlene Kurkuma
1 TL Tomaten-Confit (siehe S. 134), püriert
1 g abgeriebene Orangenschale

Muschel-Vinaigrette
Eine Mischung aus 4 Muschelsorten: Herzmuscheln, Glatte Venusmuscheln, Samtmuscheln und Teppichmuscheln (es werden insgesamt 120 g Muschelfleisch benötigt)
50 ml weißer Balsamessig
80 ml Olivenöl
zerstoßener bunter Pfeffer
5 g Schalotten, fein geschnitten
Schnittlauch, fein geschnitten

Fertigstellung
2 g Orangenschale, fein gehackt
zerstoßener bunter Pfeffer
Mayonnaise, mit weißem Balsamessig verdünnt
Hummersauce, mit Olivenöl aufmontiert (siehe S. 287)
alter, sirupartiger Balsamessig
Bagna-Cauda-Sauce (siehe S. 278)
Fleur de sel
Kerbelzweiglein
Dillspitzen

Hummer

Die Hummer 3 Minuten in Wasser kochen, dann die Scheren vom Panzer abtrennen. Die Scheren wieder ins Wasser geben und 1 weitere Minute garen. Aufbrechen, das Hummerfleisch herauslösen und das Knorpelblatt entfernen.

Gemüse-Confit

Die Aubergine ungeschält in etwa 1 cm breite Scheiben schneiden. Würzen, mit Knoblauch und Thymian bestreuen und auf eine Platte legen. Den Zucchino wie die Aubergine vorbereiten. 20 Minuten im vorgeheizten Ofen bei 100 °C garen. Aus dem Ofen nehmen und mit etwas Kurkuma bestreuen. Dann die beiden Gemüse zusammen hacken und mit dem pürierten Tomaten-Confit, zerstoßenem Pfeffer und Orangenschale würzen. Beiseite stellen.

Muschel-Vinaigrette

Die Muscheln wie im Rezept »Miesmuscheln in Weißwein-Zwiebel-Sauce« (Seite 112) beschrieben kurz garen.
Das Muschelfleisch aus den Schalen lösen und in Stücke schneiden. Die Vinaigrette aus den angegebenen Zutaten zubereiten und die Muschelstücke hineingeben. Zum Schluss den fein geschnittenen Schnittlauch unter die Vinaigrette mischen.

Anrichten und Fertigstellung

Das Gemüse-Confit in tropfenförmigen Ausstechformen gleichmäßig verteilen. Das Scherenfleisch schräg in Scheiben schneiden und diese auf das Gemüsebett in den Formen geben, dabei die spitzen Enden in die spitzen Enden der Formen legen. Anschließend das Schwanzfleisch schräg in Scheiben schneiden und in die Formen legen. Mit einer Prise fein gehackter Orangenschale und zerstoßenem buntem Pfeffer würzen. Darüber abwechselnd dicht nebeneinander Streifen der verschiedenen Saucen ziehen (Mayonnaise, mit weißem Balsamessig verdünnt, Hummersauce, mit Olivenöl aufmontiert, und alter Balsamessig).
Auf jeden Teller zwei Formen geben und die Ausstechformen vorsichtig entfernen. Nach Belieben mit einem Hummerkörper und einem Kräutersträußchen dekorieren. Je drei Samtmuschelschalen auf den Tellern anrichten und mit der Muschelvinaigrette füllen.
Aus Bein- und Gelenkfleisch Spießchen herstellen. Ebenfalls mit den drei Saucen garnieren. In die Hummer-Timbalen stecken. Zum Schluss mit Dillspitzen dekorieren. Auf den Boden des Tellers rund um die Timbale Tropfen aus den drei Saucen setzen und die Bagna-Cauda-Sauce dazwischenträufeln.

Queue de homard breton grillée aux gros macaronis, sauce américaine

Gegrillter Schwanz vom bretonischen Hummer mit dicken Makkaroni und Hummersauce

Zutaten für 4 Personen

Hummerschwänze
4 bretonische Hummer (Gewicht: je 500 g)
140 g Butter
10 g Orangenzesten
20 g Schalotte, fein geschnitten
2 g zerstoßener bunter Pfeffer
1 EL Olivenöl
1 g Thymian

Makkaroni in Rahmsauce
200 g dicke Makkaroni
50 g Butter
100 g Rahm, eingekocht
4 g Schnittlauch, fein geschnitten
4 g Liebstöckel, in feine Streifen geschnitten
3 g Petersilie, gehackt
1 g rosa Pfeffer
Fleur de sel
zerstoßener bunter Pfeffer

Fertigstellung
Hummersauce (siehe S. 287)

Hummerschwänze

Die Hummer für 1 Minute und 30 Sekunden in kochendes Wasser geben. Herausnehmen und die Scheren abtrennen. Die Scheren noch 1 Minute und 30 Sekunden im kochenden Wasser garen. Die Panzer aufbrechen und das Fleisch herauslösen. Die Körper als Garnitur zum Anrichten aufbewahren. Die Schwänze längs halbieren und die Därme entfernen. Die Schwanzhälften mit den Fleischseiten nach unten auf einen sehr heißen Grill legen und nur kurz garen, bis sich Grillstreifen gebildet haben. Danach großzügig mit Butter (etwa 80 g) bestreichen.
Aus den Gelenken vier Spießchen herstellen. Die Scheren aufbrechen, das Fleisch behutsam auslösen und beiseite legen.
Die restliche Butter (etwa 60 g) in einer beschichteten Pfanne zerlassen und die Orangenzesten, die Schalotten, den zerstoßenen bunten Pfeffer, das Olivenöl und den Thymian hineingeben. Sobald die Butter aufzuschäumen beginnt, die Hummerschwänze darin unter häufigem Wenden in etwa 2 Minuten fertig garen. Die Kerntemperatur soll 35 °C betragen. Das Scherenfleisch und die Spießchen ebenfalls kurz in der schäumenden Butter erhitzen.

Makkaroni in Rahmsauce

Die Makkaroni al dente kochen, in Eiswasser abschrecken, damit sie nicht nachgaren, und gut abtropfen lassen. Die Makkaroni dicht nebeneinander auf ein Blech legen. Die Makkaroni-Schicht mit Butter bepinseln und anschließend 10 Minuten kalt stellen. Mit einem runden Ausstecher (Durchmesser: 10 cm) vier Kreise aus der Makkaroni-Schicht ausstechen. Den Rahm erhitzen und mit den Kräutern und den Gewürzen abschmecken. Die Makkaroni-Kreise damit großzügig bestreichen.

Fertigstellung

Auf jeden Teller einen Makkaroni-Kreis legen. Je einen Hummerschwanz darauf setzen und diesen mit ausgelöstem Scherenfleisch und einem Spießchen garnieren. Die Teller mit je einem Hummerkörper und einigen Tropfen Hummersauce verzieren.

Tronçons de homard breton rôtis à l'essence de Pomerol, cannellonis de tourteau au chou marcellin

Gebratene Stücke vom bretonischen Hummer mit Pomerol-Sauce, Cannelloni mit Taschenkrebs- und Wirsingfüllung

Zutaten für 4 Personen

Geröstete Hummerstücke
4 bretonische Hummer (Gewicht: je 500 g)
170 g Butter
70 g Schalotten, fein geschnitten
4 g abgeriebene Orangenschale
3 g Thymian
2 g zerstoßener bunter Pfeffer

Cannelloni mit Taschenkrebs- und Wirsingfüllung
4 Lasagneblätter (10 cm × 14 cm)
60 g Wirsing, in grobe Streifen geschnitten und in Wasser gegart
60 g Taschenkrebsfleisch
2 TL Chiliöl (siehe S. 279)
3 g fein geschnittener Schnittlauch

Fertigstellung
Rotweinsauce (siehe S. 289, jedoch nur ein Drittel der angegebenen Menge zubereiten und als Rotwein einen Pomerol verwenden)
Kerbelblättchen
Estragon, frittiert

Geröstete Hummerstücke

Die Hummer für 1 Minute und 30 Sekunden in kochendes Wasser geben. Herausnehmen, die Scheren von den Körpern ablösen. Die Scheren noch 1 Minute und 30 Sekunden im kochenden Wasser garen. Die Schwänze in je vier Stücke schneiden. Scheren und Beine aufbrechen und das Fleisch herauslösen. Den Rogen aus den Körpern nehmen und durch ein feines Spitzsieb passieren. Die Oberseiten der Hummerstücke damit einstreichen.
Die Köpfe kräftig blanchieren, in Form stutzen und beiseite legen.
Die Butter in einer beschichteten Pfanne zerlassen. Die fein geschnittenen Schalotten, die Orangenschale, den Thymian und den zerstoßenen bunten Pfeffer hineingeben. Die Hummerstücke in die Pfanne geben und unter ständigem Begießen mit der Butter 3 Minuten garen. Die Butter soll dabei schäumen und braun bleiben. Die Kerntemperatur der Hummerstücke soll 35 °C betragen.
Die Scheren und die Beine nur kurz in der Butter erhitzen. Nach dem Garen sofort anrichten.

Cannelloni mit Taschenkrebs- und Wirsingfüllung

Die Lasagneblätter in Wasser bissfest kochen und nebeneinander liegend auf einem Küchentuch abtropfen lassen.
Den Wirsing, das Taschenkrebsfleisch, das Chiliöl und den Schnittlauch vermischen. Die Lasagneblätter damit belegen, die Enden schräg abschneiden und die Cannelloni mit Hilfe eines Bogens Klarsichtfolie einrollen. 5 Minuten im Dampfgarer bei 90 °C erhitzen. Anschließend die Folie entfernen und die Cannelloni in je zwei Stücke schneiden.

Fertigstellung

Die Hummer anrichten. Dazu die Hummerkörper an den oberen Tellerrand legen, die Hummerstücke, die Scheren und die Beine davor anrichten. Je zwei Cannelloni-Stücke daneben anrichten und die Sauce darum herum schöpfen. Mit Kerbel und einigen frittierten Estragonblättchen garnieren.

Queue de homard breton fleurette juste tiède aux petits légumes à la livèche

Bretonischer Hummerschwanz mit lauwarmem Doppelrahmjus, kleines Gemüse mit Liebstöckel

Zutaten für 4 Personen

Hummerschwänze
4 bretonische Hummer (Gewicht: je 450 g)
Butter
Salz und Pfeffer

Doppelrahmjus
30 g Karotten, in Scheiben geschnitten und in Wasser gegart
30 g Knollensellerie, in Stücke geschnitten und in Wasser gegart
30 g Lauchgrün, in Scheiben geschnitten und in Wasser gegart
80 g Doppelrahm
2 g Liebstöckel, in dünne Streifen geschnitten
200 ml Hummer-Court-Bouillon
Salz und Pfeffer

Fertigstellung
20 g gemischte Kerbelblättchen und Dillspitzen

Hummerschwänze

Die Hummer 1 Minute und 30 Sekunden in kochendem Wasser garen. Die Scheren von den Körpern abtrennen. Die Hummerschwänze herausdrehen und das Schwanzfleisch aus der Schale lösen.
Die Scheren weitere 4 Minuten kochen.
Das Schwanzfleisch längs halbieren.
Die Schwanzhälften in Scheiben schneiden und beiseite stellen. Die Scheren und die Gelenke aufbrechen und das Fleisch herauslösen. Mit dem Fleisch vier kleine Spieße bestücken.
Die Schwanzstücke und die Spießchen auf eine gebutterte Platte geben, dünn mit Butter bestreichen und mit Salz und Pfeffer würzen.
Mit Klarsichtfolie bedecken und unmittelbar vor dem Servieren 4 Minuten ohne Folie im vorgeheizten Ofen bei 140 °C erhitzen.

Doppelrahmjus

Das Gemüse, den Doppelrahm und den Liebstöckel in die Hummer-Court-Bouillon geben und unmittelbar vor dem Servieren erhitzen. Mit Salz und Pfeffer abschmecken.

Fertigstellung

Auf jedem Teller eine Rosette aus Hummerschwanzscheiben formen und ein Spießchen hineinstecken. Mit dem Doppelrahmjus begießen und mit Kerbelblättchen und Dillzweiglein garnieren.

Court-Bouillon de homard

Hummer-Court-Bouillon

Zutaten für 4 Personen
400 ml Scampi-Brühe (siehe S. 280)
oder Gemüsebrühe (siehe S. 281)
300 g Hummerparüren
(Innereien, Körper und Beine)
10 g Liebstöckelblätter
2 g zerstoßener bunter Pfeffer
2 EL fein geschnittener Estragon
2 g abgeriebene Orangenschale
10 ml Weißwein
Salz, Tabasco

Die Scampi- oder Gemüsebrühe zum Kochen bringen und alle Zutaten hineingeben. 15 Minuten kochen und anschließend 15 Minuten ruhen lassen. Danach den Schaum von der Oberfläche abheben und die Court-Bouillon durch ein Spitzsieb gießen.

Queues de langoustines frites aux fruits à coques sèches en vinaigrette de couteaux et petits coquillages au balsamico bianco

Scampischwänze, in Nusshülle frittiert, Vinaigrette mit Schwertmuscheln, kleinen Muscheln und weißem Balsamessig

Zutaten für 4 Personen

Scampischwänze
12 große Scampi, roh geschält
Salz und Pfeffer
milder Madras-Curry
1 Eigelb
200 g gemischte Nüsse (Walnüsse, Pistazien, Mandeln, Haselnüsse), sehr fein gehackt
40 g Schwertmuschelfleisch, roh aus den Schalen gelöst und in Stücke geschnitten
80 g offene Herzmuscheln, roh aus den Schalen gelöst
40 g Fleisch von Glatten Venusmuscheln, roh aus den Schalen gelöst und in Scheiben geschnitten
40 g rote und gelbe Paprikaschote, in kleine Würfel geschnitten (Brunoise)
60 ml Vinaigrette mit Vino Santo (siehe S. 278)

Mesclun-Salat
40 g Mesclun-Salat
2 EL kleine Erbsen, gegart
30 ml Vinaigrette mit Vino Santo (siehe S. 278)

Fertigstellung
30 ml Chiliöl (siehe S.279)

Scampischwänze

Die Scampi mit Salz und Pfeffer würzen und mit etwas Madras-Curry bestäuben. Mit dem Eigelb bestreichen und mit den gehackten Nüssen panieren. Beiseite stellen.
Aus den übrigen Zutaten eine Muschelvinaigrette herstellen. Mit Salz und Pfeffer abschmecken. 15 Minuten durchziehen lassen. Die Scampi 45 Sekunden in einer Friteuse bei 180 °C frittieren und anschließend gut abtropfen lassen.

Mesclun-Salat

Die Salatblätter und die Erbsen mit der Vinaigrette anmachen. Die Mischung in die Mitte der Teller geben.

Fertigstellung

Auf jeden Teller 3 Schwertmuschelschalen setzen und die Muschelvinaigrette in die Schalen löffeln. Die Scampi mit etwas Chiliöl beträufeln und je 3 Schwänze pro Teller zwischen den Schwertmuschelschalen anrichten. Lauwarm servieren.

Nage de petites langoustines, velouté de pois verts parfumés à la menthe poivrée

Kleine Scampi in aromatischem Sud, Erbsen-Velouté mit Pfefferminze

Zutaten für 4 Personen

Scampi im eigenen Sud
16 kleine Scampi, geschält
1 l Scampi-Brühe (siehe S. 280)

Erbsen-Velouté
200 ml Geflügelbrühe (siehe S. 281)
200 ml Rahm
450 g feine kleine Erbsen, blanchiert
55 g Butter
Salz, Zucker, Cayennepfeffer
1 EL Minzeblättchen, in feine Streifen geschnitten (Julienne)

Erbsen-Taschenkrebs-Timbalen
100 g Kefen (Zuckerschoten), in Wasser gegart
50 g Taschenkrebsfleisch
10 g feine kleine Erbsen
4 g Chiliöl (siehe S. 279)
Salz
Butter

Fertigstellung
20 g feine Streifen (Julienne) aus Lauch, Karotten und Pfefferminzblättern
10 g Osietra-Kaviar (nach Belieben)

Scampi im eigenen Sud

Die Oberseiten der Scampi einschneiden und die Därme entfernen. Die Scampi-Brühe zum Kochen bringen und die Scampi darin 20 Sekunden pochieren. Abtropfen lassen und beiseite stellen.

Erbsen-Velouté

Die Geflügelbrühe mit dem Rahm aufkochen. Die Erbsen hineingeben und 6 Minuten kochen. Anschließend im Mixer pürieren. Das Püree durch ein feines Sieb streichen, mit der Butter aufmontieren und mit Salz, Zucker und Cayennepfeffer abschmecken.
Zum Schluss die Pfefferminz-Julienne in die heiße Velouté geben.

Erbsen-Taschenkrebs-Timbalen

Vier mit Butter ausgestrichene runde Metallringe (Durchmesser: 3 cm, Höhe: 3,5 cm) mit den Kefen auskleiden. Dabei die Schoten aufrecht, dicht nebeneinander und leicht überlappend anordnen. Das Taschenkrebsfleisch mit den Erbsen mischen und mit Chiliöl und Salz abschmecken. Die ausgekleideten Ringe mit der Masse füllen. Die Oberflächen mit Butter bestreichen und die Timbalen 6 Minuten im vorgeheizten Dampfgarer bei 90 °C erhitzen.

Fertigstellung

Die Timbalen in die Mitte der Teller stellen und die Ringe vorsichtig abheben. Um jede Timbale vier pochierte Scampi anrichten. Die Erbsen-Velouté schaumig aufschlagen. Die Timbalen mit Gemüse-Minze-Julienne garnieren. Den Kaviar unmittelbar vor dem Servieren auf die Scampi geben und die aufgeschlagene Erbsen-Velouté auf die Teller gießen.

Grosses langoustines poêlées aux salsifis et raisins acidulés au verjus

Gebratene große Scampi mit Schwarzwurzeln, Korinthen und Verjus-Sauce

Zutaten für 4 Personen

12 große bretonische Scampi, geschält, mit Schwanz
Salz, Pfeffer
scharfes Currypulver
4 g Hummerrogen
50 ml Erdnussöl
Chiliöl (siehe S. 279)
60 g Schwarzwurzeln, in schräge Stücke geschnitten, in Wasser mit etwas Milch und Zitronensaft vermischtem Wasser gegart
25 g Korinthen, zuvor in Verjus (Saft von unreifen Trauben), eingeweicht und abgetropft
20 g junge Zwiebeln, in feine Steifen geschnitten (Julienne) und gedämpft
Verjus-Sauce (siehe S. 287)

Die Scampi mit Salz und Pfeffer würzen und mit Curry bestäuben. Anschließend dünn mit Hummerrogen bepinseln, damit die Scampi beim Garen eine schöne Farbe bekommen.
Das Öl in einer beschichteten Pfanne erhitzen und die Scampi darin rundum von beiden Seiten rasch bräunen. Dabei ständig mit dem Öl begießen und insgesamt etwa 1 Minute braten. Gut abtropfen lassen und die gebratenen Scampi mit etwas Chiliöl bestreichen.
Die Schwarzwurzelstücke mit der Zwiebel-Julienne und den abgetropften Korinthen vermischen. Das Gemüse in der Mitte der Teller anrichten, darauf je 3 Scampi legen und mit der Verjus-Sauce begießen.

Geflügel und Kaninchen

Poularde fermière, pattes noires pochée, émulsion légère aux truffes noires

Pochierte Bresse-Poularde, leichte Schaumsauce mit schwarzen Trüffeln

Zutaten für 4 Personen

Poularde
1 Bresse-Poularde (Gewicht: ca. 2 kg)
Salz und frisch gemahlener Pfeffer
50 g schwarze Trüffeln, geputzt und geschält
8 junge Lauchstangen
3 l heller Geflügelfond (siehe S. 281)
1 Kräuterbündel (Thymian, Petersilie, Lorbeer)
1 große Knolle Sellerie, geschält und in 6 cm lange Stäbchen geschnitten
12 Bundkarotten, geschält
12 kleine weiße Rüben (mit Kraut), geputzt und geschält
8 junge Zwiebeln, geschält

Schaumsauce
3 Eigelb
50 ml Trüffeljus
100 g warme geklärte Butter
50 g Crème fraîche
50 g Butter
50 g Trüffeln
Salz, Pfeffer aus der Mühle
Zitronensaft

Fertigstellung
50 g Trüffeln, geschält
10 g Butter

Poularde

Das Geflügel ausnehmen, die Bauchhöhle mit Salz und Pfeffer würzen. Die Trüffeln in dünne Blättchen schneiden und unter die Haut der Poularde schieben. Pro Brust und Keule je drei Trüffelblättchen nehmen. Die Poularde mit Küchengarn binden.
Die Lauchstangen putzen, längs halbieren und unter fließend kaltem Wasser sorgfältig so waschen, dass alle Sand- und Schmutzpartikel zwischen den Blättern entfernt werden. Die Geflügelbrühe zusammen mit dem Kräuterbündel zum Kochen bringen und die Poularde hineingeben. Die Brühe erneut zum Kochen bringen und die Poularde zugedeckt bei sehr schwacher Hitze in 50–55 Minuten unter dem Siedepunkt gar ziehen lassen. Nach etwa 15 Minuten den Sellerie, die Karotten und die weißen Rüben hinzufügen. Nach weiteren 10 Minuten den Lauch und die jungen Zwiebeln zugeben.

Schaumsauce

Das Eigelb zusammen mit 20 ml der Garflüssigkeit und dem Trüffeljus in eine Sauteuse geben und über einem Wasserbad zu einem Sabayon aufschlagen. Die warme geklärte Butter nach und nach unterrühren und die Sauce mit der Crème fraîche auflockern. Die Butter in einer kleinen Sauteuse zerlassen. Die Trüffeln in unregelmäßige kleine Würfel schneiden und in der aufschäumenden Butter kurz andünsten. Mit Salz und frisch gemahlenem Pfeffer würzen und unter die Sauce rühren. Die Schaumsauce abschmecken und nach Geschmack mit ein paar Tropfen Zitronensaft würzen. Im Wasserbad warm stellen.

Fertigstellung

Die übrigen Trüffeln in dünne Scheiben schneiden und in aufschäumender Butter kurz andünsten. Mit Salz und frisch gemahlenem Pfeffer würzen.
Die Poularde wie einen Pot-au-feu servieren, dabei die Trüffelscheiben auf der Brust der Poularde anrichten, die Brühe in Schälchen und die Schaumsauce in einer Sauciere separat dazu reichen.

Poulette du Tarn à la broche au citron

Brathähnchen am Spieß mit Zitronenkruste

Zutaten für 4 Personen

2 sehr junge bratfertige Hähnchen
Zitronenbutter (siehe Rezept unten rechts)
Fleur de sel (feinstes Meersalz)
frisch gemahlener Pfeffer
4 Knoblauchzehen
6 g Thymian
2 kleine Zweige Rosmarin
6 g Estragon
Olivenöl

Zitronenkruste
40 g gemahlene Mandeln
25 g Butter
10 g Zitronenschale, gehackt
1 g Thymian
1 g Rosmarin, gehackt
Salz, Pfeffer

Fertigstellung
Saft und Schale von 1 Zitrone
Gemüseragout in weißer Sauce

Brathähnchen am Spieß

Die Haut der Hähnchen im Brustbereich von der Halsöffnung her vom Fleisch lösen, jedoch nicht entfernen. Einen Teil der Zitronenbutter mit einem Löffel zwischen die gelöste Haut und das Fleisch schieben. Die übrige Butter mit den Fingerspitzen gleichmäßig in die Haut einmassieren.
Den Ofen auf 200 °C vorheizen. Die Bauchhöhle des Geflügels mit Salz und Pfeffer würzen und mit den Knoblauchzehen, dem Thymian, den Rosmarinzweigen und dem Estragon füllen. Die gewürzten Hähnchen mit Küchengarn binden und auf einen Bratenspieß stecken. 40 Minuten braten, dann aus dem Ofen nehmen und mit etwas Olivenöl bestreichen.

Zitronenkruste

Inzwischen die Zitronenkruste herstellen. Dazu alle Zutaten miteinander vermischen und die Masse zwischen zwei Lagen Pergamentpapier ausrollen. Zwei Scheiben in Form und Größe der Hähnchenbrüste ausschneiden.

Fertigstellung

Die Brüste der fertig gebratenen Hähnchen mit der Zitronenkruste belegen und die Hähnchen für 3 Minuten unter den vorgeheizten Salamander stellen, bis die Kruste Farbe angenommen hat. Zitronensaft und -schale in den Bratensatz der Hähnchen geben. Die Sauce separat in einer Sauciere zu den Brathähnchen reichen.
Das Gemüseragout um die beiden Brathähnchen herum anrichten und das Geflügel tranchieren.

Beurre citron

Zitronenbutter

Zutaten für 8 Personen (oder 2 große Vögel)
200 g weiche Butter
50 g gehackte Zitronenschale
1 EL Zitronensaft
10 g fein geschnittener Kerbel
15 g gehackte glatte Petersilie
20 g fein geschnittener Estragon
15 g fein geschnittenes Basilikum
10 g fein geschnittener Liebstöckel
Salz, Pfeffer aus der Mühle

Alle Zutaten miteinander vermischen.
Haltbarkeit: 2–3 Tage.

Sauté de géline de Touraine à la provençale

Sautiertes Haselhuhn auf provenzalische Art

Zutaten für 4 Personen

Sautiertes Haselhuhn
1 Haselhuhn (Gewicht: ca. 2 kg) aus der Touraine, in 8 Stücke geteilt
Salz, Pfeffer
30 g Mehl
50 g geklärte Butter
70 g frische Butter

Sauce
70 g Butter
80 g Schalotten, in dünne Scheiben geschnitten
200 ml trockener Weißwein
500 ml Hühnerjus (siehe S. 283)
30 g Butter
40 g schwarze Nyons-Oliven, in kleine Würfel geschnitten (Brunoise)
40 g Tomaten, abgezogen, entkernt und in Würfel geschnitten (Concassée)
1 g Thymian

Fertigstellung
12 geviertelte Artischocken, die Blattenden zurückgeschnitten, das Heu entfernt, geschmort (siehe S.80)
12 Tomatenstücke, abgezogen und entkernt
12 kleine Kartoffeln, in Olivenöl knusprig und braun gebraten
12 kleine Nizza-Oliven
12 Zucchiniblüten, ausgebacken

Sautiertes Haselhuhn

Die Haselhuhnstücke würzen und mit etwas Mehl bestäuben.
Die geklärte Butter in einem Sautoir aus Kupfer zerlassen und die Geflügelstücke darin von allen Seiten bräunen. Die frische Butter hinzufügen und die Haselhuhnstücke bei niedriger Hitze etwa 40–50 Minuten braten. Dabei das Fleisch häufig mit der Butter begießen. Die Bruststücke zuerst herausnehmen und darauf achten, dass auch die Keulenstücke nur knapp durch sind, damit sie schön weich bleiben.

Sauce

40 g Butter in einer Sauteuse zerlassen und die Schalotten darin andünsten. Mit dem Weißwein ablöschen und die Flüssigkeit einkochen, bis sie vollständig verdampft ist. Den Geflügeljus dazugießen, zum Kochen bringen und bei niedriger Hitze etwa 10 Minuten einkochen. Die Sauce durch ein Haarsieb abgießen und mit der übrigen Butter (30 g) aufmontieren. Die Olivenwürfel, die Tomatenwürfel und den gerebelten Thymian unter die Sauce rühren.

Fertigstellung

Die Haselhuhnstücke in die Sauce geben und weitere 3–4 Minuten köcheln lassen. Auf eine Servierplatte geben und die Artischockenviertel, die Tomatenstücke, die in Olivenöl gebratenen Kartoffeln und die ausgebackenen Zucchiniblüten um die Geflügelstücke herum anrichten. Das Fleisch mit einem Teil der Sauce begießen und die übrige Sauce separat in einer Sauciere dazu reichen.

Ailes de pigeon bressan aux courgettes, olives noires et tomates séchées, pastilla d'aubergine à l'ail doux

Farcierte Taubenbrüste mit Zucchini, schwarzen Oliven und getrockneten Tomaten, Auberginen-Pastilla mit mildem Knoblauch

Zutaten für 4 Personen

Taubenbrüste
2 Bresse-Tauben (Gewicht: je 500 g)

Zucchinigeflecht
1 kg große Zucchini (je etwa 20 cm lang, 4 cm Durchmesser)

Farce für die Taubenbrüste
8 Schalotten, in dünne Scheiben geschnitten
10 g Butter
25 g kleine Eierschwämme (Pfifferlinge)
10 g abgezogene und entkernte Tomaten, in kleine Würfel geschnitten (Brunoise)
8 g Oliven, in kleine Würfel geschnitten (Brunoise)
Knoblauch
Thymian
Schnittlauch, fein geschnitten

Fertigstellung
Salz und Pfeffer
Püree von abgezogenen und entkernten Tomaten
Tapenade-Öl
Niora (oder edelsüßes Paprikapulver)
4 Auberginenplätzchen (siehe S. 92)

Sauce
Taubenjus (siehe S. 283)

Taubenbrüste

Die Tauben wie folgt vorbereiten (oder vom Metzger vorbereiten lassen): den Hals, die Flügel und die Füße abschneiden. Die Haut entfernen und die Keulen abtrennen. Die Haut über der Halsöffnung anheben und mit Hilfe eines Küchentuchs mit den Fingern behutsam von der Taubenbrust nach hinten abziehen.
Die Brüste von der Brustkarkasse lösen und das Fleisch sorgfältig von Fett und Sehnen befreien. Den an den Brüsten verbliebenen Flügelknochen rundherum abschaben.
Die Keulen, die Abschnitte und die Karkasse aufbewahren und für die Zubereitung eines Taubenjus verwenden (siehe Seite 283) oder aus den Keulen ein Tauben-Confit zubereiten.

Zucchinigeflecht

Die Zucchini von Strunk und Blütenansatz befreien und auf einem Gemüsehobel (Mandoline) längs in 1,5 mm dicke Streifen schneiden. Die Zucchinistreifen blanchieren und in eiskaltem Wasser abschrecken. Abtropfen lassen und gleichmäßig auf 4 etwa 20 cm × 20 cm große Stücke Klarsichtfolie verteilen. Die Streifen miteinander verflechten, bis ein Gemüseteppich entstanden ist, dabei die Enden ein wenig festdrücken. Mit einem Rundausstecher vier Kreise in Größe der Taubenbrüste ausstechen.

Farce für die Taubenbrüste

Die Schalotten in der Butter anschwitzen und die Eierschwämme hinzufügen. Zuerst die Tomatenwürfel, dann die fein gewürfelten Oliven dazugeben und die Eierschwämme darin köcheln lassen. Zum Schluss die Farce mit Knoblauch, Thymian und Schnittlauch würzen und mit Salz und Pfeffer abschmecken.

Garen und Fertigstellung

Die Taubenbrüste mit der flachen Seite auf eine Arbeitsfläche legen und von vorne eine tiefe, 1–2 cm breite Tasche in das Fleisch schneiden. Mit einem Teelöffel etwa 1 EL Farce in die Taschen füllen und die Farce gleichmäßig darin verteilen. Die Enden der Taschen mit den Fingerspitzen sorgfältig verschließen.
Die gefüllten Taubenbrüste mit Salz und Pfeffer würzen und mit einem Pinsel mit Tomatenpüree bestreichen. Je eine Brust auf ein ausgestochenes Zucchinigeflecht setzen, den Flügelknochen wegspreizen und die Klarsichtfolie darüber einschlagen. Die Enden der Folie ähnlich einem Bonbon fest gegeneinander verdrehen, damit die Folie während des Garens hält und nicht nachgibt. Bei 90 °C im Dampfgarer 7 Minuten garen (die Kerntemperatur der farcierten Taubenbrüste muss 40 °C betragen).
Alternativ dazu kann man die Brüste auch in einem Dämpftopf zubereiten. Bei einer Dämpftemperatur von 100 °C beträgt die Garzeit etwa 5 Minuten.
Die Folie vorsichtig entfernen. Die Brüste mit etwas Tapenade-Öl bestreichen und mit ein wenig Niora bestreuen. Den Flügelknochen mit einer Papiermanschette dekorieren und die Öffnung mit einem kleinen Kräuterstrauß verdecken. Das Fleisch mit Taubenjus begießen und die farcierten Taubenbrüste mit den Auberginenplätzchen servieren.

Fricassée de pintade de la Drôme aux truffes noires et racines d'hiver

Perlhuhn-Frikassee mit schwarzen Trüffeln und Schwarzwurzeln

Zutaten für 4 Personen

Perlhuhn-Frikassee
1 schönes Perlhuhn (Gewicht: 1,5 kg), in 8 Stücke geteilt
Salz, Pfeffer
40 g geklärte Butter
40 g frische Butter
120 g Zwiebeln, fein geschnitten
80 g schwarze Trüffeln, in kleine Würfel geschnitten
200 ml weißer Portwein
100 ml alter Madeira
300 ml Hühnerjus (siehe S. 283)
100 ml Trüffeljus (siehe S. 284)

Garnitur
60 g kleine Karotten, tourniert
60 g Schwarzwurzeln, schräg in Stücke geschnitten
8 Bündchen aus sehr jungem Lauch, in Wasser gegart
30 ml Nyons-Oliven-Öl
40 g kleine Trüffelwürfel, in Butter gedünstet
12 junge Zwiebeln, in Butter gebraten

Perlhuhn-Frikassee

Die Perlhuhnstücke salzen und pfeffern und in der geklärten Butter von allen Seiten bräunen. Auf einem Gitter gut abtropfen lassen. Das Fett aus dem Sautoir abgießen. Die frische Butter hineingeben, Zwiebeln und Trüffelwürfeln darin andünsten.

Mit dem Portwein und dem Madeira ablöschen und die Flüssigkeit auf die Hälfte einkochen.

Die Reduktion mit dem Geflügeljus und dem Trüffeljus aufgießen, zum Kochen bringen und 5 Minuten köcheln lassen. Anschließend die Perlhühnstücke hinzufügen. Die Bruststücke rechtzeitig herausnehmen, damit das Fleisch nicht zu trocken wird. Die Garzeit der Keulenstücke beträgt etwa 25 Minuten. Herausnehmen und den Jus mit Salz und Pfeffer abschmecken.

Garnitur

Die verschiedenen Zutaten für die Garnitur – bis auf die Trüffelwürfel und die jungen Zwiebeln – in kochendem Wasser garen. Kurz vor dem Anrichten erhitzen und in Butter und etwas Olivenöl glasieren.

Fertigstellung

Die Perlhuhnstücke auf eine Servierplatte geben und die verschiedenen Garnituren darum herum anrichten. Das Fleisch mit einem Teil der Sauce begießen und die übrige Sauce separat in einer Sauciere dazu reichen.

Caneton rouennais doré aux figues et marrons, jeunes navets glacés et céleri rôti

Goldbraun gebratene junge Rouennaiser Ente mit Feigen und Maronen, glasierten weißen Rübchen und gebratenem Sellerie

Zutaten für 4 Personen

Enten
2 junge Rouennaiser Enten (Gewicht: je 900 g), ausgenommen und küchenfertig
Salz und frisch gemahlener Pfeffer
100 ml Erdnussöl
Röstgemüse (Mirepoix), bestehend aus
50 g Karotten, 50 g Sellerie, 40 g Schalotten,
10 Stängeln Petersilie, 3 Knoblauchzehen
roter Portwein
Sherryessig (Xérès)
600 ml Entenjus (siehe S. 283)
400 ml Gemüsebrühe (siehe S. 281)

Farce
20 g Korinthen, in Wasser eingeweicht
30 g Feigen in Portwein
20 g Esskastanien, weich gekocht
roter Portwein
Madeira
Salz, Pfeffer, Zucker

Gemüse
16 weiße Rübchen, geschält und gedämpft
16 tournierte Selleriestücke, gedämpft
50 g Butter
Salz, Pfeffer aus der Mühle, Zucker

Esskastanien
10 Stück Würfelzucker
10 g Butter
100 ml heller Geflügelfond (siehe S. 281)
10 g Sellerie, klein geschnitten
1 Lorbeerblatt
20 Esskastanien, geschält und von der Haut befreit

Feigen
16 Feigen in Portwein

Fertigstellung
8 frische violette Feigen
50 g Butter
Salz und Pfeffer
1 TL Balsamessig
1 TL Feigenessig
15 g glatte Petersilie
15 g Kerbelzweige

Enten

Die Haut an den Brüsten der Enten lösen und Taschen bilden. Die Farce gleichmäßig in die Taschen füllen. Die beiden Enten innen und außen mit Salz und Pfeffer würzen und anschließend bridieren. Die Rücken der Vögel diagonal leicht einschneiden.
Die Enten in einem Bräter in dem Erdnussöl 3 Minuten auf jeder Brustseite und je 10 Minuten von den Seiten bräunen. Im vorgeheizten Ofen bei 220 °C etwa 30 Minuten braten, bis die Haut goldbraun ist. Die Vögel herausnehmen und das Fett abgießen. Das Mirepoix hinzufügen und leicht anrösten. Mit dem Portwein und dem Sherryessig ablöschen. Die Enten auf dem Rücken erneut in den Bräter geben und in gleichen Teilen den braunen Fond und die Geflügelbrühe zugießen, bis die Vögel zu einem Drittel bedeckt sind. Den Bräter für weitere 25 Minuten in den Ofen stellen und den Fond unter häufigem Begießen des Fleisches einkochen, bis die Sauce schön glasiert. Reduziert der Fond dabei zu stark ein, etwas Wasser dazugießen.

Farce

Alle Zutaten für die Farce in eine Küchenmaschine geben und fein hacken. Die Farce mit Salz, Pfeffer und einer Prise Zucker würzen.

Gemüse

Die bereits gegarten weißen Rübchen und tournierten Selleriestücke in Butter glasieren und mit Salz, Pfeffer und 1 Prise Zucker würzen.

Esskastanien

Die Zuckerwürfel mit der Butter in eine Sauteuse geben und erhitzen. Zu einem hellen Karamell kochen und mit dem Fond ablöschen. Die Selleriestücke und das Lorbeerblatt hinzufügen und die Flüssigkeit zum Kochen bringen.
Die Maronen zugeben und etwa 10 Minuten kochen, bis die Flüssigkeit glasiert. Beiseite stellen.

Feigen

Die Feigen in Portwein abtropfen lassen, den Saft auffangen und 200 ml davon einkochen, bis die Flüssigkeit sirupartig eindickt. Die Feigen darin glasieren und beiseite stellen.

Fertigstellung

Die frischen Feigen vierteln und in Butter anbraten. Die Enten während der Zubereitung der Sauce warm stellen und ruhen lassen. Den Bratenfond durch ein Haarsieb passieren und eventuell mit etwas Brühe verlängern. Die Sauce mit Salz und Pfeffer abschmecken. Zum Schluss den Balsamessig und den Feigenessig dazugießen. Die Enten in Stücke teilen und auf eine Servierplatte geben. Das Gemüse, die Feigen und die Maronen um die Entenstücke herum anrichten. Mit Petersilie, Kerbelzweigen und den geviertelten frischen Feigen dekorieren.

Canard nantais cuit rosé à la bigarade au céleri pomme

Rosa gebratene Nantaiser Ente mit Bitterorangensauce und glasiertem Sellerie

Zutaten für 4 Personen

Nantaiser Ente
1 Nantaiser Ente (Gewicht: 2,6 kg)
Salz und Pfeffer
50 ml Erdnussöl

Glasierter Sellerie
2 Knollen Sellerie (Gewicht: je 250 g), im Ganzen und gründlich gewaschen
200 ml Wasser
1 g Ascorbinsäure
2 g Zucker
3 g Salz
1 kleines Lorbeerblatt
400 ml Entenjus (siehe S. 283)

Fertigstellung
1 kleines Kräuterbündel
Zitrussauce (siehe S. 286)
Orangenfilets und -schale

Nantaiser Ente

Die Ente ausnehmen, innen und außen mit Salz und Pfeffer würzen und anschließend mit Küchengarn binden. Das Öl in einem flachen Bräter stark erhitzen und die Ente auf beiden Seiten je 5 Minuten anbraten. Den Bräter in den auf 220 °C vorgeheizten Ofen schieben und die Ente weitere 5 Minuten auf jeder Seite braten. Anschließend 5 Minuten auf jeder Brustseite braten und die Ente schließlich weitere 5 Minuten auf dem Rücken liegend braten. Aus dem Ofen nehmen, mit der Brustseite nach unten auf eine Platte legen und ruhen lassen.

Glasierter Sellerie

Die Sellerieknollen gründlich putzen und waschen, jedoch nicht schälen. Zusammen mit den übrigen Zutaten – bis auf den Entenjus – in einen großen, kochfesten Plastikbeutel geben und luftdicht verschließen. Den Sellerie 2 Stunden und 30 Minuten im Dampfgarer bei 90 °C garen. Den Beutel öffnen, die Sellerieknollen abtropfen lassen und in eine Auflaufform aus Keramik geben. Den Entenjus dazugießen und den Sellerie 30 Minuten im Ofen bei 170 °C unter häufigem Begießen glasieren.

Fertigstellung

Das kleine Kräuterbündel in die Öffnung zwischen den Keulen stecken. Die Ente unmittelbar vor dem Servieren mit der heißen Zitrussauce begießen und mit Orangenfilets und -schale dekorieren. Die glasierten Sellerieknollen oben abschneiden. Das Fruchtfleisch herauslöffeln und zu der Ente reichen.

Die Ente tranchieren

Werkzeuge: ein scharfes Tranchiermesser mit langer, starrer Klinge, ein scharfes Filetiermesser mit dünner, flexibler Klinge, ein Hackbrett und Geschirr zum Warmstellen.

Das Vorlegen des Geflügels findet stets vor den Gästen mit dem Bürzel des Geflügels gegen sich statt.

- Die Ente an beiden Enden fassen und auf die Seite legen. Mit einer Gabel fest in die Keule stechen (in das Dreieck, das durch die beiden kleinen Knochen gebildet wird). Mit dem Tranchiermesser die Haut um das Gelenk einschneiden. Mit Hilfe der Gabel die Keule nach außen drücken und das Gelenk und die Sehne durchtrennen. Die Keule sollte sich nun ohne Widerstand ablösen lassen.
- Die Keule auf das Hackbrett legen.
- Bei der zweiten Keule auf die gleiche Art vorgehen.
- Nun die Flügel von den Geflügelgelenken abtrennen. Dazu mit der Gabel in eine Seite der Ente einstechen und die Ente erneut zu sich drehen. Das Messer horizontal etwa 2 cm weit einführen und mit einem kurzen Schnitt nach unten das Gelenk durchtrennen.
- Die Gabel in eine Seite der Ente einstechen, die Ente erneut auf die Seite legen. Mit dem Filetiermesser die Haut der einen Brustseite abschneiden und zum Anrichten beiseite legen. Bei der anderen Brustseite auf die gleiche Art vorgehen.
- Mit dem Filetiermesser parallel zum Brustkorb sehr gleichmäßige, lange, 2–3 mm dicke Streifen abschneiden. Das Messer muss sehr scharf sein und sich leicht und ohne Widerstand in das Fleisch einführen lassen. Wichtig ist auch, dass das Tranchieren rasch vorgenommen wird, wenn das Fleisch beim Servieren noch heiß sein soll.
- Die Tranchen werden in gleichmäßigem Abstand leicht überlappend im unteren Bereich eines Tellers angerichtet, wobei man ein wenig Platz für die Sauce lässt. Die Keulen gibt man für weitere 10 Minuten in den heißen Ofen und serviert sie anschließend separat dazu, jeweils geteilt in Ober- und Unterkeule.

Côtelettes de lapin Rex du Poitou à l'ail doux, haricots verts de Crissier en vinaigrette aux herbes du jardin

Kaninchenkoteletts mit mildem Knoblauch, Nadelbohnen in Vinaigrette mit Gartenkräutern

Zutaten für 4 Personen

Kaninchen
1 großes Stallkaninchen (Gewicht: etwa 3 kg), ausgenommen, Leber, Keulen und von der Schaufel befreite Schultern beiseite gelegt
Salz und frisch gemahlener Pfeffer
ungeschälte Knoblauchzehen, Majoran, Thymian, Rosmarin, Basilikum
100 g Butter
50 ml Olivenöl
Schalotten, fein geschnitten
zerstoßener bunter Pfeffer
1 TL grobkörniger Senf (Moutarde de Meaux)

Garnitur
400 g frische Nadelbohnen (Keniabohnen), in Wasser gegart
30 g geklärte Butter
Salz und Pfeffer
200 g Mesclun-Salat
Vinaigrette mit altem Balsamessig (siehe S. 278)

Fertigstellung
Kaninchenjus (siehe S. 284)
Kerbel
Haselnussöl
Schmelzkartoffeln (siehe S. 90)
Fleur de sel (feinstes Meersalz)

Kaninchen

Das Kaninchen-Carré mit Salz und Pfeffer würzen und mit dem Knoblauch und den Kräutern 1–2 Min. von jeder Seite in der Butter und dem Öl in einer Pfanne anbraten. Dabei die Pfanne nicht zu stark erhitzen, denn die Butter soll nur aufschäumen. Sollte die Pfanne dennoch zu heiß werden, etwas Butter hinzufügen. Den Kaninchenrücken wenden und etwas Butter hinzufügen. Nach der Hälfte der Garzeit die Schalotten, den zerstoßenen bunten Pfeffer und den grobkörnigen Senf hinzufügen. Den Kaninchenrücken mit dem Bratensatz begießen und unter Alufolie ruhen lassen. Den Bratensatz mit Salz und Pfeffer abschmecken.

Garnitur

Die Butter erhitzen und die Nadelbohnen darin schwenken. Mit Salz und Pfeffer würzen. Kurz vor dem Anrichten den Mesclun-Salat und die Bohnen mit der Vinaigrette anmachen.

Anrichten und Fertigstellung

Den Kaninchenjus erhitzen. Je nach Größe das Carré in 3–5 Stücke aufschneiden. Die Bohnen in die Mitte jedes Tellers häufen, den Mesclun-Salat darüber anrichten und die Kerbelblättchen darauf geben. Die Kaninchenstücke darum herum anrichten. Den mit Haselnussöl gewürzten Kaninchenjus neben die Kaninchenstücke löffeln. An jedes Carré-Stück eine Kartoffelscheibe lehnen.

Fleisch und Innereien

Vapeur de filet mignon de veau à la fleur de sel et mignonette de poivre, tian d'aubergines et artichauts au thym, jus corsé à la tapenade

Gedämpftes Filetstück vom Kalb mit Fleur de sel und zerstoßenem Pfeffer, Auberginen-Gratin und würzigem Tapenade-Jus

Zutaten für 4 Personen

2 Kalbsfiletstücke (Gewicht: je 400 g), sorgfältig pariert
Fleur de sel (feinstes Meersalz)
zerstoßener Pfeffer
10 g Püree von abgezogenen und entkernten Tomaten
2 große Zucchini (Länge: etwa 20 cm, Durchmesser: 4 cm)
Nyons-Oliven-Öl
gratinierte Auberginen (siehe S. 93)
80 g Tapenade
Kalbsjus (siehe S. 283)

Die Filetstücke mit Salz und Pfeffer würzen und mit dem Tomatenpüree bestreichen. Die Zucchini längs in etwa 1,5 mm dicke Streifen schneiden. Die Hälfte der Streifen leicht überlappend auf einen Bogen Frischhaltefolie legen. Eines der beiden gewürzten Filetstücke darauf legen und die Zucchinistreifen mit Hilfe der Folie fest um das Fleisch wickeln. Das zweite Kalbsfiletstück auf die gleiche Art vorbereiten.

Beide Fleischstücke etwa 25 Minuten im Dampfgarer bei 90 °C garen. Die Kerntemperatur muss 50 °C betragen. Das Fleisch etwa 10 Minuten ruhen lassen. Beide Filetstücke in acht Stücke schneiden. Die Stücke mit etwas Olivenöl bestreichen und erneut mit Fleur de sel und gestoßenem Pfeffer würzen. Das Fleisch trockentupfen und je zwei Stücke auf einem Teller anrichten. Die gratinierten Auberginen daneben anrichten.
Die Tapenade mit 2 EL Olivenöl verlängern und mit dem Kalbsjus vermischen. Zum Kochen bringen, mit Salz und Pfeffer abschmecken und die Sauce separat in einer Sauciere dazureichen.

Jarret de veau glacé à la gremolata aux légumes cuits dans son jus

Glasierte Kalbshaxe mit Gremolata und in Jus gegartem Gemüse

Zutaten für 4 Personen

2 kleine Kalbshaxen von den Vorderläufen (Gewicht: je 800 g), sorgfältig pariert
Salz und Pfeffer
50 ml Erdnussöl
50 ml Olivenöl
200 g Zwiebeln, in Würfel geschnitten (Mirepoix)
200 g Karotten, in Würfel geschnitten (Mirepoix)
50 g ungeschälte Knoblauchzehen
10 g Thymian
20 g Majoran
20 g Tomatenmark
200 ml Weißwein
1 l Kalbsjus (siehe S. 283)
4 frische Tomaten, in grobe Stücke geschnitten
100 ml Zitronensaft

Gemüse
120 g Karotten
120 g Sellerie
120 g weiße Rübchen
120 g Zucchini, in Wasser gegart
1 l Kalbsjus (siehe S. 283)
12 junge Zwiebeln, in Butter gebraten
12 Gnocchi à la piémontaise (siehe S. 92)
12 Artischockenviertel, in Olivenöl gebraten
2 g Salbei, in dünne Streifen geschnitten (Julienne)

Die Kalbshaxen mit Salz und Pfeffer würzen. Das Erdnussöl in einem Sautoir erhitzen und die Haxen darin von allen Seiten bräunen. Herausnehmen und auf ein Gitter legen. Das Fett aus dem Schmortopf abgießen und das Olivenöl darin erhitzen. Die gewürfelten Zwiebeln, die Karotten und den Knoblauch dazugeben und Farbe annehmen lassen. Das Gemüse mit dem Tomatenmark überziehen und kräftig anbraten. Mit dem Weißwein ablöschen.
Den braunen Kalbsfond dazugießen, die Tomatenstücke und den Zitronensaft hinzufügen, zum Kochen bringen und den Fond abschäumen. In einen Schmortopf aus Gusseisen umfüllen und die angebratenen Kalbshaxen eng aneinander in den Fond stellen, sodass sie mit dem Knochen nach oben zeigen. Zugedeckt im Ofen bei 100 °C etwa 2 Stunden und 30 Minuten schmoren.
Die Kalbshaxen herausnehmen und den Garfond durch ein Haarsieb passieren. 200 ml davon zum Glasieren der Haxen abnehmen. Die übrige Sauce mit Salz und Pfeffer abschmecken und separat in einer Sauciere zum Fleisch reichen. Die Kalbshaxen in dem abgenommenen Garfond bei 160 °C etwa 35 Minuten unter häufigem Begießen glasieren.
Die Gremolata in Butter schwenken und über das Fleisch träufeln.
Die Kalbshaxen mit dem in Jus gegartem Gemüse servieren.

Gemüse
Die Karotten, den Sellerie, die weißen Rüben und die bereits gekochten Zucchini kegelförmig tournieren.
Den Kalbsjus zum Kochen bringen und das Gemüse darin garen. Die tournierten Zucchini erst später hinzufügen.
Sämtliche Gemüse und die Gnocchi zusammen anrichten und mit der Salbei-Julienne bestreuen.

Gremolata

Zutaten für 4 Personen
(für 2 Kalbshaxen)
60 ml Olivenöl
5 g Zitronenschale, fein gehackt
5 g Limettenschale, fein gehackt
1 g Knoblauch, gehackt
5 g Petersilie, gehackt

Das Olivenöl erhitzen und die Zitrusschalen darin schwenken. Vom Herd nehmen und 15 Minuten ruhen lassen.
Zuerst den Knoblauch und anschließend die Petersilie untermischen.
Die Kalbshaxen vor dem Servieren mit der Gremolata beträufeln.

Cabri du Poitou aux herbes aromatiques, méli-mélo de légumes printaniers à l'ail de Lautrec

Zicklein mit aromatischen Kräutern, Gartengemüse und Knoblauch-Confit

Zutaten für 4 Personen

Zicklein mit Kräutern
1 Zickleinschulter (Gewicht: 400 g netto), sorgfältig pariert
1 Zickleinkeule (Gewicht: 700 g netto), sorgfältig pariert
Salz und Pfeffer
50 ml Erdnussöl
250 g Zickleinparüren
50 g Karotten, in Würfel geschnitten (Mirepoix)
50 g Zwiebeln, in Würfel geschnitten (Mirepoix)
5 g Thymian
2 Knollen Knoblauch, quer zum Strunk halbiert
30 g Dijonsenf

Pistou
70 ml Olivenöl
15 g Basilikum
4 g glatte Petersilie
2 g Salbei
3 g Estragon
4 g krausblättrige Petersilie
1 g Knoblauchöl
1 g Thymian

Fertigstellung
12 Zehen Knoblauch-Confit

Zicklein mit Kräutern

Die Schulter und die Keule mit Salz und Pfeffer würzen. Das Öl in einem Bräter erhitzen und das Fleisch darin von allen Seiten bräunen. Die Parüren, das Mirepoix, den Thymian und den Knoblauch im Bräter um das Fleisch verteilen und den Zickleinbraten in den auf 190 °C vorgeheizten Ofen geben.
Unter häufigem Begießen die Schulter etwa 40 Minuten und die Keule etwa 50 Minuten braten. Nach etwa drei Viertel der Garzeit das Fleisch von allen Seiten mit dem Senf bestreichen.
Ein Gitter auf die geöffnete Ofentür stellen und das Fleisch darauf 10 Minuten ruhen lassen. Anschließend servieren.

Pistou

Alle Zutaten mischen, durch ein Haarsieb passieren und beiseite stellen.

Fertigstellung

Die Parüren und das Mirepoix in der Reine mit Wasser ablöschen und zu einem Jus von sirupartiger Konsistenz einkochen.
Die Keule und die Schulter mit dem Pistou beträufeln und zusammen mit dem Gartengemüse und den Knoblauchzehen servieren. Den Zickleinjus separat in einer Sauciere dazu reichen.

Côtelettes et mignons d'agneau de lait des Pyrénées à la sarriette, beignets de gnocchis à la piémontaise

Koteletts und Lendchen vom Milchlamm mit Bohnenkraut und Gnocchi-Beignets à la piémontaise

Zutaten für 4 Personen

2 Milchlamm-Carrés (Gewicht: je 400 g netto), sorgfältig pariert
Salz und Pfeffer
40 ml Erdnussöl
70 g Butter
100 g Zwiebeln, in Würfel geschnitten
5 g Thymian
20 g Knoblauch
10 g Bohnenkraut
30 g Dijonsenf
30 g grobkörniger Senf (Moutarde de Meaux)
20 g Honig
12 g Gewürzmischung
20 g helle Semmelbrösel
20 g krausblättrige Petersilie, fein geschnitten
2 g Knoblauch, zerdrückt
Gnocchi à la piémontaise (siehe S. 92)
Lammjus (siehe S. 282)

Die Carrés von beiden Seiten mit Salz und Pfeffer würzen. Das Öl in einem Sautoir erhitzen und die Carrés von allen Seiten Farbe annehmen lassen. Butter, Zwiebeln, Thymian, Knoblauch und Bohnenkraut zugeben und etwa 8 Minuten garen. Dabei das Fleisch häufig begießen. Die Kerntemperatur des Fleisches muss 42 °C betragen.
Das Fleisch herausnehmen. Die beiden Senfsorten miteinander vermischen und die Carrés mit der Senfmischung, dem Honig und der Gewürzmischung bestreichen. Das Fleisch kurze Zeit ruhen lassen. Die Semmelbrösel, die Petersilie und den Knoblauch miteinander vermischen und das Lammfleisch damit bestreuen.
Die Carré-Stücke in Lendchen und Koteletts aufschneiden und auf Tellern anrichten. Die Gnocchi à la piémontaise darum herum anrichten und den Lammjus in einer Sauciere separat dazu reichen.

Côtes de bœuf du Simmental grillés au feu de bois au poivre et à l'échalote, beurre marchand de vin

Über Holzkohlen gegrillte Hohrippenstücke vom Simmentaler Rind mit Pfeffer, Schalotten und Rotweinbutter

Zutaten für 4 Personen

2 Hohrippenstücke (Hochrippe) vom Rind (Gewicht: je 1 kg), sorgfältig pariert und mit Küchengarn gebunden
Salz und Pfeffer
Rotweinbutter (siehe unten rechts)
Schalotten-Confit (siehe S. 91)

In einem offenen Kamin eine schöne Glut herstellen. Einen Rost darüber stellen und vorheizen.
Beide Fleischstücke von allen Seiten großzügig mit Salz und Pfeffer würzen und auf den Rost legen. Darauf achten, dass die Glut anfangs nicht zu stark ist, da das Fleisch sonst verkohlen könnte.
Beide Fleischstücke unter häufigem Wenden etwa 40 Minuten über den glühenden Kohlen grillen. Die Kerntemperatur muss 35 °C betragen.

Das Fleisch erneut salzen und pfeffern und anschließend 15 Minuten ruhen lassen. Mit Rotweinbutter, Schalotten-Confit und in der Glut gebackenen Kartoffeln servieren.

Beurre marchand de vin

Rotweinbutter

Zutaten für 6 Personen
200 ml tanninreicher Rotwein
30 g Schalotten, fein geschnitten
20 g glatte Petersilie, gehackt
250 g weiche Butter
10 Umdrehungen aus der Pfeffermühle
4 g Fleur de sel (feinstes Meersalz)
30 g kalte, sirupartige Fleisch-Glace (oder konzentrierter Bratensaft)

Den Rotwein mit den Schalotten auf ein Drittel einkochen. Die Reduktion abkühlen lassen und anschließend mit der gehackten Petersilie unter die weiche Butter mischen. Die Buttermasse salzen und pfeffern, dann die Fleisch-Glace sorgfältig unterarbeiten. Die Rotweinbutter auf Frischhaltefolie geben und zu einer gleichmäßigen Rolle formen. Kalt stellen.
Vor dem Servieren Scheiben von der Rolle abschneiden und auf dem heißen Fleisch schmelzen lassen.

Coeur de filet de bœuf du Simmental à la ficelle aux truffes noires

Gebundenes Mittelfiletstück vom Simmentaler Rind mit schwarzen Trüffeln

Zutaten für 4 Personen

1 Staude Kardone, ohne Blätter und Böden, geschält, die Fäden abgezogen (oder 800 g netto aus dem Glas, abgetropft)
1 l Wasser
50 g Zucker
2 g Ascorbinsäure
20 g Salz
150 g schwarze Trüffeln, gebürstet und geschält
1 Mittelfiletstück vom Rind (Gewicht: 800 g), gut abgehangen
60 g Butter
600 g Spinat, entstielt, blanchiert und abgekühlt
2 l Gemüsebrühe, (siehe S. 281)
2 Eier, hart gekocht
Fleur de sel (feinstes Meersalz)
gestoßener Pfeffer
Zucker
20 g Schnittlauch, fein geschnitten

Die Stiele der Kardonen in 6 cm lange Stücke schneiden und in dem Wasser, das mit dem Zucker, der Ascorbinsäure und dem Salz gewürzt wurde, in etwa 1 Stunde und 15 Minuten weich kochen.
100 g schwarze Trüffeln in feine Stäbchen schneiden und das Filetstück damit gleichmäßig von allen Seiten spicken. Mit Salz und Pfeffer würzen und in einen Bogen gebutterte Folie einschlagen. Die Folie an mehreren Stellen einstechen.
Den Spinat mit etwas Wasser vermischen und durch ein feines Haarsieb passieren. Den Spinatsaft auffangen und beiseite stellen.
Die übrigen Trüffeln in kleine Würfel schneiden. Beiseite stellen.
Die Brühe zum Kochen bringen und das vorbereitete Filetstück bei niedriger Hitze darin in 16–18 Minuten gar ziehen lassen. Die Kerntemperatur des Fleisches muss 35 °C betragen. Das Filetstück herausnehmen und 10 Minuten ruhen lassen. Das Eiweiß der hart gekochten Eier vom Eigelb trennen und beides getrennt sehr fein würfeln (feine Brunoise). Beiseite stellen.
Den Spinatsaft zusammen mit ein paar Butterflocken erhitzen, damit die Flüssigkeit sämiger wird. Mit Salz, Pfeffer und einer Prise Zucker würzen. Die Trüffelwürfel und die Ei-Brunoise hinzufügen und die warme Sauce in einer Sauciere getrennt zum Fleisch reichen.
Das Filetstück in 1,5 cm dicke Tranchen schneiden und mit Fleur de sel und gestoßenem Pfeffer bestreuen.
Die Kardonenstücke auf die Teller verteilen und mit fein geschnittenem Schnittlauch bestreuen.

Poitrine de cochon fermier grillé, mousseline légère de rattes aux truffes noires, jeune céleri pomme au bouillon

Gegrillte Schweinebrust, Kartoffelschaum mit schwarzen Trüffeln und in Brühe gekochtem jungem Sellerie

Zutaten für 4 Personen

Schweinebrust
1 frische Schweinebrust (Gewicht: 1,2 kg), pariert und das Fett abgeschnitten
2 Lorbeerblätter, in dünne Streifen geschnitten
8 g zerstoßener bunter Pfeffer
1 g Gewürzmischung
4 l Wasser
40 g Salz
4 schöne Karotten (Gewicht: 350 g)
100 g Knollensellerie
3 Zwiebeln
1 Bund Lauch (Gewicht: 300 g)
3 Nelken
400 ml Weißwein

Fertigstellung
4 kleine Knollen Sellerie
heller Geflügelfond (siehe S. 281)
40 g Trüffel, in kleinen Würfeln
Butter
200 ml Schweinejus (siehe S. 283)
Haselnussöl
Kartoffelschaum (siehe S. 88)

Schweinebrust

Die Brust rasch in Wasser blanchieren und gründlich unter fließendem Wasser abspülen.
Die in Streifen geschnittenen Lorbeerblätter, den zerstoßenen bunten Pfeffer und die Gewürzmischung in ein Stück Musselintuch geben, die Enden einschlagen und zu einem Gewürzsäckchen zusammenbinden. Mit den übrigen Zutaten in einen großen Topf geben. Zum Kochen bringen und die Schweinebrust darin in etwa 3 Stunden unter dem Siedepunkt gar ziehen lassen. Die Brust herausnehmen, zwischen zwei Bleche aus Edelstahl geben und das obere Blech mit einem Gewicht beschweren. Etwa 8 Stunden kalt stellen. Die Schwarte und die Knorpel entfernen. Die kalte Schweinebrust in 1 cm dicke Scheiben schneiden. Die Scheiben auf einem vorgeheizten Grillrost von beiden Seiten kurz anbraten und mit einem Grillmuster versehen. Anschließend 5 Minuten im auf 140 °C vorgeheizten Ofen erhitzen.

Fertigstellung

Die kleinen Sellerieknollen im Geflügelfond rasch kochen. Die Trüffelwürfel in aufschäumender Butter anschwitzen. Die Sellerieknollen aushöhlen und mit den Trüffelwürfeln füllen. Den Schweinejus erhitzen und mit etwas Haselnussöl würzen.
Je zwei Scheiben Schweinebrust auf einem Teller anrichten und mit der Sauce begießen. Die Sellerieknollen und den Kartoffelschaum dazugeben.

Palette de cochon fermier aux échalotes à la fricassée de légumes

Schweineschulter mit Schalotten und Gemüse-Frikassee

Zutaten für 4 Personen

Schweineschulter
1 Schweineschulter (Gewicht: 1 kg brutto)
Salz und Pfeffer
100 ml Erdnussöl
200 g Schalotten, in runde Scheiben geschnitten
2 Knollen Knoblauch, quer halbiert
10 g Thymian
2 g Rosmarin
200 ml Weißwein
500 ml Schweinejus (siehe S. 283)
1 Kräuterbündel (Lorbeer, Thymian und Petersilie)
15 g Tomatenmark

Fertigstellung
Schalotten-Confit (12 ganze Schalotten), (siehe S. 91)

Gemüse-Frikassee
100 g Karotten
100 g weiße Rübchen
100 g Zucchini
100 g Knollensellerie
80 g Artischocken, die Blattenden gestutzt zurückgeschnitten, das Heu entfernt, geschmort
12 in Butter gebratene junge Zwiebeln
60 g junge, feine Erbsen, in Wasser gegart
8 kleine Schmelzkartoffeln
Salz und Pfeffer
Butter

Schweineschulter

Das Fett von der Schweineschulter abschneiden und den Schaufelknochen entfernen. Die Schulter mit Salz und Pfeffer würzen, in dem Erdnussöl bei starker Hitze von allen Seiten anbraten und anschließend auf ein Gitter legen. Schalotten, Knoblauch und Kräuter in einem Schmortopf aus Gusseisen anschwitzen und mit dem Weißwein ablöschen. Auf die Hälfte einkochen, anschließend den Schweinejus, das Kräuterbündel und schließlich das Tomatenmark dazugeben. Erhitzen, 10 Minuten köcheln lassen, anschließend abkühlen lassen.
Die Schulter mit dem Schmorfond in einen luftdicht verschließbaren Garbeutel geben. Verschließen und 4 Stunden im Dampfgarer bei 80 °C garen. Den Beutel öffnen. Die Schulter herausnehmen und auf ein Bratenblech legen. Den Schmorfond durch ein Sieb passieren und die Schweineschulter mit 200 ml Schmorfond im heißen Ofen glacieren, bis sich eine schöne, glänzende und glatte Kruste bildet.

Fertigstellung

Das Gemüse-Fricassée und das Schalotten-Confit um die Schweineschulter herum anrichten. Den Jus nochmals abschmecken und getrennt in einer Sauciere dazu reichen.

Gemüse-Frikassee

Mit einem gewellten, olivenförmigen Kugelausstecher Karotten, Rübchen, Zucchini und Sellerie ausstechen. Das Gemüse getrennt gar dämpfen.
Das übrige Gemüse der Reihe nach hinzufügen und kurz erhitzen. Das Frikassee um die Schweineschulter herum anrichten. Salzen, pfeffern und ein paar Butterflocken darauf geben.

Pieds de cochon fermier aux truffes noires et pommes de terre de Noirmoutier en cocotte lutée

Glasierte Schweinsfüße mit schwarzen Trüffeln und Noirmoutier-Kartoffeln

Zutaten für 4 Personen

Schweinsfuß-Farce
80 g Zwiebeln, in Würfel geschnitten (Mirepoix)
60 g Karotten, in Würfel geschnitten (Mirepoix)
40 g Knollensellerie, in Würfel geschnitten (Mirepoix)
1 Knolle Knoblauch
10 g Thymian
Olivenöl
300 ml weißer Portwein
150 ml Madeira
2 l heller Kalbsfond
8 helle Schweinsfüße, abgeflammt und sorgfältig abgeschabt
50 g schwarze Trüffeln, in Würfel geschnitten und kurz in Butter geschwenkt
80 g Kalbsbries, in Würfel geschnitten und kurz in Butter geschwenkt
40 g fein geschnittene Zwiebeln, in Butter angeschwitzt

Fertigstellung
120 g feines Schweinenetz
60 ml alter Madeira
50 ml Portwein
12 kleine Kartoffeln (vorzugsweise Noirmoutier), bereits in Butter gegart
8 g gebratene junge Zwiebeln
40 g Trüffeln, in Würfel geschnitten und in Butter geschwenkt
Kittteig (siehe S. 293)

Schweinsfuß-Farce

Das Mirepoix, den Knoblauch und den Thymian in Olivenöl anschwitzen. Mit Portwein und Madeira ablöschen und einkochen, bis alle Flüssigkeit verdampft ist. Den hellen Kalbsfond dazugießen und die Schweinsfüße zugeben. 4 Stunden zugedeckt bei 110 °C im Ofen garen. Die Schweinsfüße im Garfond abkühlen lassen. Anschließend herausnehmen und behutsam entbeinen. Dabei darauf achten, dass die Haut nicht beschädigt wird. Die kleinen Knochen, den Knorpel und die Gelatine entfernen.
Die Haut, die vier Fleischlappen (pro Fuß) und die Garflüssigkeit aufbewahren. 80 g der Schweinsfußlappen in Würfel schneiden und mit den Trüffelwürfeln, dem Kalbsbries und den Zwiebeln vermischen. Die Farce in eine Schüssel geben und beiseite stellen.

Fertigstellung

Die 4 Schweinsfußhäute auf 4 Bögen Frischhaltefolie legen. Je etwa 80 g Farce darauf geben. Mit Hilfe der Folie vier gleichmäßige Klöße daraus formen und kalt stellen. Die Folie entfernen und die Klöße in das Schweinenetz einschlagen. Auf ein Bratenblech legen. 200 ml der Garflüssigkeit, den alten Madeira bis auf einen Esslöffel und den Portwein dazugießen. Etwa 25 Minuten unter häufigem Begießen im Ofen bei 160 °C glasieren.
Die Klöße in einen Schmortopf legen, die in Butter gegarten Kartoffeln, die gebratenen jungen Zwiebeln und die in Butter geschwenkten Trüffelwürfel hinzufügen. 100 ml Garflüssigkeit und den übrigen alten Madeira dazugießen.
Den Schmortopf mit dem Deckel verschließen und mit Kittteig abdichten. Die Schweinsfußklöße weitere 5 Minuten im auf 230 °C vorgeheizten Ofen garen. Die Schweinsfüße mit Kartoffeln, Zwiebeln und Trüffelwürfeln anrichten, den Schmorfond in einer Sauciere separat dazu servieren.

Rognons de veau à la broche aux légumes grillés et pommes nouvelles, sauce vin rouge

Kalbsnieren am Spieß mit gegrilltem Gemüse und neuen Kartoffeln, Rotweinsauce

Zutaten für 4 Personen

Nieren am Spieß
2 Kalbsnieren (Gewicht: je 400 g), das Fett weggeschnitten (auf jeder Seite eine 5 mm dicke Schicht Fett lassen)
15 g Schalotten, fein geschnitten
1 g zerstoßener bunter Pfeffer
1 TL Knoblauchöl
40 ml Olivenöl
1 g Thymian
1 g Rosmarin, gehackt
Salz und Pfeffer

Garnitur
400 g kleine neue Kartoffeln (vorzugsweise Ratte oder Charlotte)
8 Zehen Knoblauch, ungeschält
150 ml Olivenöl
5 g Thymian
12 kleine, junge Zwiebeln
12 Tomatenstücke, abgezogen und entkernt
Salz und Pfeffer
Rotweinsauce (siehe S. 289)

Nieren am Spieß

Die Nieren mit allen weiteren Zutaten über Nacht im Kühlschrank marinieren lassen. In den Grillkorb des Spießes legen und 25 Minuten im vorgeheizten Grill braten. Die Kerntemperatur muss 50 °C betragen. Mit Grillgemüse, Rotweinsauce und kleinen Kartoffeln, die man in der Zwischenzeit gart, servieren.

Garnitur

Inzwischen die kleinen neuen Kartoffeln sorgfältig waschen, trockentupfen und zusammen mit dem Knoblauch, dem Öl und den übrigen Zutaten – bis auf die Rotweinsauce – in eine Fettpfanne geben. Unter die sich am Spieß drehenden Nieren stellen und die Zutaten regelmäßig wenden.

Sauté de rognons de veau aux asperges vertes et morilles à la crème

Gebratene Kalbsnieren mit grünem Spargel und Morchelrahmsauce

Zutaten für 4 Personen

Gebratene Nieren
2 helle, kleine Kalbsnieren (Gewicht: je 350 g netto), sorgfältig von Bindegewebe und Fett befreit
Salz und Pfeffer
40 ml Erdnussöl
50 g Butter

Morchelrahmsauce
250 g kleine Morcheln
40 g geklärte Butter
70 g frische Butter
60 g Schalotten, fein geschnitten
1 Messerspitze zerdrückter Knoblauch
500 ml Portwein
50 g Madeira
400 ml Rahm
Zitronensaft
Salz und Pfeffer

Fertigstellung
200 g grüne Spargelspitzen, je etwa 5 cm lang
10 g Butter
Kerbelzweiglein

Gebratene Nieren

Die feine Außenhaut der Nieren mit den Fingern abziehen und die kleinen Lappen entfernen. Die Nieren mit Salz und Pfeffer würzen und in dem Erdnussöl bei starker Hitze bräunen. Die Butter in kleinen Würfeln hinzufügen und die Nieren weitere 30 Sekunden in der aufschäumenden Butter garen. Darauf achten, dass sie innen noch rosa sind. Herausnehmen und abtropfen lassen.

Morchelrahmsauce

Die Morcheln mit einer kleinen Bürste trocken abbürsten, anschließend unter fließend kaltem Wasser abspülen und trockentupfen. Die geklärte Butter in einem Sautoir aus Kupfer erhitzen und die Morcheln darin bei starker Hitze anbraten. Sobald sie Flüssigkeit abgeben, herausnehmen und abtropfen lassen.
40 g frische Butter in demselben Sautoir zerlassen und die Schalotten und die Messerspitze Knoblauch darin andünsten. Die Morcheln hinzufügen und mit dem Portwein und dem Madeira ablöschen. Einkochen, bis alle Flüssigkeit verdampft ist.
Den Rahm und einen Spritzer Zitronensaft in den Saucenansatz gießen und die Sauce unter häufigem Schwenken etwa 7 Minuten kochen.
Die Morchelrahmsauce zum Schluss mit der übrigen Butter aufmontieren und mit Salz und Pfeffer, etwas Madeira und eventuell mit etwas Zitronensaft abschmecken. Die Sauce soll sämig, aber nicht zu dick sein.

Fertigstellung

Die Spargelspitzen etwa 5 Minuten in kochendem Wasser garen und anschließend kurz in Butter schwenken. Die Nieren kurz in der Morchelrahmsauce erhitzen.
Dieses Fricassée in der Mitte der Teller anrichten und die Spargelspitzen darauf gleich einer Pyramide anrichten. Die übrige Sauce darum herum gießen und mit Kerbelzweiglein dekorieren.

Blanquette de noix de ris de veau aux légumes printaniers

Kalbsbriesblankett mit Frühlingsgemüse

Zutaten für 4 Personen

Kalbsbries
4 schöne ganze Kalbsbriesnüsschen (Gewicht: je 180 g), pariert, das Bindegewebe entfernt
200 ml heller Kalbsfond
Saft von 1 Zitrone
1 kleines Kräuterbündel
Salz und Pfeffer

Sauce
10 g Butter
10 g Mehl
200 ml Garflüssigkeit
100 g Rahm
Saft von 1 Zitrone

Frühlingsgemüse
50 g Bundkarotten
40 g Selleriestücke, tourniert
50 g weiße Rübchen (mit Kraut)
50 g kleine weiße Champignonköpfe
Zitronensaft
Salz und Pfeffer
50 g grüne Spargelspitzen

Fertigstellung
12 Kerbelzweiglein

Kalbsbries

Die Kalbsbriesstücke 2 Minuten blanchieren, anschließend in eiskaltem Wasser auskühlen lassen. Zusammen mit dem Kalbsfond, dem Zitronensaft, dem Kräuterbündel, Salz und Pfeffer in einen luftdicht verschließbaren, kochfesten Beutel geben. Den Beutel verschließen und alles 30 Minuten im Dampfgarer bei 80 °C garen.
Die fertig gegarten Kalbsbriesstücke abtropfen lassen. Den Garfond durch ein Haarsieb passieren und aufbewahren.

Sauce

Aus der Butter und dem Mehl eine helle Mehlschwitze herstellen. 200 ml Garflüssigkeit unter Rühren dazugießen und zum Kochen bringen. 5 Minuten köcheln lassen, dann den Rahm unterrühren. Die Sauce mit Salz und Pfeffer abschmecken, durch ein Haarsieb passieren und den Zitronensaft unterrühren.

Frühlingsgemüse

Die kleinen Karotten, die tournierten Selleriestücke und die weißen Rübchen dünsten. Die Champignons mit etwas Zitronensaft in einen flachen Topf geben, mit Salz und Pfeffer würzen, etwas Wasser dazugießen und die Pilze etwa 3 Minuten stark kochen. Die Spargelspitzen in Wasser garen. Das Gemüse beiseite stellen.

Fertigstellung

Die Kalbsbriesnüsschen in der Sauce erhitzen. In die Tellermitte geben und die Gemüse darum herum anrichten. Mit Kerbelzweiglein dekorieren.

Pommes de terre sarladaises

Bratkartoffeln

Zutaten für 4 Personen

400 g Kartoffeln (vorzugsweise Agria; Durchmesser: etwa 4 cm), geschält
300 g geklärte Butter
50 ml Erdnussöl
30 g frische Butter
100 g Zwiebeln, fein geschnitten
5 g Petersilie, grob gehackt
100 g schwarze Trüffeln, in kleine Würfel geschnitten

Die Kartoffeln in etwa 3 mm dicke Scheiben schneiden, gründlich waschen und in einem Küchentuch trockentupfen.
Die Kartoffelscheiben in der geklärten Butter in einer Pfanne anbraten, dabei häufig wenden, damit sie nicht zusammenkleben. Herausnehmen und in einem Sieb abtropfen lassen.
Das Öl in einer Pfanne erhitzen und die Kartoffeln darin rasch bräunen. Herausnehmen und erneut abtropfen lassen. 20 g frische Butter in der gleichen Pfanne zerlassen und die fein geschnittenen Zwiebeln darin anschwitzen. Die Kartoffelscheiben auf einmal dazugeben und behutsam unter die Zwiebeln mischen. Zum Schluss die grob gehackte Petersilie untermengen. Inzwischen die Trüffelwürfel in der übrigen aufschäumenden Butter schwenken. Die Trüffelwürfel schließlich behutsam unter die Bratkartoffeln mischen.

Noix de ris de veau dorées à la broche

Goldbraun gebackene Kalbsbriesnüsschen am Spieß

Zutaten für 4 Personen

4 schöne Kalbsbriesnüsschen (Gewicht: je 190 g), sorgfältig pariert, das Bindegewebe entfernt

Marinade
120 ml Olivenöl
16 g Niora (oder edelsüßes Paprikapulver)
8 g gestoßener bunter Pfeffer
16 g Salz
8 g glatte Petersilie, gehackt
8 g Knoblauch, zerdrückt
6 g gerebelter Thymian
40 ml Zitronensaft

Alle Zutaten für die Marinade der Reihe nach miteinander vermischen. Die Kalbsbriesnüsschen in kaltem Wasser aufstellen und innerhalb von 7 Minuten zum Kochen bringen und blanchieren. Anschließend in eiskaltem Wasser auskühlen lassen. Vier Stunden vor dem Garen die Kalbsbriesnüsschen aufspießen und die Marinade darüber gießen. Den Großteil der Marinade in einer Fettpfanne auffangen und die Nüsschen damit regelmäßig begießen.
Den Grill vorheizen und die Kalbsbriesnüsschen 25 Minuten am Spieß braten. Die Kerntemperatur muss 65 °C betragen. Mit Kartoffelpüree und gegrilltem Gemüse servieren.

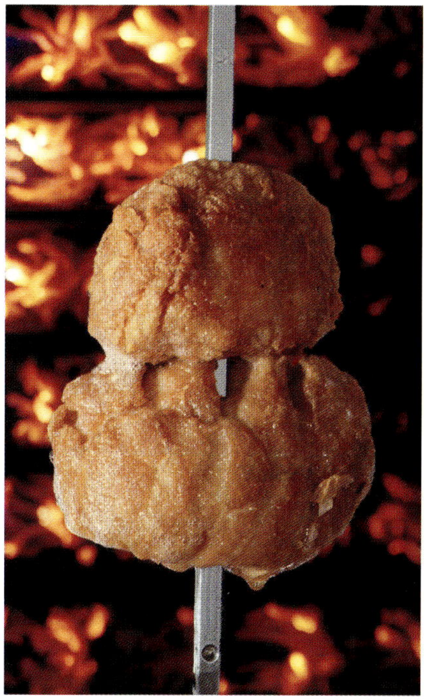

Noix de ris de veau contisées aux truffes noires, pommes de terre sarladaises, sauce périgourdine

Kalbsbriesnüsschen mit schwarzen Trüffeln, Bratkartoffeln, Trüffelsauce

Zutaten für 4 Personen

4 schöne Kalbsbriesnüsschen (Gewicht: je 190 g), sorgfältig pariert, das Bindegewebe entfernt
60 g Trüffeln
30 g geklärte Butter
80 g frische Butter
5 g Thymian
3 ungeschälte Knoblauchzehen
Bratkartoffeln (siehe S. 186)
Trüffelsauce (siehe S. 285)

Die Kalbsbriesnüsschen 4 Minuten in Wasser blanchieren, anschließend in eiskaltem Wasser auskühlen lassen. Beiseite stellen.
Die Trüffeln in etwa 30 dünne Scheiben schneiden und die Nüsschen damit spicken. Dazu mit einer scharfen, spitzen Messerklinge in das Fleisch der Kalbsbriesstücke stechen und die Trüffelscheiben hineinstecken. Pro Nüsschen etwa acht Trüffelscheiben rechnen. Die geklärte Butter in einem Sautoir aus Kupfer stark erhitzen und die Kalbsbriesnüsschen darin bei starker Hitze bräunen. Sobald sie von allen Seiten gut Farbe angenommen haben, die frische Butter, den Thymian und den ungeschälten Knoblauch zugeben. Weitere 8–9 Minuten unter häufigem Begießen garen. Die Kerntemperatur muss 65 °C betragen. 10 Minuten ruhen lassen, dann die Nüsschen mit Bratkartoffeln und Trüffelsauce servieren.

Wild und Wildgeflügel

Carré chamois rôti au thym et à la sarriette, chartreuse de chou vert aux chanterelles, sauce poivrade

Gebratenes Gems-Carré mit Thymian und Bohnenkraut, Chartreuse von Grünkohl mit Eierschwämmen, Pfeffersauce

Zutaten für 4 Personen

4 Gems-Carrés (Gewicht: je 200 g)
100 ml Erdnussöl
100 g ungeschälter Knoblauch
30 g zerstoßener bunter Pfeffer
10 g Thymianzweige
2 Lorbeerblätter
8 g Salz mit Gewürzmischung
3 g Wacholderbeeren
10 g Bohnenkraut
100 g Butter, in Würfel geschnitten
Pfeffersauce (siehe S. 288)
8 Chartreusen von Grünkohl mit Eierschwämmen (siehe S. 90)
40 g Preiselbeeren, in Sirup eingelegt
180 g kleine, in der Pfanne geschwenkte Eierschwämme (Pfifferlinge)
80 g kleine Zwiebeln
8 Botzi-Birnen, in Rotwein glasiert

Die Gems-Carrés erst unmittelbar vor dem Braten mit Salz und Pfeffer würzen. In Öl braten, dabei von beiden Seiten Farbe annehmen lassen. Das Garen im vorgeheizten Ofen fortsetzen. Dazu den Knoblauch, die Gewürze und die Kräuter in einen Bräter geben, die Carrés darauf setzen und die Butterwürfel auf dem Fleisch verteilen. Die Gems-Carrés 7–9 Minuten bei 230 °C unter häufigem Begießen braten. Die Kerntemperatur muss 40 °C betragen. Das Fleisch, falls nötig, erneut mit Salz und Pfeffer abschmecken und 10 Minuten ruhen lassen. Mit der Pfeffersauce und den Garnituren servieren.

Noix de gigue de chevreuil aux mignonnettes quatre baies, chou rouge et châtaignes, crème de Sauternes

Nuss aus der Rehkeule mit gestoßenem bunten Pfeffer, Rotkohl und Maronen, Sauternes-Rahmsauce

Zutaten für 4 Personen

3 Nüsse aus der Rehkeule (Gewicht: je 300 g), sorgfältig pariert
Gewürzsalz
100 ml Erdnussöl
100 g Butter
100 g Zwiebeln, in Ringe geschnitten
80 g ungeschälter Knoblauch, zerdrückt
5 g zerstoßener bunter Pfeffer
10 g Thymianzweiglein
2 Lorbeerblätter
Fleur de sel (feinstes Meersalz)
4 g Wacholderbeeren, zerdrückt
8 Timbalen Rotkohl mit Maronen (siehe S. 81)
8 Maronen, in Jus gegart und glasiert
100 g kleine Grelot-Zwiebeln, in Butter angebraten
40 g Preiselbeeren, in Läuterzucker
250 g goldgelb gebratene Spätzli
Sauternes-Sauce (siehe S. 288)

Die Rehnüsse mit dem Gewürzsalz würzen und sofort bei starker Hitze in dem Öl bräunen. Die Butter, die Zwiebeln, den Knoblauch, die Gewürze und die Kräuter zugeben und das Fleisch im vorgeheizten Ofen bei 230 °C unter häufigem Begießen weitere 8–10 Minuten braten. Die Kerntemperatur muss 40 °C betragen. Das Fleisch 10 Minuten ruhen lassen. Die verschiedenen Garnituren und die Sauternes-Rahmsauce entsprechend glasieren, kurz braten oder erhitzen. Das Wild zusammen mit der Sauternes-Rahmsauce und den verschiedenen Garnituren servieren.

Lièvre à la royale

Hase à la royale

Zutaten für 10 Personen

Hase à la royale
30 Hasenvorderläufe
Wacholder, Gewürzsalz, Thymian, Lorbeer
15 große Stücke Schweinenetz
15 dünne Scheiben fetter Speck
100 ml Erdnussöl
5 l sehr tanninreicher Rotwein, auf etwa 2,5 l reduziert

Mirepoix und Gewürze
300 g große Zwiebeln, in Würfel geschnitten (Mirepoix)
200 g Karotten, in Würfel geschnitten (Mirepoix)
100 g ungeschälter Knoblauch, halbiert
180 g graue Schalotten, in Ringe geschnitten
10 g Thymianzweiglein
3 Gewürznelken
10 g gestoßener Pfeffer
5 g Wacholderbeeren, zerdrückt
30 g Gewürzsalz
15 g Zucker
10 g grobkörniges graues Meersalz
100 ml Cognac
1 l Geflügelbrühe

Fertigstellung
2 g gestoßener Pfeffer
40 g Petersilie
6 g gehackter Knoblauch
10 ml Crème de Cassis
50 ml Blut, mit 40 ml Rahm verlängert
50 g gegarte Stopfleber, durch ein Sieb gestrichen
40 g Butter

Hase à la royale

Die Hasenvorderläufe mit dem Wacholder, dem Gewürzsalz, dem Thymian und dem Lorbeer würzen. Je zwei Vorderläufe in ein Stück Schweinenetz einschlagen und mit zwei dünnen Scheiben fettem Speck belegen. Das Mirepoix, den Knoblauch, die Schalotten, die Kräuter und die Gewürze in dem Erdnussöl in einem Bräter anschwitzen und mit dem Cognac ablöschen. Die Geflügelbrühe angießen. Die vorbereiteten Vorderläufe dicht aneinander hineinlegen und die Rotweinreduktion dazugießen. Das Fleisch muss vollständig mit Flüssigkeit bedeckt sein. Falls nötig, etwas Wasser dazugießen. Zum Kochen bringen und abschmecken. Eventuell etwas Gewürzsalz hinzufügen. Das Fleisch zugedeckt etwa 6 Stunden im vorgeheizten Ofen bei 120 °C schmoren.

Fertigstellung

Die Vorderläufe entbeinen, dabei darauf achten, dass die Schulterstücke ganz bleiben. Den Schmorfond durch ein Sieb gießen und auffangen (etwa 800 ml). Erneut zum Kochen bringen, mit dem Pfeffer, der Petersilie und dem Knoblauch würzen und etwa 10 Minuten köcheln lassen. Den Crème de Cassis, das mit dem Rahm verlängerte Blut, die Stopfleber und die Butter zugeben.
20 Minuten köcheln, dabei den Topf häufig schwenken. Durch ein Sieb gießen und abschmecken. Die geschmorten Vorderläufe anrichten und mit der reduzierten Sauce begießen.

Civet de lièvre aux petits oignons et lardons, pâtes fraîches

Hasenpfeffer mit kleinen Zwiebeln und Speckstreifen, frische Pasta

Zutaten für 4 Personen

Hasenpfeffer
4 l Rotwein
1 Hase (Gewicht: 3 kg), abgezogen und ausgenommen, in 12 Stücke geteilt
Salz und Pfeffer
40 ml Erdnussöl
100 g Karotten, in Würfel geschnitten (Mirepoix)
200 g ganze graue Schalotten, geschält
100 g Knollensellerie, in feine Würfel geschnitten (Brunoise)
1 Knolle Knoblauch, quer halbiert
40 g Mehl
50 ml Cognac
1 l Wildfond
1 Kräuterbündel (Lorbeer, Petersilie und Thymian)
2 g Wacholder
5 g zerstoßener weißer Pfeffer

Fertigstellung
80 ml frisches Blut
60 g Rahm
1 TL Crème de Cassis
1 TL Cognac
30 g Stopfleber, püriert und gegart
12 kleine Zwiebeln (vorzugsweise Grelot)
100 g Speckstreifen, gebraten
100 g kleine weiße Champignons, gebraten
4 Brotcroûtons, in geklärter Butter gebraten

Hasenpfeffer

Den Wein auf die Hälfte einkochen und flambieren. Die Hasenstücke salzen, pfeffern und in einem Schmortopf in dem Öl bei starker Hitze anbraten.
Die Karotten, die Schalotten, den Sellerie und den Knoblauch zugeben und bräunen. Anschließend mit dem Mehl bestäuben, mit dem Cognac ablöschen und flambieren. Die Weinreduktion und den Wildfond dazugießen. Das Kräuterbündel, den Wacholder und den zerstoßenen Pfeffer in ein Stück Musselintuch geben und dieses zu einem Gewürzsäckchen zusammenbinden. In den Fond geben. Den Hasenpfeffer zugedeckt 2 Stunden und 30 Minuten im vorgeheizten Ofen bei 100 °C schmoren. Den Gargrad prüfen und das Fleisch von den Knochen lösen. In einen weiteren Schmortopf geben.

Fertigstellung

Die Sauce durch ein Sieb passieren und mit dem Blut und dem Rahm binden. Den Crème de Cassis, den Cognac und die Stopfleber hinzufügen. 5 Minuten kochen, dann durch ein Haarsieb passieren und abschmecken. Die Sauce über die Hasenstücke gießen und weitere 5 Minuten köcheln lassen.
Die Fleischstücke jeweils in der Tellermitte anrichten. Die kleinen Zwiebeln, die gebratenen Speckstreifen, Champignons und Croûtons darüber verteilen. Mit Sauce begießen und mit frischer Pasta servieren.

Côtelettes de bête rousse à la graine de moutarde, purée de coings et salsifis au jus

Frischlingskoteletts mit grobkörnigem Senf, Quittenpüree und Schwarzwurzeln in Jus

Zutaten für 4 Personen

Frischlingskoteletts mit grobkörnigem Senf
30 ml Erdnussöl
12 Frischlingskoteletts (von einem jungen, weniger als 1 Jahr alten Wildschwein), pariert, das Fett abgeschnitten
Salz und Pfeffer
40 g Schalotten, in Scheiben geschnitten
2 g Thymian
2 Knoblauchzehen, zerdrückt
40 g Butter, in Würfel geschnitten
15 g scharfer Dijonsenf
15 g grobkörniger Senf (Moutarde de Meaux)

Quittenpüree
1,5 l Wasser
650 g Zucker
100 ml Zitronensaft
1 Messerspitze Ascorbinsäure
1,6 kg Quitten, ungeschält in grobe Stücke geschnitten
110 g Butter
30 ml Apfel-Honig-Essig
Salz und Pfeffer

Anrichten
Schwarzwurzeln in Jus (siehe S. 93)
Schweinejus (siehe S. 283)

Frischlingskoteletts mit grobkörnigem Senf

Das Öl in einer großen Pfanne erhitzen. Die Koteletts hineinlegen und mit Salz und Pfeffer würzen. Von beiden Seiten bräunen, die Schalotten, den Thymian und den zerdrückten Knoblauch sowie schließlich die in Würfel geschnittene Butter hinzufügen. Die Koteletts während des Bratens öfter begießen.
Pro Kotelettseite etwa 3 Minuten Garzeit rechnen. Nach etwa drei Viertel der Garzeit das Fleisch mit Hilfe eines Pinsels mit den beiden vermischten Senfsorten bestreichen. Die Koteletts aus der Pfanne nehmen, wenn sie rosa gebraten sind und die Kerntemperatur 40 °C beträgt. 5 Minuten ruhen lassen, dann servieren.

Quittenpüree

Aus Wasser, Zucker, Zitronensaft und Ascorbinsäure einen Läuterzucker herstellen. Die Quittenstücke 30 Minuten darin kochen. Abtropfen lassen, das Fruchtfleisch durch eine Gemüsepresse passieren und anschließend durch ein feines Sieb streichen.
Das Püree unter ständigem Rühren zum Kochen bringen und anschließend mit der Butter aufmontieren. Zum Schluss den Essig dazugießen und das Quittenpüree abschmecken. Vor dem Servieren kräftig aufschlagen.

Anrichten

Die Koteletts mit den Schwarzwurzeln in Jus und dem Quittenpüree anrichten und den Jus separat in einer Sauciere dazu reichen.

Bécasse dorée à la broche, pain de campagne aux sucs de cuisson, pommes allumettes

Goldbraun gebratene Schnepfe am Spieß, Landbrot mit Bratensatz, Streichholzkartoffeln

Zutaten für 4 Personen

2 schöne Schnepfen (je etwa 300 g), gut abgehangen, gerupft, ausgenommen und mit Speckstreifen belegt
2 EL Stopfleber
4 Wacholderbeeren
Fleur de sel (feinstes Meersalz) und Pfeffer aus der Mühle
50 g geklärte Butter
50 g Stopfleberfett
1 Thymianbündel, an einem Holzstiel befestigt (zum Bestreichen der Vögel)
8 Scheiben Landbrot

Die Bauchhöhlen der Schnepfen mit je einem Esslöffel Stopfleber und zwei Wacholderbeeren, etwas Fleur de sel und Pfeffer aus der Mühle füllen und die Vögel anschließend mit Küchengarn binden. Den Grill 15 Minuten vor dem Braten der Schnepfen vorheizen. Die Vögel aufspießen und den Spieß ganz nah an der Hitzequelle drehen lassen. Die Haut dabei häufig mit Hilfe des Thymianbündels mit geklärter Butter und Stopfleberfett, beides zuvor miteinander vermischt, bestreichen. Nach der Hälfte der Garzeit die Brotscheiben in die Fettpfanne legen und darauf achten, dass der herabtropfende Bratensaft von dem röstenden Brot aufgesogen wird. Das Brot darf dabei jedoch nicht zu feucht werden. Die Schnepfen 8–12 Minuten grillen. Auf den gerösteten Brotscheiben anrichten und mit Streichholzkartoffeln servieren. Den Bratensaft separat in einer Sauciere dazu reichen.

Grive musicienne dorée au thym et myrtilles sauvages

Goldbraun gebratene Singdrossel mit Thymian und Wildheidelbeeren

Zutaten für 4 Personen

12 Singdrosseln, gerupft und ausgenommen
12 Wacholderbeeren
12 Thymianzweige
Wildheidelbeeren
50 g geklärte Butter
6 ungeschälte Knoblauchzehen
10 g Thymian
1 kleines Lorbeerblatt
1 TL gestoßener Pfeffer
150 g frische Butter, in kleine Würfel geschnitten
200 ml Hähnchenjus

Jede Singdrossel mit einer Wacholderbeere, einem Thymianzweig und zehn Wildheidelbeeren füllen und anschließend mit Küchengarn binden. Die Vögel seitlich mit den Keulen nach unten in der geklärten Butter bei starker Hitze je 20 Sekunden anbraten. Den Knoblauch, die Kräuter und die Gewürze mitsamt der in kleine Würfel geschnittenen Butter zugeben und die Vögel während des Bratens häufig begießen. Die Gesamtgarzeit beträgt etwa 6 Minuten. Die Brüste müssen noch rosa sein. 3 Minuten ruhen lassen und anschließend anrichten. Das Fett aus dem Sautoir abgießen und den Bratensatz mit dem Hähnchenjus ablöschen. Den Bratensatz gründlich lösen und die Sauce etwa 3 Minuten kochen. Durch ein Haarsieb passieren und abschmecken. Die Sauce separat zu den Vögeln reichen.

Perdreaux de Pologne

Polnisches Rebhuhn

Zutaten für 4 Personen

4 polnische Rebhühner (Gewicht: je 400 g netto oder 500 g mit Gefieder), ausgenommen
80 g ungeschälter Knoblauch, längs halbiert
10 g Thymianzweiglein
frischer Speck zum Bardieren
Salz und Pfeffer
100 g geklärte Butter
100 g Zwiebeln, in Ringe geschnitten
10 g kleine Rosmarinzweiglein
2 Lorbeerblätter
4 g Wacholderbeeren
60 g frische Butter
Salmis-Sauce (siehe S. 285)
8 schöne gegarte Maronen, in Jus gekocht und glasiert
8 Chartreusen von Grünkohl mit Eierschwämmen (siehe S. 90)
8 weiße Muskattrauben, geschält und entkernt, mit Maronenbruch gefüllt und mit Mandelblättern paniert
40 g Preiselbeeren, in Zuckersirup eingelegt
80 g kleine Grelot-Zwiebeln, in Butter gebraten

Die Bauchhöhlen der Rebhühner mit je einer halben Knoblauchzehe und drei Thymianzweiglein füllen und die Vögel mit einer dünnen, sich überlappenden Schicht aus feinen Speckstreifen belegen (bardieren). Anschließend mit Küchengarn binden. Die Rebhühner unmittelbar vor dem Braten mit Salz und Pfeffer würzen und die Seiten mit den Keulen bei starker Hitze in der geklärten Butter bräunen. Die Zwiebeln, die Kräuter, die Gewürze und den übrigen Knoblauch unter den Rebhühnern verteilen und diese auf den Rücken legen. Die frische Butter würfeln und über den Vögeln verteilen. Die Rebhühner etwa 12 Minuten im vorgeheizten Ofen bei etwa 220 °C unter häufigem Begießen braten. Aus dem Ofen nehmen und falls nötig abschmecken. 5 Minuten ruhen lassen. Die Rebhühner mit der Salmis-Sauce und den verschiedenen Garnituren servieren.

Poule faisane à l'étuvée de chou vert au foie gras de canard à l'échalote

Fasan mit gedünstetem Grünkohl, Entenstopfleber mit Schalotten

Zutaten für 4 Personen

Fasanen
2 Fasanen (Gewicht: je 1,2 kg), ausgenommen, mit dünnen Speckscheiben belegt und mit Küchengarn gebunden
Fleur de sel (feinstes Meersalz)
Pfeffer aus der Mühle
2 g Thymian
5 Wacholderbeeren
2 Knoblauchzehen
Erdnussöl
140 g frische Butter, in Würfel geschnitten

Gedünsteter Grünkohl
120 g Butter
100 g Karotten, in grobe Stücke geschnitten
80 g neue Zwiebeln, fein geschnitten
80 g geräucherte Schweinebrust, in dünne Streifen geschnitten
400 g Grünkohlblätter, in Dreiecke (Seitenlänge: 3 cm) geschnitten und stark blanchiert
Salz und Pfeffer

Fertigstellung
gebratene Entenstopfleber mit Schalotten
Salmis-Sauce (siehe S. 285)

Fasanen

Die Bauchhöhlen der Fasanen mit Salz und Pfeffer würzen und mit dem Thymian, den Wacholderbeeren und dem Knoblauch füllen. Die Fasanen mit den Keulen nach unten in einen Bräter legen und bei starker Hitze in etwas Erdnussöl jeweils auf beiden Seiten anbraten.
Die Fasanen auf den Rücken legen, die Butterwürfel darüber streuen. Den Bräter in den vorgeheizten Ofen schieben und die Vögel unter häufigem Begießen etwa 20 Minuten bei 200 °C braten.
Am Schluss muss die Temperatur unter der Fettschicht der Fasanenbrüste 50 °C betragen.

Gedünsteter Grünkohl

50 g Butter in einem Sautoir aus Kupfer zerlassen und nacheinander die Karotten, die fein geschnittenen Zwiebeln, die dünnen Speckstreifen und schließlich den bereits blanchierten Grünkohl dazugeben. Weitere 5 Minuten garen und das Gemüse schließlich mit der übrigen Butter (70 g), die in kleinen Stücken untergemischt wird, binden. Mit Salz und Pfeffer abschmecken.

Fertigstellung

Die Fasanen auf dem Grünkohl anrichten und die Entenstopfleber daneben legen. Die Salmis-Sauce separat in einer Sauciere dazu reichen.

Foie gras de canard poêlé à l'échalote

Gebratene Entenstopfleber mit Schalotten

Zutaten für 4 Personen
1 Stück Entenstopfleber (Gewicht: etwa 250 g), pariert und von Bindegewebe befreit
Salz, Pfeffer, Mehl
10 ml Erdnussöl
20 g Butter
20 g fein geschnittene Schalotte
100 ml weißer Portwein
Vino-Santo-Essig

Das Stück Entenstopfleber für mindestens 1 Stunde kalt stellen. Salzen, pfeffern und mit Mehl bestäuben. Das Öl in einer Pfanne erhitzen. Die Stopfleber darin auf beiden Seiten bräunen, dann im vorgeheizten Ofen bei 110 °C in etwa 15 Minuten unter häufigem Begießen fertig garen. Die Kerntemperatur muss 45 °C betragen. Aus dem Ofen nehmen und beiseite stellen.
Das Fett aus der Pfanne abgießen. Die Butter in der Pfanne zerlassen und die Schalotte etwa 15 Minuten darin dünsten, dann mit dem Portwein und einem Spritzer Vino-Santo-Essig ablöschen. Die Flüssigkeit um ein Drittel einkochen. Die Stopfleber mit dem während des Ruhens ausgetretenen Jus dazugeben. Die Entenstopfleber etwa 3 Minuten unter häufigem Begießen in der Pfanne glasieren.

Palombe à la goutte de sang

Ringeltaube mit Blutstropfen

Zutaten für 4 Personen

50 ml Erdnussöl
4 Ringeltauben (Gewicht: je 300 g), gerupft, ausgenommen, mit fettem Speck sehr dünn bardiert und bridiert
50 g Zwiebeln, in Würfel geschnitten (Mirepoix)
50 g ungeschälter Knoblauch
10 g Thymian
10 g Rosmarin
1 kleines Lorbeerblatt
4 g Wacholderbeeren
100 g Butter, in kleine Würfel geschnitten
1 Gläschen Cognac
100 ml trockener Weißwein
200 ml Hühnerjus (siehe S. 283)
15 g frische Butter
Salz und Pfeffer

Das Öl in einem Sautoir aus Kupfer erhitzen. Die Ringeltauben mit den Keulen nach unten darin auf beiden Seiten bräunen. Anschließend das Mirepoix, den Knoblauch, die Kräuter und die Gewürze dazugeben.
Die Vögel auf den Rücken legen und die in kleine Würfel geschnittene Butter darüber geben.
Den Sautoir in den vorgeheizten Ofen stellen und die Ringeltauben bei 200 °C etwa 11 Minuten unter häufigem Begießen braten. Dabei darauf achten, dass die Butter nicht zu heiß wird und verbrennt. Die Kerntemperatur unter der Fettschicht über dem Brustfleisch muss 40 °C betragen. Die Vögel 5 Minuten ruhen lassen und anschließend servieren.
Inzwischen den Bratensatz mit Cognac ablöschen und flambieren. Den Weißwein dazugießen und vollständig einkochen, anschließend mit dem Hühnerjus auffüllen. Weitere 5 Minuten kochen lassen und durch ein Haarsieb passieren. Die Sauce mit der frischen Butter aufmontieren und mit Salz und Pfeffer abschmecken.

Canard sauvage cuit rosé aux ananas et gingimbre

Rosa gebratene Wildente mit Ananas und Ingwer

Zutaten für 4 Personen

2 junge Wildenten (Gewicht: je 800 g), gerupft, flambiert, ausgenommen und mit Küchengarn gebunden
Salz und Pfeffer
50 ml Erdnussöl

Ananas-Ingwersauce
70 g Puderzucker
100 ml Vino Santo
200 ml Ananassaft
20 g Ingwer-Brunoise
20 g Ananas-Brunoise
400 ml Entenjus (siehe S. 283)
20 g Butter
10 g sehr feine Ananas-Brunoise
10 g sehr feine Ingwer-Brunoise

Wildenten

Die Enten innen und außen mit Salz und Pfeffer würzen. Mit dem Erdnussöl auf ein Backblech geben und im vorgeheizten Ofen bei 220 °C braten. Dabei zuerst die Keulen schön bräunen und die Enten anschließend auf den Rücken legen. Die Garzeit beträgt insgesamt etwa 14 Minuten.

Ananas-Ingwersauce

Den Puderzucker ohne Zugabe von Wasser zu einem braunen Karamell kochen und mit dem Vino Santo ablöschen. Vollständig einkochen. Mit dem Ananassaft aufgießen und die Ingwer- und die Ananas-Brunoise hinzufügen. 5 Minuten kochen, anschließend den Entenjus dazugießen. Weitere 12 Minuten kochen, dann durch ein Haarsieb gießen. Die Sauce mit der Butter aufmontieren und mit Salz und Pfeffer abschmecken. Kurz vor dem Servieren die sehr feine Ananas- und Ingwer-Brunoise unterrühren.

Fertigstellung

Die Enten 5 Minuten am geöffneten Ofen ruhen lassen. Mit der Ananas-Ingwer-Sauce begießen und servieren.

Kalte und warme Desserts

Marbré de gariguettes et fraises des bois au champagne

Geschichtete Gariguette-Erdbeeren und Walderdbeeren in Champagner

Zutaten für 4 Personen

Meringues
300 g Eiweiß
300 g Zucker
180 g Kokosraspel

Erdbeer-Coulis
500 g Erdbeeren
125 g Zucker
40 ml Zitronensaft

Erdbeermasse
120 g Erdbeeren, in kleinen Würfeln (Brunoise)
1 TL Zucker
1 EL Doppelrahm
1 TL Zitronensaft
1 TL Walderdbeerlikör

Fertigstellung
125 g Walderdbeeren
100 ml Champagner
italienische Eiscreme (siehe S. 270)
Zuckerdekor (siehe Zeichnung)
glasierte Zitronenstäbchen (siehe S. 260)

Meringues

Das Eiweiß heiß aufschlagen, dabei den Zucker während des Schlagens nach und nach zugeben, bis ein sehr fester Eischnee entstanden ist. Anschließend die Kokosraspel unterheben. Die Masse in einen Spritzbeutel mit einer 1-cm-Rundtülle füllen und 1 cm dicke längliche Meringues formen. Die Meringues 40 Minuten im geöffneten Ofen bei 90 °C trocknen lassen. Auskühlen lassen und in Dosen luftdicht verschlossen aufbewahren.

Erdbeermasse

Alle Zutaten miteinander vermischen und kalt stellen.

Erdbeer-Coulis

Alle Zutaten im Mixer pürieren und durch ein feines Spitzsieb passieren. Kalt stellen.

Anrichten und Fertigstellung

Das Dessert in hohen Stielgläsern anrichten. Mit einer Schicht Walderdbeeren mit Champagner beginnen, dabei etwa 1 Esslöffel Beeren und 25 ml Champagner pro Glas verwenden. Darauf eine Lage Erdbeer-Coulis gießen. Anschließend eine Lage grob zerbrochene Meringues darüber schichten und darauf eine Schicht der Erdbeermasse löffeln.
Darauf pro Glas je drei Walderdbeeren anrichten und in die Mitte eine kleine Kugel italienische Eiscreme setzen. Mit dem Zuckerdekor (siehe Zeichnung) oder den glasierten Zitronenstäbchen (wie in der Abbildung rechts gegenüber zu sehen) garnieren.

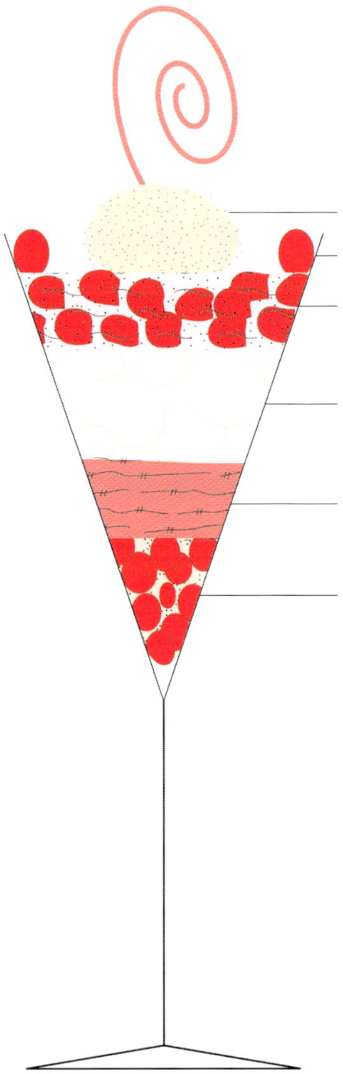

Rosace de fraises gariguettes et rhubarbe au coulis de fruits rouges, crème glacée au lait d'amandes

Erdbeerrosette mit einem Coulis aus roten Früchten, Mandeleiscreme

Zutaten für 4 Personen

Mandeleiscreme
150 ml Milch
100 g feiner Zucker
100 g Mandeln, frisch gemahlen
450 g Rahm (35% Fett)
175 ml Läuterzucker (30° Baumé; entspricht einer Lösung aus 1 Teil Zucker und 1 Teil Wasser)
Mandelextrakt

Rhabarber, in Sirup gegart
400 g Rhabarber
500 ml Wasser
300 g Zucker
2 Zimtstangen
50 ml Zitronensaft
50 ml Grenadine-Sirup

Erdbeerrosetten
4 Japonais-Böden mit je 7 cm Durchmesser (siehe S. 293)
300 g Erdbeeren (vorzugsweise Gariguette)
50 g Doppelrahm
30 g Zucker
2 TL Zitronensaft
100 g Erdbeer-Coulis

Fertigstellung
1 Blatt Filo-Teig
Butter
Puderzucker

Mandeleiscreme

Am Vortag die Mandelmilch zubereiten. Die Milch mit dem Zucker aufkochen. Die frisch gemahlenen Mandeln hineingeben und gut umrühren. Vom Herd nehmen, mit Klarsichtfolie zudecken und über Nacht durchziehen lassen.
Die Mandelmilch durch ein feines Spitzsieb passieren und die gekochten und gemahlenen Mandeln kräftig ausdrücken. Benötigt werden 250 g Mandelmilch. Den Rahm, den Läuterzucker und den Mandelextrakt untermischen und in die Eismaschine geben. Unter Rühren auf –1,5 °C gefrieren und in den Gefrierschrank stellen.

In Sirup gegarter Rhabarber

Den Rhabarber in kaltem Wasser waschen, anschließend abtropfen lassen und schälen. Die Stangen in 5 cm lange Stücke schneiden.
Die übrigen Zutaten vermengen und aufkochen. Diesen Sirup auf die Rhabarberstücke gießen und alles zugedeckt auf Zimmertemperatur abkühlen lassen.
Den Rhabarber abtropfen lassen und die Hälfte zum Garnieren der Türmchen aufbewahren. Die andere Hälfte der Rhabarberstücke längs zur Faser in dünne Bänder schneiden. Vier kleine, 1,5 cm hohe Metallringe (Durchmesser: 6 cm) mit den Rhabarberbändern auskleiden, dabei leicht überlappen lassen. Beiseite stellen.

Erdbeerrosetten

Die andere Hälfte des in Sirup gegarten Rhabarbers in kleine Würfel (Brunoise) schneiden. Die Hälfte der Erdbeeren (150 g) ebenfalls in kleine Würfel schneiden. Die gewürfelten Früchte miteinander vermengen, den Doppelrahm, den Zucker und den Zitronensaft untermischen.
Die mit Rhabarber ausgekleideten Ringe mit der Erdbeermischung füllen.
Die restlichen Erdbeeren (150 g) längs in feine Scheiben schneiden und auf den Japonais-Böden leicht überlappend zu Rosetten formen. Die Böden mit den Rosetten auf den vier gefüllten Ringen anrichten. Kalt stellen.

Fertigstellung

Den Filo-Teig mit Butter bestreichen und mit Puderzucker bestreuen. In schmale, spitz zulaufende Streifen schneiden. Zwischen zwei Lagen Backpapier backen und anschließend unter dem Salamander erhitzen, bis der Zucker zu karamellisieren beginnt.
Die Rosetten-Türmchen mit den Teigstreifen anrichten und mit je einer Nocke Mandeleiscreme servieren.

Charlotte de fraises gariguettes au coulis de fruits rouges

Erdbeer-Charlotte auf Coulis von roten Früchten

Zutaten für 4 Personen

Erdbeer-Charlotte
4 Japonais-Böden mit je 5 cm Durchmesser (siehe S. 293)
250 g Erdbeeren (vorzugsweise Gariguette)
30 g Zucker
2 TL Zitronensaft
20 g Doppelrahm
5 g abgeriebene Limettenschale

Erdbeer-Coulis
100 g Erdbeeren
20 g Zucker
1 TL Zitronensaft

Zitronen-Meringues
100 g Eiweiß
Salz
180 g Zucker
10 g fein abgeriebene Zitronenschale

Fertigstellung
italienische Eiscreme (siehe S. 270)

Erdbeer-Charlotte

Die japanischen Böden herstellen, wie auf Seite 293 beschrieben. Die Hälfte der Erdbeeren (125 g) in sehr feine Würfel schneiden. Den Zucker, den Zitronensaft, den Doppelrahm und die Limettenschale zugeben und untermischen. Die Erdbeermasse kalt stellen.
Vier kleine Metallringe (Durchmesser: 4,5 cm, Höhe: 3 cm) mit den restlichen, in dünne Scheiben geschnittenen Erdbeeren (125 g) seitlich auskleiden.
Dabei die Scheiben sehr dicht und leicht überlappend in die Innenseite der Ringe stellen. Die ausgekleideten Formen mit der Erdbeermasse füllen.

Erdbeer-Coulis

Alle Zutaten im Mixer pürieren und anschließend kalt stellen.

Zitronen-Meringues

Das Eiweiß mit einer Prise Salz zu einem sehr festem Eischnee aufschlagen.
Den Zucker mit 50 ml Wasser zum großen Ballen kochen (121 °C) und unter den Eischnee schlagen. Die Zitronenschale unterrühren.
Die Meringues mit dem Spritzbeutel auf ein Blech spritzen und etwa 2 Stunden im Ofen bei 100 °C trocknen.

Fertigstellung

Etwas Erdbeer-Coulis in die Mitte jedes Tellers gießen. Je einen Japonais-Boden darauf setzen und anschließend, unmittelbar vor dem Servieren, eine Charlotte auf jeden Japonais-Boden setzen.
Das Dessert mit je drei Meringues und einer Kugel italienischer Eiscreme garnieren. Zum Schluss die freien Tellerflächen mit kleinen Punkten von Erdbeer-Coulis dekorieren.

Soupe de pêches aux petits fruits rouges, sorbet au melon

Pfirsichsuppe mit kleinen Beeren und Melonen-Sorbet

Zutaten für 4 Personen

Pfirsich-Coulis
200 g vollreife gelbe Pfirsiche
40 g Zucker
2 TL Zitronensaft

Melonensorbet
250 g Melonenfruchtfleisch
60 g Zucker
25 g Sorbex (Stabilisator)
10 ml Zitronensaft

Fertigstellung
100 g gemischte Beeren (Walderdbeeren, Blaubeeren, rote Johannisbeeren)
80 ml Pfirsichlikör
40 ml Passionsfruchtsaft, gepresst und passiert
120 g Wassermelone, in kleine Würfel geschnitten
200 g gelbe Pfirsiche, in kleine Würfel geschnitten

Pfirsich-Coulis

Alle Zutaten im Mixer pürieren.

Melonensorbet

Die Zutaten vermischen und in der Eismaschine auf –5 °C gefrieren.

Fertigstellung

Die verschiedenen Bestandteile des Desserts in schmalen, sich nach oben erweiternden Stielgläsern anrichten. Dazu mit einer Schicht Beeren beginnen. Einen Spritzer Pfirsichlikör darüber geben und etwas Passionsfruchtsaft darüber träufeln. Eine dünne Lage Wassermelonenwürfel, dann eine Schicht Pfirsichwürfel darüber schichten. Mit einer Schicht Pfirsich-Coulis bedecken und darauf eine kleine Nocke Melonensorbet setzen. Mit den Mandel-Knuspertalern dekorieren.

Croquants aux amandes

Mandel-Knuspertaler

125 g Zucker
40 g Mehl
30 g Eiweiß
50 g rohe Mandelkerne

Zucker und Mehl vermischen, anschließend das Eiweiß hinzufügen und alles zu einem Teig verarbeiten.
Von dem Teig kleine Kugeln (Durchmesser: 1 cm) auf ein mit Backpapier ausgelegtes Blech setzen, eine rohe Mandel in die Mitte jeder Kugel setzen und die Plätzchen 6 Minuten im vorgeheizten Ofen bei 210 °C backen.

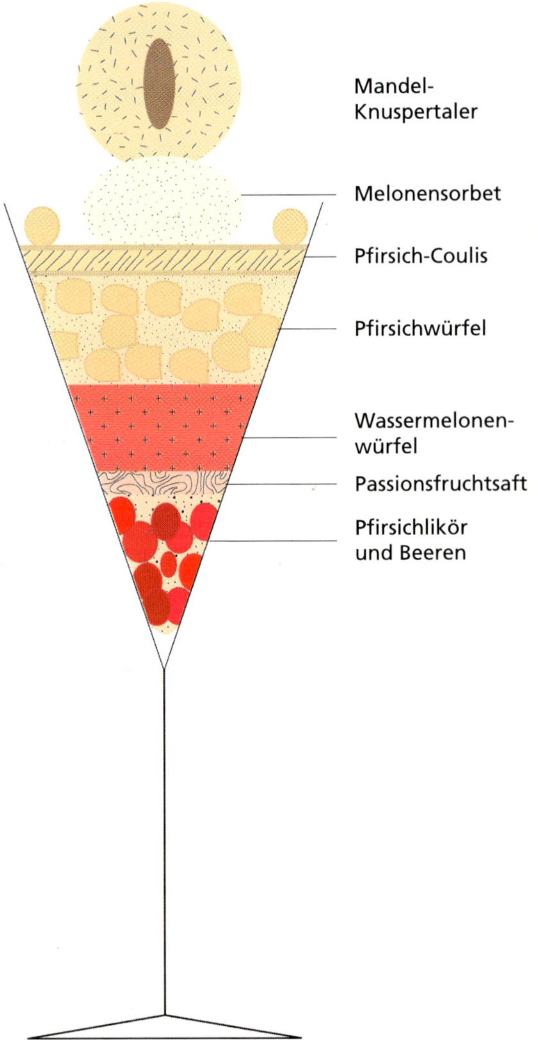

Framboises du pays au fromage blanc citronné

Himbeeren mit Fromage blanc

Zutaten für 4 Personen

Zitronencreme
100 g Butter
abgeriebene Schale von 1 Zitrone
1 Ei
100 g Zucker

Schaumsauce
100 ml Milch
40 g Rahm
75 g Mandelmilch mit Orangenblütenwasser (Sirop d'orgeat)
20 g Pernod (oder Pastis)

Himbeer-Coulis
100 g Himbeeren
20 g Zucker
5 g Zitronensaft

Fertigstellung
200 g Himbeeren
80 ml Himbeerlikör
120 g Fromage blanc, cremig aufgeschlagen
Saft und Schale von 1 Limette
glasierte Zitronenstäbchen (siehe S. 260)

Zitronencreme

Die Butter mit der Zitronenschale erhitzen und vom Herd nehmen. Das Ei mit dem Zucker schaumig schlagen und bei schwacher Hitze unter die zerlassene Butter schlagen. Etwa 2 Minuten erhitzen, dann abkühlen lassen und durch ein feines Spitzsieb passieren.

Schaumsauce

Alle Zutaten im Mixer schaumig aufschlagen.

Himbeer-Coulis

Die Früchte mit dem Zucker und dem Zitronensaft im Mixer pürieren, dann durch ein feines Spitzsieb passieren.

Fertigstellung

Die Böden der Dessertschalen mit den Himbeeren auslegen und etwas Himbeerlikör darüber gießen. Darauf je eine Lage kalte Zitronencreme und eine Lage Himbeer-Coulis schichten. Zwei Himbeeren und den geschlagenen Fromage blanc jeweils kuppelförmig darauf setzen. Die Limettenschale sehr fein darüber reiben. Die Schaumsauce um die Kuppel verteilen und drei Himbeeren dekorativ darauf setzen.
Die Dessertschalen mit einem Dekor aus Flugzucker (oder einem anderen Dekorelement) verzieren. Mit den glasierten Zitronenstäbchen servieren.

Poire Williams du Valais en surprise, paillettes feuilletées aux épices à leckerli

Williamsbirnen-Surprise, Blätterteigstäbchen mit Basler-Leckerli-Gewürzen

Zutaten für 4 Personen

Eingekochte Holunderbeeren
300 ml Läuterzucker (30° Baumé; entspricht einer Lösung aus 1 Teil Zucker und 1 Teil Wasser)
200 g frische Holunderbeeren
4 Stücke Orangenschale
4 Stücke Zitronenschale

Birnenwürfel und Rosinen
50 g Rosinen, am Vorabend oder noch früher in Rum eingelegt
200 g in Läuterzucker gegarte Williamsbirnen, abgetropft und in kleine Würfel geschnitten (Brunoise)
50 g Birnengeist

Blätterteigstäbchen
200 g Blätterteig (siehe S. 294)
Puderzucker
Basler-Leckerli-Gewürz

Zitronenschaumcreme
100 g Butter
50 ml Zitronensaft
1 g abgeriebene Zitronenschale
100 g Zucker
1 Ei
100 g geschlagener Rahm

Birnen-Coulis
200 g in Läuterzucker gegarte Birnen, abgetropft
30 ml Birnengeist
30 ml Zitronensaft

Gebrannte Creme mit Vanille
1 Vanilleschote
200 g Rahm (35% Fett)
3 Eigelb
30 g Zucker

Fertigstellung
brauner Zucker

Eingekochte Holunderbeeren
Ein Einmachglas zu drei Viertel mit Holunderbeeren füllen. Zitronen- und Orangenschalenstücke dazugeben. Das Glas bis an den Rand mit Läuterzucker auffüllen. Im Sterilisiergerät vom Aufkochen an 20 Minuten sterilisieren.

Birnenwürfel und Rosinen
Die Birnenwürfel mit dem Birnengeist und den Rum-Rosinen mischen.

Blätterteigstäbchen
Den Blätterteig etwa 1 mm dick ausrollen. Mit Puderzucker und Basler-Leckerli-Gewürz bestreuen. In 9 cm breite Streifen schneiden und diese für 20 Minuten ins Gefrierfach geben. Anschließend den Teig in etwa 2 mm breite Streifen schneiden. Die Streifen zwischen zwei Lagen Backpapier backen. Unter dem Salamander mit Puderzucker glasieren.

Zitronenschaumcreme
Die Butter mit Zitronensaft und -schale schmelzen, das mit Zucker schaumig geschlagene Ei unterrühren. Bei schwacher Hitze 3 Minuten schlagen. Unter gelegentlichem Rühren abkühlen lassen. Den geschlagenen Rahm unterziehen.

Birnen-Coulis
Die Zutaten im Mixer pürieren.

Gebrannte Creme mit Vanille
Die Vanilleschote aufschlitzen, das Mark herauskratzen. Den Rahm mit dem Vanillemark zum Kochen bringen. Eigelbe mit Zucker schaumig schlagen. Die Hälfte des Rahms zugeben und erneut 30 Sekunden bei niedriger Hitze aufschlagen. Vom Herd nehmen, den übrigen, abgekühlten Rahm unterrühren. Die Creme durch ein feines Spitzsieb passieren. Die Creme in Halbkugelformen aus Silikon gießen. Im Wasserbad auf der untersten Einschubleiste des vorgeheizten Ofens bei 150 °C garen.
Auskühlen lassen und 2 Stunden ins Gefrierfach stellen. Anschließend die Creme aus den Formen stürzen.

Anrichten und Fertigstellung
Die Zutaten in Schälchen schichten: 1 Esslöffel Holunderbeeren, darauf eine Schicht Birnenwürfel mit Rosinen, gefolgt von Zitronenschaumcreme und Birnen-Coulis. Darauf eine Creme setzen und mit etwas braunem Zucker bestreuen. Den Zucker mit einem Flambiergerät karamellisieren. Mit Holunderbeeren und Blätterteigstäbchen dekorieren.

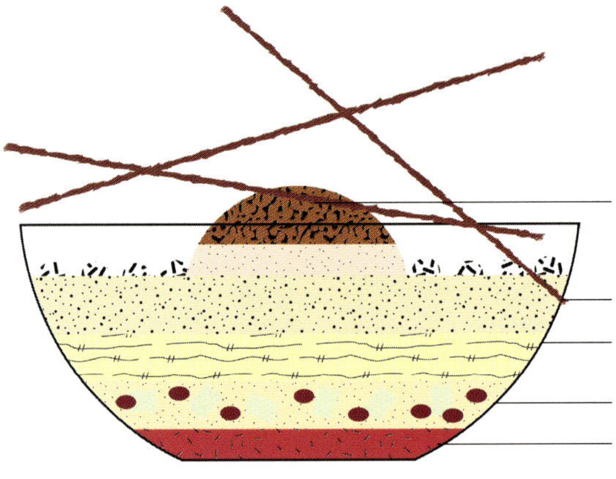

Café chocolat glacé en chaud-froid au riz soufflé

Geeister Schokoladenkaffee mit Puffreis

Zutaten für 4 Personen

Karamellisierte Kaffeebohnen
80 ml Läuterzucker (30° Baumé; entspricht einer Lösung aus 1 Teil Zucker und 1 Teil Wasser)
200 g Kaffeebohnen, gehackt
10 g Butter

Schaumsauce
200 g Espresso
200 ml Läuterzucker (30° Baumé; entspricht einer Lösung aus 1 Teil Zucker und 1 Teil Wasser)
250 g Milch
100 g Rahm
10 g Instant-Kaffeepulver

Fertigstellung
10 g geröstete Haselnüsse, gehackt
40 ml lauwarmer Espresso
Kaffee-Eiscreme (siehe S. 270)
20 ml Doppelrahm
Schokoladensorbet (siehe S. 219)
12 g Puffreis
Schokoladen-Hippen (siehe S. 222)

Karamellisierte Kaffeebohnen

Den Läuterzucker in einem Kupferkessel zum Kochen bringen und auf 115 °C erhitzen. Die Kaffeebohnen hineingeben und ständig rühren, bis die Bohnen karamellisiert sind. Den Karamell mit der Butter ablöschen und öfter umrühren, bis der Kaffeebohnen-Karamell abgekühlt ist. Anschließend hacken.

Schaumsauce

Alle Zutaten vermischen, zum Kochen bringen und im Mixer aufschlagen.

Fertigstellung

Das Dessert in Cocktailgläser schichten. Zuerst eine Lage gehackte Haselnüsse und gehackte karamellisierte Kaffeebohnen in die Gläser füllen und mit lauwarmem Espresso bedecken. Eine Lage Kaffee-Eiscreme darüber schichten, darauf eine dünne Schicht Doppelrahm füllen. Auf diese Schicht eine Kugel Schokoladensorbet setzen und diese mit dem Puffreis bestreuen. Die Gläser bis zum Rand mit heißer Schaumsauce auffüllen. Zum Schluss jedes Glas mit einer Schokoladenhippe dekorieren.

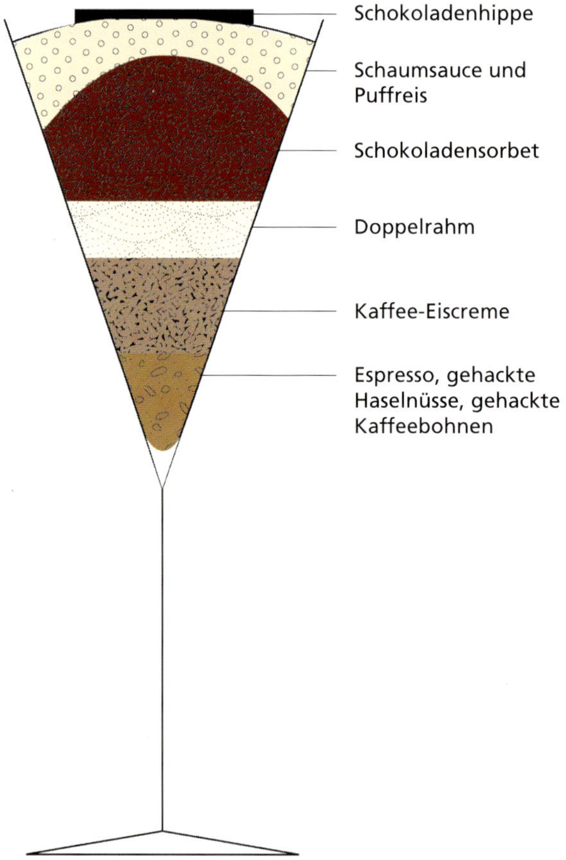

Mousseline de bananes roses de Brésil à l'ananas, au jus de citron vert

Schaum von rosa Bananen mit Ananas und Limettensaft

Zutaten für 4 Personen

Schaum von rosa Bananen
200 g rosa Bananen
20 g Limettensaft
20 g Zucker
abgeriebene Limettenschale
100 g geschlagener Rahm

Italienische Meringues
100 g Eiweiß
Salz
180 g feiner Zucker
10 g fein abgeriebene Zitronenschale

Passionsfruchtsauce
100 g Milch
50 g Rahm
100 ml Läuterzucker (30° Baumé; entspricht einer Lösung aus 1 Teil Zucker und 1 Teil Wasser)
30 g Passionsfruchtsaft
10 g geriebener frischer Ingwer

Fertigstellung
100 g rosa Bananen
100 g Victoria-Ananas
80 g Passionsfruchtsaft
40 g zerstoßene Kakaobohnen
Schokoladendekor

Schaum von rosa Bananen

Die Bananen pürieren und durch ein Sieb streichen. Den Limettensaft, den Zucker und die Limettenschale unterrühren und den geschlagenen Rahm unterheben.

Italienische Meringues

Das Eiweiß mit einer Prise Salz steif schlagen. Den Zucker mit 50 g Wasser zum großen Ballen kochen, dabei den Zucker auf 121 °C erhitzen. Den kochend heißen Zucker bei laufender Maschine in einem dünnen Strahl in das zu drei Viertel aufgeschlagene Eiweiß gießen. Anschließend die Zitronenschale zugeben. Mit dem Spritzbeutel kleine Meringue-Kugeln formen und diese im vorgeheizten Ofen bei 100 °C etwa 2 Stunden trocknen.

Passionsfruchtsauce

Alle Zutaten vermischen und im Mixer schaumig aufschlagen.

Fertigstellung

Die Bananen in kleine Würfel (Brunoise) schneiden. Die Ananas ebenfalls in kleine Würfel (Brunoise) schneiden. Das Dessert in vier spitze Kelchgläser mit Stiel schichten: Mit der Ananas-Brunoise beginnen, anschließend etwas Passionsfruchtsaft darüber gießen. Mit Kakaobohnensplittern bedecken, dann eine Schicht Bananen-Brunoise darüber geben. Darauf einen größeren Schlag Schaum von rosa Bananen geben und auf diese Lage fünf kleine Meringues setzen. Das Dessert mit der Passionsfruchtsauce auffüllen und mit einem Schokoladendekor garnieren.

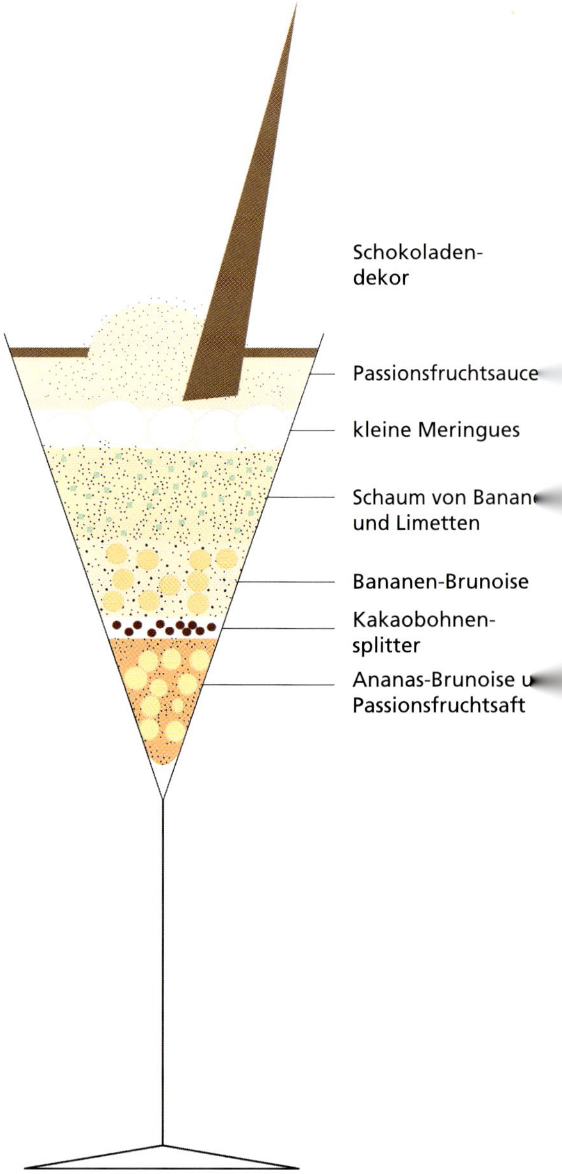

Moelleux au chocolat amer, griottes parfumées au banyuls

Bitterschokoladenpudding, Sauerkirschen mit Banyuls

Zutaten für 12 Personen

Schokoladenpudding
150 g Schokolade (70% Kakaoanteil)
150 g Butter
6 Eier
200 g Zucker
80 g Mehl

Ganache zum Füllen
1 Glas Sauerkirschen (250 g)
200 ml Banyuls, AOC-Süßwein aus dem Roussillon (Rebsorte Grenache noir)
40 g Rahm
2 TL Milch
50 g Bitterschokolade (70% Kakaoanteil), gehackt

Bitterschokoladensorbet
1 l Wasser
600 g Zucker
120 g Kakaopulver
200 g Guanaja-Schokolade, gehackt (dunkle Kuvertüre, 70% Kakaoanteil)
200 g Rahm

Fertigstellung
glacierte Kakao-Stäbchen (siehe Rezept »Glasierte Zitronenstäbchen«, S. 260, die Zitrone durch 10 g Kakaobohnensplitter ersetzt)

Pudding

Die Schokolade langsam bei 35 °C schmelzen, die weiche Butter, anschließend die Eier, den Zucker und zum Schluss das gesiebte Mehl untermischen. Alles kräftig aufschlagen. 12 Metallringe (Durchmesser: 4 cm, Höhe: 4 cm) buttern und jeweils mit einem Streifen Backpapier (16 cm × 6 cm) auskleiden. Etwas von der Puddingmasse in die Formen geben, die Ganache-Kugeln darauf setzen und die übrige Puddingmasse darüber geben. 12 Minuten im vorgeheizten Ofen bei 200 °C garen.

Ganache zum Füllen

Am Vortag die Sauerkirschen in dem Banyuls-Wein marinieren, den Sauerkirschsaft aufbewahren.
Den Rahm mit der Milch aufkochen. Die gehackte Schokolade hineingeben und unterrühren. Von den marinierten Sauerkirschen 30 g abnehmen, abtropfen lassen, hacken und unter die Ganache mischen. Zwölf Sauerkirschen für die Garnitur und beiseite legen. Die Ganache in den Kühlschrank stellen. Von der durchgekühlten Masse mit einem Eislöffel zwölf haselnussgroße Kugeln abstechen und kalt stellen.

Bitterschokoladensorbet

Für den Läuterzucker das Wasser mit dem Zucker zum Kochen bringen, dabei den Zucker vollständig auflösen. Auf etwa 65 °C abkühlen lassen, anschließend den Kakao und schließlich den Rahm untermischen. Auskühlen lassen. In die Eismaschine geben, die gehackte Guanaja-Schokolade unterrühren und das Sorbet auf –6 °C gefrieren.

Fertigstellung

Den Sauerkirschsaft zum Kochen bringen und reduzieren, bis er eine sirupartige Konsistenz angenommen hat. Die Teller mit dieser Kirschsauce dekorieren und darum herum halbierte Kirschen anrichten. Das Bitterschokoladensorbet in eisgekühlte 4 cm hohe zylindrische Formen (Durchmesser: 3 cm) füllen und zusammen mit den Puddings in die Mitte der Teller stürzen. Die Desserts abschließend mit je einem Kakaostäbchen und einer Sauerkirsche dekorieren.

Progrès de pommes Boskoop à la mousseline de coings, raisinée et crème double de la Gruyère, glace aux noix

Knusprige Nussschnitten mit Boskop-Äpfeln, Quittenschaum, Doppelrahm und Walnusseis

Zutaten für 4 Personen

Knusprige Nussschnitten
125 g Eiweiß
40 g feiner Zucker
125 g fein gemahlene Walnusskerne
100 g Puderzucker
20 g Mehl

Quittenschaum
200 g Quitten
80 ml Läuterzucker (30° Baumé; entspricht einer Lösung aus 1 Teil Zucker und 1 Teil Wasser)
20 g Zitronensaft

Apfel-Chutney mit Dörrobst
100 g Boskop-Apfel
30 g getrocknete Aprikosen
30 g getrocknete Feigen
30 g Rosinen, in Rum eingeweicht
80 g Honig
20 ml Zitronensaft
2 Stück Sternanis

Hippen
60 g fein gemahlene Mandeln
100 g geschmolzene Butter
125 g Zucker
35 g Mehl
50 ml Apfelsaft

Karamellisierte Äpfel
100 g Zucker
50 g Butter
4 kleine Boskop-Äpfel, geviertelt

Walnusseis
500 ml Milch
150 g Walnusskerne, geröstet und gehackt
200 g Zucker
400 g Rahm (35% Fett)
7 Eigelb
100 g Walnusskerne, karamellisiert und gehackt

Fertigstellung
100 ml geschmolzene dunkle Schokolade
150 g Doppelrahm
leicht erwärmtes Quittengelee

Knusprige Nussschnitten

Das Eiweiß mit dem Zucker steif schlagen, die fein gemahlenen Nüsse, den Puderzucker und das Mehl vermischen und unterheben. Die Masse mit einem Spatel etwa 4 mm dick auf einem Blech verteilen und im vorgeheizten Ofen bei 240 °C 6–7 Minuten backen. Mit einer Ausstechform Rechtecke ausstechen und beiseite legen.

Quittenschaum

Die Quitten schälen. Das Fruchtfleisch klein würfeln und zugedeckt mit Läuterzucker und Zitronensaft sehr weich kochen, bis die Quitten zerfallen. Durch ein feines Spitzsieb passieren und 10 Minuten abtropfen lassen. Aufmixen und durch ein feines Trommelsieb streichen.

Apfel-Chutney mit Dörrobst

Die Äpfel, die Aprikosen und die Feigen in kleine Würfel schneiden. Miteinander vermischen und die eingeweichten Rosinen hinzufügen.
Das Obst mit dem Honig, dem Zitronensaft und dem Sternanis zum Kochen bringen und weich kochen. Dabei darauf achten, dass die Apfelwürfel ihre Form behalten. Das Obst abtropfen lassen und mit dem Quittenschaum vermischen.

Hippen

Die Zutaten in der angegebenen Reihenfolge vermischen und den Teig mit einem Spatel auf leicht gebutterte Bleche streichen. Bei 160 °C kurz backen, bis der Teig etwas Farbe angenommen hat. Noch heiß mit der gleichen Ausstechform, die auch für die knusprigen Nussschnitten verwendet wurde, Rechtecke ausstechen. Trocken aufbewahren.

Karamellisierte Äpfel

Den Zucker in einer Pfanne ohne Zugabe von Wasser braun karamellisieren. Anschließend zuerst die in Würfel geschnittene Butter, dann die kleinen, in Viertel geschnittenen Äpfel zugeben und bei starker Hitze darin mehrfach wenden. Bei schwacher Hitze in 10 Minuten fertig garen. Abtropfen lassen und warm stellen.

Walnusseis

Die Milch mit den gehackten gerösteten Nüssen aufkochen. Aus der Nuss-Milch, dem Zucker, dem Rahm und den Eigelben eine englische Creme herstellen. Auskühlen lassen und in die Eismaschine füllen. Die gehackten karamellisierten Nüsse hinzufügen und die Masse auf –3 °C gefrieren.

Fertigstellung

Je eine knusprige Nussschnitte und eine Schicht Apfel-Chutney mit Quittenschaum in eine rechteckige Ausstechform geben. Darauf eine Nussschnitte setzen und darüber die karamellisierten Äpfel schichten. Die rechteckig ausgestochenen Hippen kurz im Ofen erhitzen und auf die Äpfel legen.
Die geschmolzene Schokolade in einen Spritzbeutel mit einer kleinen Rundtülle füllen und dekorative Formen auf die Teller zeichnen. Diese Formen mit Doppelrahm füllen. Einige Tropfen Quittengelee mit einer Pipette daneben setzen. Je eine Kugel Walnusseis daneben anrichten und mit einer karamellisierten Walnuss dekorieren.

Spéculos de cerises compotées aux épices, glace à la pistache

Spekulatiustörtchen mit gewürztem Kirschkompott und Pistazieneis

Zutaten für 4 Personen

Spekulatiusplätzchen
125 g weiche Butter
160 g brauner Zucker
10 ml Milch
2 g Salz
6 g Zimtpulver
2 g Natron
250 g Mehl

Hippen mit Kakaobohnensplittern
60 g geschmolzene Butter
25 g Glukose
75 g feiner Zucker
25 ml Rahm
90 g Kakobohnensplitter

Kirschkompott
300 g entsteinte Kirschen (schwarze Herzkirschen)
75 g Zucker
5 g Fünfgewürzpulver
50 ml Zitronensaft
30 ml Kirschwasser

Pistazieneis
250 ml Milch
250 ml Rahm
4 Eigelb
75 g Zucker
80 g Pistazienpaste
30 ml Kirschwasser

Fertigstellung
100 g Doppelrahm
Kakaobohnensplitter
Minzeblättchen

Spekulatiusplätzchen

Alle Zutaten in der angegebenen Reihenfolge zu einem Teig vermischen. Den Teig etwa 1,5 mm dick ausrollen und etwa 8 cm lange und 5 cm breite ovale Scheiben ausstechen. Die Plätzchen im vorgeheizten Ofen bei 200 °C kurz backen. Vom Blech nehmen und mit Puderzucker bestreuen. Den Zucker unter dem Salamander karamellisieren. Abkühlen lassen.

Hippen mit Kakaobohnensplittern

Alle Zutaten vermischen, auf ein gefettetes Blech streichen und bei 200 °C backen. Wie die Spekulatiusplätzchen noch heiß in ovale Scheiben schneiden.

Kirschkompott

12 Kirschen beiseite legen. Die übrigen Kirschen mit den anderen Zutaten 45 Minuten kochen. Dann abtropfen lassen und den Saft separat einkochen, diesen später als Coulis verwenden.

Pistazieneis

Aus der Milch, dem Rahm, den Eigelben und dem Zucker eine englische Creme zubereiten und die Pistazienpaste in die noch lauwarme Creme einrühren. Das Kirschwasser zugeben und die Masse in der Eismaschine gefrieren.

Anrichten und Fertigstellung

Je ein Spekulatiusplätzchen in die Tellermitte legen und eine Schicht Kirschkompott darüber verteilen, in die Mitte etwas Doppelrahm geben. Eine weitere Schicht Spekulatiusplätzchen und Kirschkompott darauf setzen und mit einer Hippe mit Kakaobohnensplittern abschließen. Die Oberfläche mit drei Kirschen und einigen Tropfen Kirsch-Coulis, einigen Kakaobohnensplittern und Minzeblättchen dekorieren. Mit Pistazieneis und Kirsch-Coulis servieren.

Crumble d'orange en chaud-froid parfumé à la Mandarine Napoléon

Orangencrumble, heiß-kalt, mit Mandarine Napoléon

Zutaten für 4 Personen

Crumble
70 g Butter
50 g Mehl
50 g fein gemahlene Mandeln
40 g Zucker
fein abgeriebene Orangenschale
1 g Salz

Orangenschaumcreme
2 Eier
80 g Zucker
20 g Puddingpulver
200 ml Orangensaft
100 g Butter, in Stückchen geschnitten
1 TL fein abgeriebene Orangenschale

Blutorangen-Parfait
50 g Blutorangensaft
10 g Zitronensaft
90 g Zucker
5 Eigelb
160 g geschlagener Rahm
2 TL Orangenlikör
abgeriebene Schale von 2 Blutorangen

Orangensauce
100 g abgetropfter Saft von den in Mandarine Napoléon marinierten Orangenfilets (siehe S. 294)
20 ml Zitronensaft

Dekoration
50 g weiche Butter
50 g Puderzucker
50 g Eiweiß
50 g Mehl

Fertigstellung
200 g in Mandarine Napoléon marinierte Orangenfilets (siehe S. 294)
Blutorangensorbet (siehe S. 268)

Crumble

Die angegebenen Zutaten rasch zu einem Teig verarbeiten und diesen kalt stellen. Anschließend 3 mm dünn ausrollen und in 9 cm × 2,5 cm große Streifen schneiden. Die Streifen auf einem Rinnenblech im vorgeheizten Ofen bei 200 °C backen, bis sie Farbe angenommen haben.

Orangenschaumcreme

Die Eier mit dem Zucker schaumig schlagen. Das Puddingpulver unterrühren. Den Orangensaft mit der abgeriebenen Orangenschale zum Kochen bringen. Unter den Eischaum rühren. Die Mischung in einen Topf geben und aufkochen. Unter ständigem Rühren 3 Minuten kochen. Die Creme vom Herd nehmen, die Butter unterrühren. Die Creme abkühlen lassen. Anschließend schaumig schlagen.

Blutorangen-Parfait

Den Orangensaft mit dem Zitronensaft und dem Zucker zum Kochen bringen und auf 120 °C erhitzen. Vom Herd nehmen und die Eigelbe unter die Flüssigkeit schlagen. So lange schlagen, bis die Mischung abgekühlt ist. Zum Schluss den geschlagenen Rahm, den Orangenlikör und die Orangenschale unterheben. Die Masse in eine Form füllen und im Eisfach gefrieren.

Orangensauce

Den Saft von den Orangenfilets und den Zitronensaft auf die Hälfte einkochen.

Dekoration

Alle Zutaten glatt verrühren und diese Masse in einen Spritzbeutel mit Tülle füllen. Den Teig in der gewünschten Form auf ein mit Backpapier ausgelegtes Backblech spritzen. Im vorgeheizten Ofen bei 200 °C backen, bis das Gebäck Farbe annimmt.

Fertigstellung

Das Crumble-Gebäck mit der Orangenschaumcreme garnieren und die Orangenfilets darauf setzen. Leicht erwärmen und auf Tellern anrichten. Mit der Orangensauce und der gebackenen Dekoration garnieren.
Das Blutorangen-Parfait und das Blutorangensorbet daneben anrichten.

Crêpes soufflées aux fraises des bois

Soufflierte Crêpes mit Walderdbeeren

Zutaten für 4 Personen

Soufflierte Crêpes
1 Eigelb
55 g feiner Zucker
1 TL Walderdbeergeist oder -likör
fein abgeriebene Zitronenschale
100 g Eiweiß (2 Eiweiß)
1 Prise Salz
4 dünne Crêpes von je 10 cm Durchmesser, mit einer Ausstechform ausgestochen (siehe S. 294)

Erdbeer-Coulis
200 g Erdbeeren, zerdrückt
40 g feiner Zucker
2 TL Zitronensaft

Fertigstellung
Butter
200 g Walderdbeeren
Puderzucker
Italienische Eiscreme (siehe S. 270)

Soufflierte Crêpes

Für die Soufflé-Masse das Eigelb mit 25 g Zucker schaumig aufschlagen, anschließend den Walderdbeergeist und die Zitronenschale zugeben.
Das Eiweiß mit dem restlichen Zucker (30 g) und einer Prise Salz zu einem festen Eischnee schlagen. Vorsichtig unter die Eigelbmasse heben.

Erdbeer-Coulis

Die Zutaten mischen und durch ein feines Spitzsieb passieren. Kalt stellen.

Fertigstellung

Die Crêpes auf ein gebuttertes Blech legen. Einen Teil der Soufflé-Masse auf jeweils eine Crêpehälfte geben, darauf die Walderdbeeren verteilen. Die andere Crêpehälfte darüber legen und die überschüssige Soufflé-Masse mit einem Palettenmesser abstreichen. 4 Minuten im vorgeheizten Ofen bei 200 °C überbacken und nach dem Herausnehmen sofort mit Puderzucker bestäuben.
Die Teller mit dem Erdbeer-Coulis garnieren, darauf die soufflierten Crêpes setzen. Mit einigen Walderdbeeren garnieren und jeweils 1 Kugel italienische Eiscreme daneben setzen.

Flan gratiné de cerises noires

Gratinierter Flan mit schwarzen Kirschen

Zutaten für 2 Personen

1 Ei
1 Eigelb
75 g feiner Zucker
80 g Rahm (35% Fett)
1 TL Zitronensaft
1 EL Kirschwasser
200 g schwarze Kirschen, entsteint
Puderzucker

Das Ei mit dem Eigelb und dem feinen Zucker schaumig schlagen. Den Rahm zum Kochen bringen und zusammen mit dem Zitronensaft und dem Kirschwasser unter die Ei-Mischung rühren. Die schwarzen Kirschen in eine Gratinform legen. Darüber die Flanmasse verteilen und im vorgeheizten Ofen bei 100 °C in etwa 20 Minuten stocken lassen. Der Flan ist fertig gegart, wenn sich die Oberfläche bei leichtem Klopfen auf die Seite der Form nicht mehr bewegt. Den Flan aus dem Ofen nehmen, mit Puderzucker bestreuen und diesen unter dem Salamander karamellisieren lassen. Auf Raumtemperatur abkühlen lassen und servieren.

Feuillantine de chocolat amer au grué de cacao, filets de clémentines tièdes

Feuillantine mit dunkler Schokolade, Kakaobohnensplittern und lauwarmen Mandarinenfilets

Zutaten für 4 Personen (1 quadratische Form von 10 cm Seitenlänge und 2 cm Höhe)

Creme
40 g Milch
40 g Rahm
10 g Glukose
60 g dunkle Schokolade (70% Kakaoanteil)

Krokant-Feuillantine
60 g Vollmilchkuvertüre
70 g Mandelkrokant
45 g Haselnusskrokant

Hippen mit Kakaobohnensplittern
30 g Butter
35 g Zucker
15 g Rahm (35% Fett)
15 g Glukose
35 g zerstoßene Kakaobohnen

Mandarinensorbet
abgeriebene Schale von 3 Mandarinen
150 g Zucker
350 ml Mandarinensaft
30 g Sorbex (Stabilisator)

Mandarinensauce
50 g Zucker
20 ml Wasser
75 ml Mandarinensaft
6 Mandarinen, geschält, die weiße Haut sorgfältig entfernt, in Filets geteilt
Mandarine Napoléon (Mandarinenlikör)

Fertigstellung
20 g dunkles, ungesüßtes Kakaopulver

Creme

Am Vortag die Creme zubereiten. Die Milch mit dem Rahm und der Glukose aufkochen. Die Schokolade in kleine Stücke hacken und in den heißen Rahm geben. Schmelzen lassen und die Zutaten mixen. In die Form gießen, über Nacht im Kühlschrank fest werden lassen.

Krokant-Feuillantine

Die Kuvertüre langsam schmelzen, den Mandel- und den Haselnusskrokant hinzufügen. Eine etwa 5 mm dicke Schicht auf der fest gewordenen Schokoladencreme verteilen und die Feuillantine kalt stellen.

Hippen mit Kakaobohnensplittern

Die Butter in einer kleinen Kasserolle erhitzen. Den Zucker, den Rahm und die Glukose unterrühren, anschließend die Kakaobohnensplitter hinzufügen. Aus der Masse kleine Kugeln formen und diese auf ein beschichtetes Backblech legen. Im vorgeheizten Ofen bei 160 °C kurz backen, bis sie Farbe angenommen haben. Abkühlen lassen und in einer luftdicht verschließbaren Dose aufbewahren.

Mandarinensorbet

Die Zutaten vermischen und in der Eismaschine unter ständigem Rühren auf –5 °C gefrieren.

Mandarinensauce

Mit Zucker und Wasser einen hellen Karamell herstellen. Den Karamell mit dem Mandarinensaft ablöschen. Erhitzen, bis sich der Karamell vollständig aufgelöst hat. Die Mandarinenstücke hineingeben und die Sauce mit Mandarinenlikör parfümieren.

Fertigstellung

Die Feuillantine in 4 Rechtecke schneiden und mit dem dunklen Kakaopulver bestäuben. Die Schnitten abwechselnd mit abgetropften Mandarinenstücken und den Hippen mit Kakaobohnensplittern garnieren. Mit dem Sorbet und der Mandarinensauce servieren.

Ananas entier cuit à la broche, crème glacée aux épices

Am Spieß gegrillte ganze Ananas mit Lebkucheneis

Zutaten für 4 Personen

Ananas am Spieß
500 g Würfelzucker
750 ml kochend heißes Wasser
100 ml brauner Rum
1 Vanilleschote
4 Gewürznelken
5 g zerstoßener schwarzer Pfeffer
2 ganze Stücke Sternanis
1 Zimtstange
100 g feiner Zucker
2 Victoria-Ananas

Fertigstellung
Lebkucheneis (siehe S. 270)

Ananas am Spieß

Den Würfelzucker ohne Zugabe von Wasser erhitzen und karamellisieren lassen. Mit dem kochend heißen Wasser ablöschen, dabei gut umrühren. Anschließend alle übrigen Zutaten bis auf den Zucker und die Ananas zugeben. Die beiden Ananas schälen, dabei darauf achten, dass ihre ursprüngliche Form erhalten bleibt. Anschließend 45 Minuten in dem Gewürzsirup leicht köcheln lassen. Die Ananas abtropfen lassen, rundum mit dem Zucker bestreuen und 45 Minuten am vorgeheizten Drehgrill braten, bis sie Farbe angenommen haben und der Zucker schön karamellisiert ist.

Fertigstellung

Die Ananas sehr heiß mit je einer Kugel Lebkucheneis servieren.

Soufflé praliné au coulis de cerises

Krokant-Soufflé auf Kirsch-Coulis

Zutaten für 2 Personen

Krokant-Soufflé
Butter
1 Eigelb
65 g Zucker
80 g Eiweiß
1 TL Zitronensaft
10 g Krokantmasse
Puderzucker

Kirsch-Coulis
100 g entsteinte schwarze Kirschen
20 g feiner Zucker
2 TL Zitronensaft
2 TL Kirschwasser

Krokant-Soufflé

Eine Soufflé-Form (Durchmesser: 12 cm) gut buttern und in den Kühlschrank stellen. Das Eigelb mit einem Teil des Zuckers (30 g) schaumig schlagen.
Das Eiweiß mit dem übrigen Zucker (35 g) steif schlagen, die Konsistenz des Eischnees sollte jedoch cremig bleiben. Das Eigelb vorsichtig unter den Eischnee heben. Die Krokantmasse und den Zitronensaft untermischen.
Die Masse in die Form füllen. Im siedenden Wasserbad 7 Minuten garen, anschließend im vorgeheizten Ofen bei 230 °C 8 Minuten backen.
Nach dem Herausnehmen aus dem Ofen das Soufflé sofort mit Puderzucker bestäuben und mit dem warmen Kirsch-Coulis servieren.

Kirsch-Coulis

Alle Zutaten 20 Minuten kochen, das Kirschwasser zum Schluss hinzufügen. Alles im Mixer pürieren. Anschließend durch ein feines Spitzsieb passieren und warm stellen.

Soufflé à la mandarine

Mandarinen-Soufflé

Zutaten für 2 Personen

Mandarinen-Soufflé
Butter
1 Eigelb
65 g Zucker
80 g Eiweiß
abgeriebene Schale von 2 Mandarinen
1 TL Mandarinensaft
1 TL Mandarinengeist oder -likör
Puderzucker

Mandarinen-Coulis
100 ml Mandarinensaft
10 g feiner Zucker
2 TL Zitronensaft
2 TL Mandarinengeist oder -likör

Mandarinensoufflé

Eine Soufflé-Form (Durchmesser: 12 cm) buttern und in den Kühlschrank stellen. Das Eigelb mit einem Teil des Zuckers (30 g) schaumig schlagen. Das Eiweiß mit dem übrigen Zucker (35 g) steif schlagen, die Konsistenz sollte jedoch cremig bleiben. Das Eigelb vorsichtig unter den Eischnee heben. Die Mandarinenschale, den Mandarinensaft und den Mandarinengeist oder -likör unterheben. Diese Masse in die Form füllen. 6 Minuten im siedenden Wasserbad garen, anschließend 6 Minuten im vorgeheizten Ofen bei 240 °C backen. Unmittelbar nach dem Herausnehmen mit Puderzucker bestäuben und mit dem warmen Mandarinen-Coulis servieren.

Mandarinen-Coulis

Den Mandarinensaft, den Zucker und den Zitronensaft vermischen, erhitzen und unter Rühren den Zucker darin auflösen. Zum Schluss den Mandarinengeist oder -likör dazugießen.

Soufflé à l'abricot

Aprikosen-Soufflé

Zutaten für 2 Personen

Aprikosen-Soufflé
Butter
1 Eigelb
65 g Zucker
80 g Eiweiß
1 TL Zitronensaft
75 g Aprikosen-Coulis
Puderzucker

Aprikosen-Coulis
200 g vollreife Aprikosen, entsteint
20 g feiner Zucker
2 TL Zitronensaft
2 TL Aprikosengeist oder -likör

Aprikosen-Soufflé

Eine Soufflé-Form von 12 cm Durchmesser buttern und in den Kühlschrank stellen. Das Eigelb mit einem Teil des Zuckers (30 g) schaumig aufschlagen. Das Eiweiß mit dem restlichen Zucker (35 g) steif schlagen, die Konsistenz sollte jedoch cremig bleiben. Das Eigelb vorsichtig unter das Eiweiß ziehen. Den Zitronensaft und einen Teil des Aprikosen-Coulis (75 g) unterziehen. Diese Masse in die Form füllen. Im siedenden Wasserbad 6 Minuten garen, anschließend 6 Minuten im vorgeheizten Ofen bei 240 °C backen. Sofort nach dem Herausnehmen mit Puderzucker bestäuben und mit dem Rest des warmen Aprikosen-Coulis servieren.

Aprikosen-Coulis

Alle Zutaten bis auf den Alkohol im Mixer pürieren. Zugedeckt 10 Minuten kochen. Den Aprikosengeist oder -likör zugeben und den Coulis durch ein feines Spitzsieb passieren.

Soufflé à la poire

Birnen-Soufflé

Zutaten für 2 Personen

Birnen-Soufflé
Butter
1 Eigelb
65 g Zucker
80 Eiweiß
1 TL Zitronensaft
50 g Birnen-Coulis
1 TL Birnengeist
Puderzucker

Schokoladensauce
100 g Schokoladenkuvertüre (70% Kakaoanteil)
150 ml heißes Wasser
20 ml Birnengeist

Birnen-Soufflé

Eine Soufflé-Form (Durchmesser: 12 cm) buttern und in den Kühlschrank stellen. Das Eigelb mit einem Teil des Zuckers (30 g) schaumig schlagen. Das Eiweiß mit dem restlichen Zucker (35 g) steif schlagen, die Konsistenz sollte jedoch cremig bleiben. Die Eigelbmischung vorsichtig unter den Eischnee heben. Den Birnen-Coulis, den Birnengeist und den Zitronensaft unter die Masse mischen.
Die Masse in die Form füllen. 6 Minuten im siedenden Wasserbad garen, anschließend 6 Minuten im vorgeheizten Ofen bei 240 °C backen. Unmittelbar nach dem Herausnehmen mit Puderzucker bestreuen. Mit der heißen Schokoladensauce servieren.

Schokoladensauce

Die Schokolade im Wasserbad schmelzen. Das heiße Wasser und den Birnengeist unterrühren. Warm stellen.

Tartes, Torten, Sablés und Kuchen

Sablé aux fraises des bois

Sablé mit Walderdbeeren

Zutaten für 4 Personen

150 g bretonischer Sablé-Teig (siehe S. 293)
100 g Konditorcreme mit Vanille (siehe S. 291)
250 g Walderdbeeren
Puderzucker

Den Sablé-Teig etwa 4 mm dick ausrollen und mit einem Metallring (Durchmesser: 16 cm) einen Kreis ausschneiden. Den Teigrand mit den Fingern rundum leicht hoch ziehen. Den Teigboden im vorgeheizten Ofen bei 180 °C backen, bis er Farbe angenommen hat. Zum Abkühlen auf ein Gitter setzen. Die Konditorcreme auf dem Teigboden verstreichen und die Walderdbeeren darauf verteilen. Mit Puderzucker bestäuben.

Tarte amandine aux cerises

Mandeltarte mit Kirschen

Zutaten für 4 Personen
(1 Tarte von 16 cm Durchmesser)

Mandeltarte
150 g Mandelcreme (siehe S. 291)
20 ml Kirschwasser
150 g bretonischer Sablé-Teig (siehe S. 293)

Kirschkompott
500 g schwarze Kirschen (Herzkirschen)
80 g Butter
100 g Zucker

Fertigstellung
Puderzucker
Pistazienkerne

Mandeltarte

Die kalte Mandelcreme mit dem Kirschwasser parfümieren.
Den Teig etwa 2,5 mm dick ausrollen. Den Boden einer ausgebutterten Springform (Durchmesser: 16 cm) mit dem Teig auslegen. Den Rand leicht hochziehen und gleichmäßig abschneiden. Den Teigboden bis zur Hälfte mit der Mandelcreme mit Kirschwasser füllen. Im vorgeheizten Ofen bei 180 °C backen, bis die Tarte eine schöne Färbung angenommen hat (etwa 30 Minuten). Anschließend aus dem Ofen nehmen, den Rand der Springform entfernen und die Tarte auf einem Kuchengitter abkühlen lassen.

Kirschkompott

Die Kirschen halbieren und entsteinen. Die Butter in eine Sauteuse geben, die Kirschen mit den Schnittflächen nach oben darauf legen. Den Zucker darüber streuen und die Kirschen mit Backpapier zudecken. Im vorgeheizten Ofen bei 180 °C 45 Minuten garen. Dabei die Kirschen einige Male mit der austretenden Flüssigkeit beträufeln. Die eingekochten Kirschen abtropfen und abkühlen lassen.

Fertigstellung

Die Mandeltarte mit den eingekochten Kirschen garnieren. Den Rand der Tarte mit Puderzucker bestreuen und mit einigen Pistazienkernen garnieren.

Tarte chocolat framboise

Schokoladentarte mit Himbeeren

Zutaten für 10 Personen
(2 Tartes von je 16 cm Durchmesser)

Tarte
200 g bretonischer Sablé-Teig (siehe S. 293)
Butter
150 g Himbeeren

Gelierter Himbeer-Coulis
250 g Himbeer-Coulis
8 g Gelatine, in kaltem Wasser eingeweicht

Schokoladenüberzug
200 g dunkle Kuvertüre (70% Kakaoanteil)
120 g Kakaobutter

Cremige Ganache
160 g dunkle Kuvertüre (70% Kakaoanteil)
120 g Rahm
120 ml Milch
50 g Glukose

Tarte

Den bretonischen Sablé-Teig 3 mm dick ausrollen. Mit einem gebutterten Tortenring zwei Teigböden (Durchmesser: je 16 cm) ausstechen. Nacheinander je etwa 20 Minuten im vorgeheizten Ofen bei 180 °C backen, bis sie eine schöne Färbung angenommen haben.

Geeister Himbeer-Coulis

Den Himbeer-Coulis erwärmen und die Gelatine darin auflösen. Zwei Tortenringe (Durchmesser: je 12 cm) auf eine Silikonplatte setzen und in jeden Ring eine 3 mm dicke Schicht Himbeer-Coulis gießen. Für 2 Stunden ins Gefrierfach stellen.

Schokoladenüberzug

Die dunkle Kuvertüre mit der Kakaobutter schmelzen.

Cremige Ganache

Die Schokolade hacken. Den Rahm mit der Milch aufkochen und die Schokolade unter Rühren darin schmelzen. Die Glukose unterrühren. 10 Sekunden kräftig aufschlagen, damit sich alles gut verbindet. Auf Zimmertemperatur abkühlen lassen und anschließend auf den Himbeer-Coulis streichen. Erneut ins Gefrierfach stellen, bis die Masse fest geworden ist, dann die Ringe entfernen.

Fertigstellung

Den Schokoladenüberzug mit einem Zerstäuber auf die fest gewordene Ganache-Schicht spritzen, damit die Oberfläche samtig und glatt wird. Die Schichten aus Himbeer-Coulis, Ganache und Überzug in die Mitte der Teigböden setzen. Die Himbeeren auf den Teigrändern rund um die Schokoladenfüllung anrichten. Die Tarte eine Stunde vor dem Servieren aus dem Kühlschrank nehmen.

Tarte renversée aux pommes Boskoop

Gestürzte Tarte mit Boskop-Äpfeln

Zutaten für 4 Personen

125 g Blätterteig (siehe S. 294)
300 g Zucker
5 Boskop-Äpfel
150 g Butter
Quittengelee
Doppelrahm
Vanilleeis (siehe S. 269)

Den Blätterteig 2 mm dick zu einem Kreis von 14 cm Durchmesser ausrollen. Ruhen lassen. Mit einem Gitter und Gewichten beschweren und 15–25 Minuten im vorgeheizten Ofen bei 180 °C backen. Kurz vor Ende der Backzeit etwa 40 g Zucker auf den Teigboden streuen und karamellisieren lassen. Abkühlen lassen. Den Teig umdrehen und die andere Seite auf die gleiche Weise karamellisieren.
Die Äpfel schälen, in 2 cm dicke Spalten schneiden und die Enden der Spalten abrunden. Den übrigen Zucker (220 g) in einer Pfanne ohne Zugabe von Wasser karamellisieren. Die Apfelstücke hineingeben und sorgfältig mit dem Karamell überziehen; die Butter und ein paar Tropfen Wasser zugeben. 2 Minuten dünsten, anschließend auf einem Sieb abtropfen lassen und den flüssigen Karamell auffangen. Die Apfelstücke hochkant spiralförmig in eine Form von 12 cm Durchmesser und 3 cm Höhe setzen und den Karamell darüber gießen. Mit Alufolie zudecken und die Apfelspalten 10 Minuten im vorgeheizten Ofen bei 200 °C garen. Anschließend den Apfelkreis auf den Blätterteigboden stürzen. Mit leicht erwärmtem Quittengelee, Doppelrahm und Vanilleeis servieren.

Tarte tiède de figues violettes caramélisées

Lauwarme Tarte mit karamellisierten Feigen

Zutaten für 4 Personen

Sablé-Teig
30 g Eigelb
70 g Zucker
70 g weiche Butter
und Butter für die Formen
2 g Salz
110 g Mehl
8 g Backpulver

Feigen
12 violette Feigen
2 EL weiche Butter
60 g Zucker

Himbeeren
100 g Himbeeren
80 g Zucker
2 TL Zitronensaft

Karamellisierte Walnüsse
50 ml Läuterzucker (30° Baumé; entspricht einer Lösung aus 1 Teil Wasser und 1 Teil Zucker)
200 g Walnusskerne
10 g Butter

Fertigstellung
Minzeblättchen
Vanilleeis (siehe S. 269)

Sablé-Teig

Das Eigelb und den Zucker schaumig schlagen, dann die weiche Butter unterrühren. Anschließend das Salz, das Mehl und das Backpulver untermengen und den Teig kalt stellen. Den Teig etwa 3 mm dünn ausrollen und mit vier gebutterten runden Ausstechformen (Durchmesser: 10 cm) Kreise ausstechen. Die Teigböden in den Ausstechformen 7–8 Minuten im vorgeheizten Ofen bei 200 °C backen.

Feigen

Die Feigen waschen und längs halbieren. Die Feigen rosettenförmig (Schnittflächen nach oben) in eine Tarteform legen, mit der weichen Butter bestreichen und mit dem Zucker bestreuen. 30 Minuten im vorgeheizten Ofen bei 150 °C backen.

Himbeeren

Am Vorabend die Himbeeren mit dem Zucker im Mixer pürieren. Kalt stellen. Anschließend 5 Minuten kochen. Abschäumen, dann den Zitronensaft unterrühren und alles abkühlen lassen.

Karamellisierte Walnüsse

Den Läuterzucker zum Kochen bringen und auf 117 °C erhitzen. Die Nüsse zuvor 5 Minuten im vorgeheizten Ofen bei 200 °C rösten, zugeben und den Zucker karamellisieren lassen. Vom Herd nehmen, die Butter hinzufügen und vorsichtig unterziehen. Die karamellisierten Walnüsse sofort auf ein Blech geben und abkühlen lassen.

Fertigstellung

Den Himbeer-Coulis auf den vorgebackenen Sablé-Böden verteilen. Die Böden mit den noch warmen Feigenhälften rosettenartig belegen. Mit den karamellisierten Nüssen und einigen Minzeblättchen dekorieren.
Mit Vanilleeis und Himbeer-Coulis servieren.

Tarte aux oranges sanguines

Blutorangen-Tarte

Zutaten für 8 Personen
(1 Tarte von 24 cm Durchmesser)

300 g Sablé-Teig (siehe S. 242)
1 Eigelb, verquirlt
150 g Konditorcreme (siehe S. 291)
20 ml Orangengeist oder -likör
5 g abgeriebene Orangenschale
10 Blutorangen

Den Sablé-Teig 3 mm dünn ausrollen und einen Boden (Durchmesser: 24 cm) ausstechen. Den restlichen Teig für den Teigrand zu einer gleichmäßigen, langen Rolle formen, diese an den Rand des Teigbodens drücken und rundum mit den Fingerspitzen einkneifen. Den Boden mit einer Gabel mehrmals einstechen und den Teigrand mit dem Eigelb bestreichen. In etwa 10 Minuten im vorgeheizten Ofen bei 180 °C goldgelb backen. Aus dem Ofen nehmen und auf einem Gitter abkühlen lassen.
Die abgekühlte Konditorcreme mit dem Orangengeist und der abgeriebenen Orangenschale (ein wenig davon für die Garnitur beiseite stellen) verfeinern und auf dem Teigboden verteilen.

Die Blutorangen sorgfältig schälen. Die Filets herausschneiden und auf einem Tuch gründlich abtropfen lassen.
Die Orangenfilets dekorativ auf der Tarte anrichten und mit der übrigen abgeriebenen Orangenschale bestreuen.

Tarte à la raisinée

Tarte mit Traubengelee

Zutaten für 1 Form von 12 cm Durchmesser

Teig
200 g Zuckerteig (siehe S. 294)

Belag
1 Ei
1 Eigelb
70 g Zucker
70 g Rahm
70 g Traubengelee

Teig

Den Teig 3–4 mm dick ausrollen und die Form damit auskleiden. Den Teig mit Alufolie bedecken, damit er beim Backen hell bleibt. Im vorgeheizten Ofen bei 250 °C 25 Minuten backen und in der Form abkühlen lassen.

Belag

Alle Zutaten für den Belag vermischen und auf 50–60 °C erhitzen. Dreimal durch ein feines Sieb passieren, dann abschäumen.

Fertigstellung

Den Belag auf den lauwarmen Teigboden gießen. In den auf 140 °C vorgeheizten Ofen geben und die Backofentür halb geöffnet lassen. 35 Minuten im Ofen backen, bis der Belag vollständig gestockt ist. Die Tarte lauwarm aus der Form nehmen und auf einem Gitter abkühlen lassen.

Tarte au vin

Weintarte

Zutaten für 1 Form von 20 cm Durchmesser

Sablé-Teig
140 g Mehl
5 g Backpulver
60 g weiche Butter
1 Prise Salz
1 gute Prise Zucker
50 ml Milch
Butter für die Form

Belag
200 ml Weißwein, Chasselas (Gutedel) aus dem Kanton Waadt
1 Messerspitze gemahlener Zimt
8 g Mehl
120 g Zucker
10 g Butter

Mürbeteig

Das Mehl, das Backpulver und die Butter in einer Schüssel vermischen. Das Salz und den Zucker zugeben und alles mit den Fingerspitzen zu einem feinkrümeligen Teig verreiben. Die Milch zugießen und alles rasch leicht verkneten. Eine Kugel formen.
Den Teig 3 mm dünn ausrollen. Die Form buttern, den Boden der Form und den Rand 1 cm hoch mit dem Teig auslegen. Mit den Fingerspitzen in kleinen Abständen rundum gleichmäßig so einkneifen, dass ein gezackter Rand entsteht.

Belag

Den Wein zum Kochen bringen und das mit dem Zimt vermischte Mehl unterrühren.

Backen

Den Teigboden mit der Gabel mehrmals einstechen. Den Zucker auf den Teigboden streuen, die Weincreme darauf verteilen, dabei die Creme behutsam mit einem Spatel mit dem Zucker mischen. Die Butter in Flöckchen auf dem Belag verteilen und die Tarte 20 Minuten im vorgeheizten Ofen bei 240 °C backen. Aus dem Ofen nehmen. Sofort aus der Form nehmen und auf einem Kuchengitter auskühlen lassen.

Tarte aux abricots

Aprikosentarte

Zutaten für 1 Form von 16 cm Durchmesser

100 g Mehl
100 g Butter und Butter für die Form
1 Prise feines Salz
1 Prise Zucker
30 ml Wasser
400 g vollreife entsteinte Aprikosen (vorzugsweise Luizets)
100 g Zucker

Das Mehl, die Hälfte der Butter, das Salz und den Zucker in eine Schüssel geben und mit den Fingerspitzen verreiben, bis eine sehr feinkrümelige Masse entstanden ist. Das Wasser zugeben und kurz unterkneten. Den Teig 3–4 mm dick ausrollen und eine ausgebutterte Form damit auslegen. Den Teigrand rundum gleichmäßig so einkneifen, dass ein fein gezackter Rand entsteht. Die Aprikosen vierteln und aufrecht auf dem Teigboden verteilen. Zucker darüber streuen und die Tarte ungefähr 45 Minuten im vorgeheizten Ofen bei 220 °C backen. Nach der Hälfte der Backzeit erneut Zucker über die Aprikosen streuen. Zum Ende der Backzeit die übrige Butter in nussgroßen Stücken über die Tarte verteilen. Auf einem Kuchengitter abkühlen lassen.

Tarte aux prunes

Pflaumentarte

Zutaten für 4 Personen (1 Tarte von 16 cm Durchmesser)

100 g Mehl
100 g Butter und Butter für die Form
1 Prise feines Salz
1 Prise Zucker
30 ml Wasser
400 g vollreife Pflaumen oder Reineclauden
100 g feiner Zucker

Das Mehl, die Hälfte der Butter, das Salz und den Zucker in eine Schüssel geben und mit den Fingerspitzen verreiben, bis eine sehr feinkrümelige Masse entsteht. Das Wasser zugeben und kurz unterkneten. Den Teig 3–4 mm dick ausrollen und eine ausgebutterte Form damit auslegen. Den Teigrand rundum gleichmäßig so einkneifen, dass ein fein gezackter Rand entsteht. Die Pflaumen halbieren, entsteinen und jede Hälfte dreimal quer einschneiden. Die Pflaumenhälften aufrecht nebeneinander auf dem Teigboden anordnen. Den Zucker darüber streuen, die Tarte etwa 45 Minuten im vorgeheizten Ofen bei 220 °C backen. Nach der Hälfte der Backzeit erneut mit Zucker bestreuen. Zum Ende der Backzeit die übrige Butter in nussgroßen Stücken auf der Tarte verteilen. Auf einem Gitter abkühlen lassen.

Tourte de Zoug

Zuger Kirschtorte

Zutaten für 10 Personen
(2 Torten von 14 cm Durchmesser)

Torte
80 g Kirschwasser
120 ml Läuterzucker (30° Baumé; entspricht einer Lösung aus 1 Teil Zucker und 1 Teil Wasser)
1 Schokoladenbiskuit von 14 cm Durchmesser (siehe S. 293)
400 g Buttercreme (siehe S. 291)
4 Japonais-Böden von je 14 cm Durchmesser (siehe S. 293)

Fertigstellung
150 g Mandelstifte, geröstet
Puderzucker

Zuger Kirschtorte

Die Hälfte des Kirschwassers (40 g) mit dem Läuterzucker vermischen. Die kalte Buttercreme mit dem restlichen Kirschwasser aromatisieren.
Den Schokoladenbiskuit quer in vier gleich dicke Lagen teilen.
Nun in einen Tortenring (Durchmesser: 14 cm) einen Japonais-Boden legen. Diesen mit einer 4 mm dicken Schicht Buttercreme bestreichen. Darauf eine Lage Schokoladenbiskuit setzen und diese mit dem mit Kirschwasser aromatisierten Läuterzucker tränken. Eine Schicht Buttercreme darüber verteilen, gefolgt von einer Lage Schokoladenbiskuit, die wieder mit dem aromatisierten Läuterzucker getränkt wird. Eine weitere Schicht Buttercreme darüber verteilen und die Torte mit einem Japonais-Boden abschließen. Die zweite Torte ebenso herstellen. Die Torten 4 Stunden kalt stellen.

Fertigstellung

Die Tortenringe abnehmen, den äußeren Tortenrand jeweils mit einer feinen Schicht Buttercreme bestreichen und die Mandelstifte am seitlichen Rand leicht andrücken. Die Oberflächen der Torten mit Puderzucker bestreuen.

Truffé au chocolat

Schokoladentrüffeltorte

Zutaten für 10 Personen
(2 Torten von 14 cm Durchmesser)

Teigböden
2 Böden Schokoladenbiskuit (Durchmesser: 14 cm, siehe S. 293)
180 ml Läuterzucker (30° Baumé; entspricht einer Lösung aus 1 Teil Zucker und 1 Teil Wasser)
60 ml Orangengeist oder -likör

Mousse au chocolat
90 ml Milch
90 g Rahm
270 g dunkle Kuvertüre (60% Kakaoanteil)
180 g geschlagener Rahm

Fertigstellung
120 g kandierte Orangenschale, fein gehackt
50 g dunkles Kakaopulver

Teigböden

Den Schokoladenbiskuit quer in je 3 dünne Lagen schneiden. Den Läuterzucker mit Orangengeist oder -likör mischen.

Mousse au chocolat

Die Milch mit dem Rahm aufkochen und über die gehackte Schokolade gießen. Gut umrühren, damit sich die Schokolade auflöst. Die Schokolade auf 30 °C abkühlen lassen, dann den geschlagenen Rahm vorsichtig mit einem Spatel unterheben.

Zusammensetzen und Fertigstellung

Eine Lage Schokoladenbiskuit in einen Tortenring (Durchmesser: 14 cm) setzen und mit aromatisiertem Läuterzucker tränken. Eine dünne Schicht Mousse au chocolat darüber verteilen und etwas Orangenschale darüber streuen. Darauf eine Lage Schokoladenbiskuit setzen und mit Läuterzucker tränken. Eine Schicht Mousse au chocolat darüber verteilen und mit Orangenschale bestreuen. Wieder eine Lage Schokoladenbiskuit darauf setzen und die Schokoladentorte abschließend mit einer Schicht Mousse au chocolat bestreichen. Die zweite Torte ebenso herstellen. Die Torten bis zum Servieren kalt stellen, dann die Ringe entfernen. Die Oberflächen und die Ränder der Torten mit Kakaopulver bestreuen.

Forêt-Noire

Schwarzwälder Kirschtorte

Zutaten für 1 Torte von 14 cm Durchmesser

1 Boden Schokoladenbiskuit (Durchmesser: 14 cm, siehe S. 293)
400 g geschlagener Rahm
30 g feiner Zucker
80 ml Kirschwasser
200 ml Läuterzucker (30° Baumé; entspricht einer Lösung aus 1 Teil Zucker und 1 Teil Wasser)
200 g rote Herzkirschen, in Kirschwasser eingelegt, abgetropft
300 g dunkle Zartbitterkuvertüre
Puderzucker

Den Schokoladenbiskuit quer in 3 Lagen teilen. Den geschlagenen Rahm mit Zucker und 50 ml Kirschwasser mischen. Den Läuterzucker mit dem restlichen Kirschwasser mischen. Die Torte in einen Tortenring (Durchmesser: 14 cm) schichten: eine Lage Biskuit mit aromatisiertem Läuterzucker tränken. Darauf eine Schicht geschlagenen Rahm geben und mit Kirschen belegen. Dann wieder eine Lage Biskuit darauf legen, mit Läuterzucker tränken, Schlagrahm, dann Kirschen darüber verteilen. Mit einer Lage Biskuit abschließen, diese mit Läuterzucker tränken. Die Torte mit geschlagenem Rahm überziehen. Für die Garnitur die Kuvertüre in einer Schüssel in einem Wasserbad schmelzen. Die flüssige Schokolade zu einem Streifen von 45 cm Länge und 5 cm Breite auf einer zuvor im Gefrierfach gekühlten Platte ausstreichen. Den Schokoladenstreifen mit einem Spatel vorsichtig von der Platte lösen und an den Rand der Torte setzen. Einen weiteren Schokoladenstreifen herstellen, wieder von der Platte lösen und die Torte damit garnieren. Die Oberfläche mit Puderzucker bestäuben.

Cake aux cerises

Königskuchen mit Kirschen

Zutaten für 8 Personen
(2 Kastenkuchen von je 20 cm Länge)

200 g weiche Butter
200 g Puderzucker
3 Eier
180 g Mehl
7 g Backpulver
50 ml Kirschwasser
300 g eingekochte Kirschen
2 Stücke kandierte Zitronenschale, gehackt
200 ml Läuterzucker (30° Baumé; entspricht einer Lösung aus 1 Teil Wasser und 1 Teil Zucker)
40 ml Kirschwasser
30 ml Maraschino

Die Butter mit dem Puderzucker schaumig schlagen. Nach und nach die Eier unterrühren, dann das gesiebte und mit dem Backpulver vermischte Mehl, das Kirschwasser, die eingelegten Kirschen (vorher leicht in Mehl wälzen, damit sie nicht auf den Formboden absinken) und zum Schluss die gehackte Zitronenschale unterrühren. Den Teig in die mit Backpapier ausgelegten Kastenformen geben und im vorgeheizten Ofen bei 200 °C backen. Unterdessen den Läuterzucker mit dem Kirschwasser und dem Maraschino vermischen. Die fertig gebackenen Kuchen (mit der Stäbchenprobe testen) aus dem Ofen nehmen und aus den Formen auf ein Kuchengitter stürzen. Die noch lauwarmen Kuchen mit dem aromatisierten Läuterzucker tränken.

Cake aux pommes et aux raisins

Kuchen mit Äpfeln und Rosinen

Zutaten für 2 Formen von etwa 15 cm × 8 cm

200 g Eiweiß
90 g feiner Zucker
20 g Speisestärke
75 g Mehl
150 g Puderzucker
200 g Mandelkerne, fein gemahlen
50 g Haselnusskerne, gehackt
100 g warme geklärte Butter
100 g lauwarmer flüssiger Honig
200 g Rosinen, in Rum eingelegt
100 g Boskop-Äpfel, in Karamell gegart
(die geschälten, geviertelten Äpfel
in 50 g hellem Karamell garen)
Butter für die Form
Mandelstifte

Das Eiweiß mit Zucker und der Stärke zu einem festen Eischnee aufschlagen. Das Mehl mit dem Puderzucker darüber sieben, die gemahlenen Mandeln und die gehackten Haselnusskerne darauf geben und alles vorsichtig unter den Eischnee heben.
Die geklärte Butter und den lauwarmen Honig, anschließend die eingelegten Rosinen und die karamellisierten Äpfel untermengen.

Die Form ausbuttern und mit den Mandelstiften auskleiden. Den Teig hineingeben und 35 Minuten im vorgeheizten Ofen bei 170 °C backen.

Cake Mike Horn

Mike-Horn-Kuchen

Zutaten für 12 Personen
(3 Kuchen von 20 cm Länge)

Kuchen
200 g weiche Butter
200 g Puderzucker
3 Eier
8 g Backpulver
200 g Mehl
30 g fein gemahlene Mandeln
60 g Rum
350 g kandierte Früchte, in Rum eingelegt
60 g Walnusskerne

Fertigstellung
200 ml Läuterzucker (30° Baumé; entspricht einer Lösung aus 1 Teil Zucker und 1 Teil Wasser)
150 g Rum

Kuchen

Die Butter mit dem Puderzucker schaumig schlagen. Nach und nach die Eier unterrühren, dann das mit dem Backpulver gesiebte Mehl, die gemahlenen Mandeln, den Rum, die eingelegten kandierten Früchte und die Walnüsse untermischen. In die mit Backpapier ausgelegten Formen füllen.
Im vorgeheizten Ofen bei 200 °C etwa 35 Minuten backen, schließlich die Stäbchenprobe machen. Aus den Formen auf ein Kuchengitter stürzen.

Fertigstellung

Läuterzucker und Rum mischen. Die Kuchen mit dem aromatisierten Läuterzucker tränken, solange sie noch lauwarm sind.

Petits Fours

Truffes au chocolat

Schokoladentrüffeln

Zutaten für etwa 150 Trüffeln

Trüffeln
250 g Rahm
250 g ungezuckerte Kondensmilch
1 kg Schokolade (51% Kakaoanteil)

Hülle
dunkle Kuvertüre (70% Kakaoanteil)
400 g Kakaopulver

Trüffeln

Den Rahm mit der Kondensmilch aufkochen. Die gehackte Schokolade hineingeben.
Diese Ganache glatt rühren, anschließend zu kleinen Kugeln formen und auf Backpapier setzen. Abkühlen lassen.

Überzug

Die Kuvertüre zerlassen und die Trüffeln damit überziehen. Anschließend im Kakaopulver wälzen.

Palets d'or

Goldtaler

Zutaten für 180 Taler

Taler
320 g Rahm
300 g dunkle Kuvertüre (58% Kakaoanteil), zerkleinert
100 g dunkle Kuvertüre (70% Kakaoanteil), zerkleinert
45 g weiche Butter

Überzug
Schokoladenkuvertüre (70% Kakaoanteil)

Taler

Den Rahm aufkochen und auf 32 °C abkühlen lassen. Die beiden Kuvertüren zerkleinern, bei 32 °C gleichmäßig schmelzen und unter den Rahm rühren. Die weiche Butter zugeben und unterrühren. Mit dem Spritzbeutel kleine Kugeln dieser Masse auf Backpapier setzen. Mit einer zweiten Lage Backpapier bedecken. 2 Leisten zwischen die Kugeln setzen und diese mit dem Teigroller zu Talern ausrollen.

Die Taler 12 Stunden bei 17 °C hart werden lassen, bevor sie mit Schokolade überzogen werden.

Überzug

Die Kuvertüre schmelzen und die Taler damit dünn überziehen.

Coques au kirsch

Pralinen mit Kirschwasser

Zutaten für 150 Stück

Aufgeschlagene Ganache
500 g dunkle Kuvertüre (58% Kakaoanteil)
250 g Butter, in kleine Stücke geschnitten
50 ml Kirschwasser

Fertigstellung
300 g Herzkirschen, in Kirschwasser eingelegt, abgetropft
150 g kleine Schokoladenschalen
100 g Schokoladenblättchen
150 g Schokoladenstäbchen

Aufgeschlagene Ganache

Die dunkle Kuvertüre bei 45 °C schmelzen. Mit dem elektrischen Handmixer die Butter unterschlagen. Schaumig schlagen und zum Schluss das Kirschwasser untermischen.

Fertigstellung

Die Kirschen in die kleinen Schokoladenschalen setzen. Die Ganache mit einem Spritzbeutel mit Sterntülle rosettenförmig in die Schokoladenschalen füllen. Die Schokoladenblättchen darüber streuen und die Pralinen mit den Schokoladenstäbchen dekorieren.

Ganache moulée à l'orange

Gefrorene Orangen-Ganache

Zutaten für 180 Stück

800 g Rahm
abgeriebene Schale von 3 Orangen
500 g Würfelzucker
85 g Glukose
60 g Butter
500 g Vollmilchkuvertüre (40% Kakaoanteil)
100 ml Orangengeist oder -likör
50 g flüssiges Sorbex (Stabilisator)

Fertigstellung
dunkle Kuvertüre (70% Kakaoanteil)

Ganache

Den Rahm mit der Orangenschale aufkochen und 1 Stunde durchziehen lassen. In einer Kasserolle ohne Zugabe von Wasser einen Karamell aus dem Würfelzucker und der Glukose herstellen. Mit dem aromatisierten Rahm ablöschen, durch ein feines Spitzsieb passieren und auf 35 °C abkühlen lassen. Die Vollmilchkuvertüre, den Orangengeist, die weiche Butter und das Sorbex unter die Rahmmasse mischen.

Fertigstellung

Die Kuvertüre schmelzen und die Vertiefungen einer Hohlform (aus Kunststoff oder Metall) damit auskleiden. Die Orangen-Ganache in Formen gießen, anschließend mit Kuvertüre verschließen. Auf –5 °C abkühlen.

Bonbons moulés à la noisette

Haselnusspralinen

Zutaten für 160 Pralinen

Ganache
375 g Rahm (35% Fett)
150 g dunkle Kuvertüre (70% Kakaoanteil), geschmolzen
75 g Invertzucker
500 g Krokantmasse aus Haselnüssen, gemahlen

Fertigstellung
200 g geröstete Haselnüsse
Schokoladenkuvertüre (70% Kakaoanteil)

Ganache

Den Rahm aufkochen, dann auf 50 °C abkühlen lassen. Die geschmolzene Schokolade und den Invertzucker hineingeben. Auf 30 °C abkühlen lassen, dann die Krokantmasse untermischen.

Füllen

Die dunkle Kuvertüre schmelzen und die Vertiefungen einer Hohlform (aus Kunststoff oder Metall) damit auskleiden. Eine Haselnuss in jede Vertiefung geben und die Ganache hineinlaufen lassen. Anschließend mit Kuvertüre verschließen.

Bonbons rhum raisins

Pralinen mit Rum-Rosinen

Zutaten für etwa 100 Pralinen

Ganache
150 g Rahm (35% Fett)
20 g Invertzucker
420 g dunkle Kuvertüre (51% Kakaoanteil), gehackt
100 g Korinthen, in Rum eingelegt, abgetropft
55 g Butter
15 g flüssiges Sorbex (Stabilisator)

Überzug
dunkle Kuvertüre (70% Kakaoanteil)

Ganache

Den Rahm mit dem Invertzucker aufkochen. Die gehackte Kuvertüre hineingeben. Die Ganache glatt rühren und anschließend die eingelegten Korinthen untermischen. Auf 35 °C abkühlen lassen, dann die weiche Butter und das Sorbex unterrühren.
Zwei 12 mm dicke Leisten zu einem Rahmen von etwa 180 mm 3 140 mm legen und die Ganache hineingießen. Eine transparente Folie mit dunkler Kuvertüre bestreichen und mit der bestrichenen Seite nach unten auf die rechteckig geformte Ganache legen.
Bei 12 °C fest werden lassen. Die Leisten entfernen. Mit einem Zerstäuber die Oberfläche mit dunkler Kuvertüre überziehen. Die Rum-Rosinen-Ganache in 2 cm große Würfel schneiden.

Überzug

Die dunkle Kuvertüre schmelzen und die Pralinen damit überziehen.

Arlettes aux épices

Blätterteiggebäck »Arlettes«

Zutaten für 70 Stück

200 g Blätterteig (siehe S. 294)
50 g Fünfgewürzpulver
20 g Puderzucker

Den Blätterteig 1,7 mm dick zu einem Quadrat von 30 cm × 30 cm ausrollen. Das Blätterteigquadrat mit einem in Wasser getauchten Pinsel leicht befeuchten und anschließend mit dem Fünfgewürzpulver bestreuen.
Die Teiglage von einer Seite her eng einrollen und die Rolle für 30 Minuten ins Gefrierfach geben. Anschließend in etwa 4 mm dicke Scheiben schneiden. Die Scheiben erneut dünn ausrollen und anschließend mit Puderzucker bestäuben. Die ausgerollten Scheiben mit einer ovalen Ausstechform ausstechen. Die ovalen Scheiben zwischen zwei Lagen Backpapier und zwei Backblechen 10–12 Minuten im vorgeheizten Ofen bei 200 °C backen.
Aus dem Ofen nehmen, auf einem Kuchengitter auskühlen lassen und luftdicht verschlossen in einer Dose aufbewahren.

Macarons lisses

Glatte Makronen

Zutaten für 90 kleine Makronen

140 g weiße Mandeln, fein gemahlen
240 g Puderzucker
100 g Eiweiß
1 g Eiweißpulver
Salz
gelbe und rote Lebensmittelfarbe
Zitronencreme
Himbeer-Coulis

Mandeln und Zucker fein zerreiben und sieben. Das Eiweiß mit dem Eiweißpulver und 1 Prise Salz zu festem Schnee schlagen. Die Mandel-Mischung vorsichtig unterziehen. Ein Backblech mit Backpapier belegen. Die Masse leicht zusammenfallen lassen, dann mit einem Spritzbeutel mit glatter Tülle (Nr. 8) auf das Blech spritzen. 1 Stunde ruhen lassen.
2 Minuten bei 240 °C backen, dann bei 180 °C weitere 6 Minuten backen. Aus dem Ofen nehmen, auf einem Gitter abkühlen lassen. Für Zitronenmakronen die Masse mit gelber Lebensmittelfarbe färben. Die Unterseiten von je 2 gebackenen Makronen mit Zitronencreme bestreichen. Zusammensetzen. Für Himbeermakronen die Masse mit roter Lebensmittelfarbe färben. Die Unterseiten von je 2 Makronen mit Himbeer-Coulis bestreichen. Zusammensetzen.

Pâte de coings

Quittenbrot

Zutaten für 1 Rechteck von 30 cm × 40 cm

1 kg Quitten
75 g Zitronensaft
600 ml Wasser
500 g Zucker
15 g Apfelpektin
10 g gelöste Zitronensäure
Kristallzucker

Die Quitten mit Schale und Kerngehäusen in große Stücke schneiden und zusammen mit dem Zitronensaft 25 Minuten in dem Wasser kochen. Durch ein Passiergerät drücken, den Saft durch ein Tuch abtropfen lassen und auffangen. Den Saft in einem Kupferkessel zum Kochen bringen, den Zucker und das Pektin hinzufügen und auf 107 °C erhitzen. Die aufgelöste Zitronensäure hinzufügen und die Masse in eine Form von 30 cm × 40 cm oder eine Hohlform mit halbkugelförmigen Vertiefungen gießen. Das Quittenbrot auskühlen lassen und in 2 cm große Würfel schneiden oder aus der Hohlform nehmen und in Kristallzucker wenden.
Haltbarkeit: 6 Tage.

Glands au kirsch

Kirschwassertropfen

Zutaten für 8 Personen (30–40 Stück)

Butter
150 g Brandteig (siehe S. 293)
1 Eigelb, verquirlt
300 g Konditorcreme (siehe S. 291)
30 ml Kirschwasser
150 g weißer Fondant (Schmelzglasur)
Schokoladenspäne

Auf ein leicht gebuttertes Blech 30–40 Tropfen aus Brandteig spritzen. Mit Eigelb bestreichen, mit den Zinken einer Gabel darüber streichen und das Gebäck im vorgeheizten Ofen 20 Minuten bei 190 °C backen.
Die noch heißen Brandteigtropfen an der Unterseite einstechen. Die Konditorcreme mit 20 ml des Kirschwassers aromatisieren und die Gebäckstücke mit Hilfe eines Spritzbeutels mit der Creme füllen. Anschließend den weißen Fondant mit dem übrigen Kirschwasser aromatisieren und die Brandteigtropfen damit überziehen. Jedes Stück mit einem Schokoladenspan dekorieren.

Tuiles dentelles à l'orange

Orangenhippen

Zutaten für 8 Personen (40 Hippen)

50 g Butter
100 g Zucker
50 ml Orangensaft
30 g Mehl
4 g abgeriebene Orangenschale
Butter zum Fetten des Backblechs

Die Butter schmelzen und die übrigen Zutaten nach und nach unterrühren. Den Teig kalt stellen.
Kugeln von etwa 1 cm Durchmesser formen und auf ein gebuttertes Backblech setzen. Im vorgeheizten Ofen bei 200 °C 7–8 Minuten backen.

Die heißen Hippen sofort in die Vertiefung eines Dachrinnenblechs legen und auskühlen lassen. So erhalten sie die typische gewölbte Form.
Die Hippen luftdicht verschlossen in Dosen aufbewahren.

Bâtonnets glacés au citron

Glasierte Zitronenstäbchen

Zutaten für 8 Personen

Glasierte Stäbchen
200 g Blätterteig (siehe S. 294)

Glasur
250 g Puderzucker
50 g Eiweiß
2 TL Zitronensaft

Fertigstellung
4 g abgeriebene Zitronenschale
2 g abgeriebene Limettenschale

Glasierte Stäbchen

Den Blätterteig 1,5 cm dick ausrollen, ein 30 cm × 20 cm großes Rechteck formen und ins Gefrierfach geben.
Aus dem Puderzucker, dem Eiweiß und dem Zitronensaft eine Glasur rühren.
Auf die gefrorene Teigplatte eine dünne Schicht der Glasur auftragen.
Den Blätterteig in 1 cm breite und 10 cm lange Streifen schneiden und 1 Stunde unabgedeckt trocknen lassen. Anschließend 20 Minuten im vorgeheizten Ofen bei 170 °C backen.

Fertigstellung

Die abgeriebenen Zitrusschalen sofort über die heißen Stäbchen streuen. Auskühlen lassen und luftdicht verschlossen in Dosen aufbewahren.

Opéra pistache

Pistazien-Opéra

Zutaten für ein Rechteck von 30 cm × 40 cm

Pistaziencreme
1,2 kg Buttercreme (siehe S. 291)
200 g Pistazienrohmasse

Ganache
500 g dunkle Kuvertüre (51 % Kakaoanteil)
500 g Rahm (35 % Fett)

Schokoladenglasur
150 ml Wasser
175 g feiner Zucker
25 g Glukose
125 g Rahm
8 g Blattgelatine
75 g Kakaopulver

Fertigstellung
100 ml Kirschwasser
400 ml Läuterzucker (30° Baumé; entspricht einer Lösung aus 1 Teil Zucker und 1 Teil Wasser)
3 Lagen Mona-Lisa-Biskuit, je 30 cm × 40 cm (siehe S. 292)

Pistaziencreme

Die Buttercreme mit der Pistazienrohmasse verfeinern.

Ganache

Die in Stücke gebrochene Schokolade sanft schmelzen lassen und mit dem Rahm verrühren.

Schokoladenglasur

Das Wasser, den Zucker, die Glukose und den Rahm unter Rühren aufkochen. Die Blattgelatine in kaltem Wasser einweichen. Zuletzt das Kakaopulver und anschließend die abgetropfte Gelatine untermischen.

Fertigstellung

Das Kirschwasser in den Läuterzucker rühren und die erste Schicht Mona-Lisa-Biskuit mit dieser Mischung tränken. Den Biskuit mit einer feinen Schicht Pistaziencreme bestreichen und anschließend kalt stellen. Mit einer Schicht temperierter Ganache fortfahren. Die zweite Biskuitschicht darauf legen, mit Läuterzucker tränken und wie zuvor zuerst mit Pistaziencreme bestreichen, dann abkühlen lassen und anschließend eine Lage temperierte Ganache darauf verteilen. Die dritte Teigschicht darüber legen und gleichmäßig mit Läuterzucker tränken. Mit einer letzten Schicht Pistaziencreme bestreichen und erneut kalt stellen. Anschließend mit einer feinen Schicht Schokoladenglasur überziehen und kalt stellen.
Das Gebäck zum Servieren in kleine Rauten (Seitenlänge: 3 cm) schneiden.

Madeleines au citron

Zitronen-Madeleines

Zutaten für 8 Personen
(30–40 kleine Madeleines)

Madeleines
2 Eier
120 g feiner Zucker
100 g Mehl
4 g Backpulver
2 g fein abgeriebene Zitronenschale
100 g geschmolzene Butter

Fertigstellung
100 ml Läuterzucker (30° Baumé; entspricht einer Lösung aus 1 Teil Zucker und 1 Teil Wasser)
75 g Zitronensaft

Madeleines

Die Eier mit dem Zucker schaumig schlagen, das gesiebte Mehl und das Backpulver, anschließend die Zitronenschale und die abgekühlte geschmolzene Butter unterheben.
Den Teig auf die Vertiefungen einer Madeleine-Form verteilen und etwa 10 Minuten im vorgeheizten Ofen bei 240 °C backen, bis die Madeleines schön gebräunt sind.

Fertigstellung

Den Läuterzucker mit dem Zitronensaft verrühren und die fertig gebackenen Madeleines noch heiß damit tränken.
Die Madeleines aus den Vertiefungen der Form nehmen und lauwarm servieren.

Tartelettes amandine aux fruits rouges

Mandeltartelettes mit Beeren

Zutaten für 8 Personen (60 Tartelettes)

300 g Sablé-Teig (siehe S. 293)
400 g Mandelcreme (siehe S. 291)
100 g eingemachtes Himbeermus (siehe S. 291)
Beeren der Saison
Minzeblättchen

Die Sablé-Teig 1,5 mm dick ausrollen und die Tartelette-Förmchen damit auskleiden.
Die Mandelcreme hineinfüllen und im vorgeheizten Ofen bei 200 °C kurz backen, bis die Tartelettes eine schöne Färbung angenommen haben.
Die Tartelette-Böden mit einer dünnen Schicht Himbeermus bestreichen. Mit den Beeren belegen und zum Schluss mit Minzeblättchen garnieren.

Tartelettes à la raisinée

Tartelettes mit Traubengelee

Zutaten für 60 Tartelettes

300 g Sablé-Teig (siehe S. 293)
3 Eier
2 Eigelb
190 g feiner Zucker
210 g Rahm
210 g Traubengelee

Den Sablé-Teig 1,5 mm dick ausrollen und die Tartelette-Förmchen damit auskleiden. Die Tartelettes backen, ohne dass sie dabei Farbe annehmen. Auf einem Kuchengitter abkühlen lassen.
Die Eier und die Eigelbe mit dem Zucker schaumig aufschlagen. Den Rahm und das Traubengelee zum Kochen bringen und unter die Eimasse rühren. 4–5 Minuten bei 82 °C unter ständigem Rühren eindicken lassen, anschließend durch ein feines Spitzsieb passieren und kalt stellen.
Die Creme mit einem Spritzbeutel mit Rundtülle in die Tartelettes füllen und anschließend garnieren.

Financiers framboise

Financiers mit Himbeeren

Zutaten für 80 kleine Financiers

120 g fein gemahlene Mandeln
140 g feiner Zucker
15 g Mehl
170 g Eiweiß
100 g geklärte, hellbraune Butter
3 Tropfen Bittermandelaroma
200 g frische Himbeeren
Butter zum Fetten der Financier-Formen

Die fein gemahlenen Mandeln, den Zucker und das Mehl vermischen.
Das nicht aufgeschlagene Eiweiß, anschließend nach und nach die lauwarme gebräunte Butter untermischen.
Den Teig mit dem Bittermandelaroma aromatisieren und anschließend 4 Stunden kalt stellen.
Kleine Financier-Formen fetten. Den Financier-Teig in die Formen füllen und im vorgeheizten Ofen bei 200 °C backen, bis das Gebäck goldgelb ist. Die Financiers aus der Form nehmen und auf einem Gitter auskühlen lassen.
Vor dem Servieren mit je einer frischen Himbeere garnieren.

Eiscremes und Sorbets

Erdbeersorbet

Zutaten für 10 Personen
1 kg Erdbeer-Fruchtfleisch
(vorzugsweise Gariguette)
200 g Zucker
80 ml Zitronensaft

Alle Zutaten im Mixer pürieren, dann durch ein feines Spitzsieb passieren. In die Eismaschine geben und auf –5 °C gefrieren.

Blutorangensorbet

Zutaten für 10 Personen
1 l Blutorangensaft
300 g feiner Zucker
80 ml Zitronensaft
abgeriebene Schale von 4 Blutorangen
100 g Sorbex (Stabilisator)

Alle Zutaten im Mixer vermischen, dann durch ein feines Spitzsieb passieren. In die Eismaschine geben und auf –7 °C gefrieren.

Rosa-Grapefruit-Sorbet

Zutaten für 10 Personen
1 l rosa Grapefruitsaft
300 g feiner Zucker
abgeriebene Schale von 3 rosa Grapefruits
100 g Sorbex (Stabilisator)

Alle Zutaten im Mixer vermischen, dann durch ein feines Spitzsieb passieren. In die Eismaschine geben und auf –7 °C gefrieren.

Aprikosensorbet

Zutaten für 1,5 l
1 kg vollreife Aprikosen, gewaschen und entsteint
200 g feiner Zucker
100 ml Aprikosengeist (45 Vol.-%)
80 ml Zitronensaft
100 g Sorbex (Stabilisator)

Alle Zutaten – bis auf das Sorbex – vermischen und zugedeckt 20 Minuten kochen. Auskühlen lassen und das Sorbex unterrühren. Die Aprikosen mit der Flüssigkeit im Mixer fein pürieren. Durch ein feines Spitzsieb passieren. In die Eismaschine geben und auf –7 °C gefrieren.

Weintraubensorbet

Zutaten für 10 Personen
1,25 kg Weintrauben (vorzugsweise Muscat de Hambourg)
400 ml Presswein
300 g feiner Zucker
100 ml Zitronensaft
50 g Sorbex (Stabilisator)

Die Beeren von den Stielen lösen und mit allen übrigen Zutaten – bis auf das Sorbex – durch ein Passiergerät drücken. 48 Stunden durchziehen lassen. Kräftig durchmixen und das Sorbex hinzufügen. In die Eismaschine geben und auf –9 °C gefrieren.

Kiwisorbet

Zutaten für 10 Personen
800 g Kiwifruchtfleisch
250 ml Läuterzucker (30° Baumé; entspricht einer Lösung aus 1 Teil Zucker und 1 Teil Wasser)
100 ml Passionsfruchtsaft
50 g Sorbex (Stabilisator)

Alle Zutaten im Mixer gut durchmischen. In die Eismaschine geben und auf –6 °C gefrieren.

Bananensorbet

Zutaten für 10 Personen
1 kg vollreife Bananen, geschält
100 g feiner Zucker
120 ml Zitronensaft
100 g Sorbex (Stabilisator)

Alle Zutaten im Mixer fein zerkleinern, dann durch ein feines Spitzsieb passieren. In die Eismaschine geben und auf –7 °C gefrieren.

Himbeersorbet

Zutaten
500 g Himbeerfruchtfleisch (die Früchte im Mixer fein zerkleinern und durch ein mit einem Tuch ausgelegtes Spitzsieb passieren)
125 g feiner Zucker
40 ml Zitronensaft
20 g Sorbex (Stabilisator)

70 g Himbeerfruchtfleisch erhitzen und den Zucker darin auflösen. Alle Zutaten vermischen und durch ein mit einem Tuch ausgelegtes Spitzsieb passieren. In die Eismaschine geben und auf –4 °C gefrieren.

Birnensorbet

Zutaten für 1,5 l
1 kg in Sirup eingelegte Williamsbirnen
125 ml Läuterzucker (30° Baumé; entspricht einer Lösung aus 1 Teil Zucker und 1 Teil Wasser)
100 g Zitronensaft
75 g Birnengeist

Alle Zutaten im Mixer fein zerkleinern. In die Eismaschine geben und auf –5 °C gefrieren.

Vanilleeis

Zutaten für 8 Personen
½ l Vollmilch
4 Vanilleschoten, längs aufgeschlitzt und das Mark herausgekratzt
6 Eigelb
250 g Zucker
600 g Rahm (35% Fett)

Die Milch mit dem Vanillemark und den ausgekratzten Schoten aufkochen, vom Herd nehmen und mindestens 20 Minuten durchziehen lassen.
Die Eigelbe mit dem Zucker schaumig schlagen.
Die kochende Milch unterrühren und die Creme unter ständigem Rühren zur Rose abziehen. Dabei darf die Creme auf keinen Fall zu kochen beginnen. Kalt stellen und gut durchziehen lassen.
Die Creme durch ein feines Spitzsieb passieren und unter ständigem Rühren in der Eismaschine gefrieren. Abschließend den Rahm in einem dünnen Strahl nach und nach in die laufende Maschine gießen. Das Vanilleis aus der Eismaschine nehmen, wenn es –2 °C kalt ist.

Schokoladeneis

Zutaten für 8 Personen
5 Eigelb
165 g feiner Zucker
½ l kochend heiße Milch
200 g dunkle Schokolade (58% Kakaoanteil), gehackt
100 g Rahm

Die Eigelbe mit dem Zucker schaumig schlagen.
Die kochend heiße Milch unter die Eimasse rühren. Die Creme unter ständigem Rühren bis auf 85 °C erhitzen und zur Rose abziehen. Die Creme darf dabei auf keinen Fall zu kochen beginnen. Durch ein feines Spitzsieb passieren und die gehackte Schokolade hineingeben. Dabei kräftig rühren, damit sich die Schokolade auflöst.
Die Schokoladenmasse auskühlen lassen und anschließend in der Eismaschine unter ständigem Rühren gefrieren. Zum Schluss den Rahm in einem dünnen Strahl nach und nach in die laufende Maschine gießen. Das Eis bei –2 °C aus der Eismaschine nehmen.

Rum-Rosinen-Eis

Zutaten für 8 Personen
6 Eigelbe
250 g feiner Zucker
500 ml kochend heiße Milch
500 ml Rahm (35% Fett)
75 g Rum
100 g helle Rosinen, in Rum eingelegt

Die Eigelbe mit dem Zucker schaumig schlagen.
Die kochend heiße Milch unter die Eimasse rühren. Die Creme unter ständigem Rühren bis auf 85 °C erhitzen und zur Rose abziehen. Die Creme unter gelegentlichem Rühren auskühlen lassen, dann durch ein feines Spitzsieb gießen und beiseite stellen.
Die Creme in die Eismaschine geben und gefrieren. Anschließend den Rahm und den Rum und ganz zum Schluss die eingelegten Rosinen hinzufügen. Bei –5 °C aus der Eismaschine nehmen und ins Gefrierfach geben.

Lebkucheneis

Zutaten für 8 Personen
½ l Milch
15 g Lebkuchengewürz
6 Eigelb
150 g Zucker
100 g Blütenhonig
625 g Rahm

Die Milch mit dem Lebkuchengewürz erhitzen und mindestens 1 Stunde durchziehen lassen.
Die Eigelbe mit dem Zucker und dem Honig schaumig aufschlagen. Die Milch erneut erhitzen und zur Eimischung geben. Die Creme unter ständigem Rühren bis auf 85 °C erhitzen und zur Rose abziehen.
Durch ein feines Spitzsieb passieren. Die ausgekühlte Creme in der Eismaschine gefrieren. Zum Schluss den Rahm in einem dünnen Strahl nach und nach dazugießen. Die Eiscreme bei –2 °C aus der Eismaschine nehmen und ins Gefrierfach geben.

Kaffee-Eiscreme

Zutaten für 8 Personen
100 g Kaffeebohnen, geröstet und gehackt
400 ml Läuterzucker (30° Baumé; entspricht einer Lösung aus 1 Teil Zucker und 1 Teil Wasser)
500 ml Rahm (35% Fett)
20 g Instant-Kaffeepulver

Für den Kaffee-Läuterzucker die Kaffeebohnen in dem Läuterzucker zum Kochen bringen und den Ansatz anschließend 4 Stunden abkühlen und durchziehen lassen.
Durch ein feines Spitzsieb passieren, anschließend den Rahm und das Kaffeepulver unterrühren. In die Eismaschine gießen und auf –1,5 °C gefrieren.

Italienische Eiscreme

Zutaten für 8 Personen
225 g Zucker
225 ml Wasser
500 g Rahm (35% Fett)
100 ml Zitronensaft
abgeriebene Schale von 1 Zitrone

Für den Läuterzucker den Zucker mit dem Wasser aufkochen. Dabei mit dem Schneebesen gut durchrühren, damit sich der Zucker vollständig auflöst. Anschließend mindestens 1 Stunde abkühlen lassen.
Alle Zutaten vermischen, in die Eismaschine gießen und auf –1 °C gefrieren. Ins Gefrierfach stellen.

Eisparfait mit Passionsfrüchten

Zutaten für 8 Personen
40 ml Wasser
100 g Zucker
5 Eigelb
100 g Rahm (35% Fett)
50 ml Milch
50 ml Passionsfruchtsaft
2 TL Limettensaft
fein abgeriebene Schale von 1 Limette

Das Wasser mit dem Zucker auf 118 °C erhitzen. Die Eigelbe schaumig schlagen und den heißen Läuterzucker unter ständigem Rühren dazugießen. Unter häufigem Rühren vollständig abkühlen lassen.
Den Rahm mit der Milch steif schlagen und vorsichtig unter die Läuterzucker-Eigelb-Masse rühren. Zum Schluss den Passionsfruchtsaft, den Limettensaft und die Limettenschale untermischen.
Die Parfait-Masse in acht etwa 4 cm hohe kleine runde Formen geben (Durchmesser: 5 cm) und in 4 Stunden im Tiefkühlfach auf –10 °C gefrieren.

Nougat glacé napolitaine

Neapolitanisches Nougateis

Zutaten für 1 Dachrinnenform von 40 cm Länge, 8 cm Breite und 4 cm Höhe

Eiscreme mit kandierten Früchten
350 ml Vollmilch
5 Eigelb
160 g feiner Zucker
300 g Rahm (35% Fett)
75 ml Kirschwasser
100 g kandierte Früchte, in kleine Würfel geschnitten

Nougateis
110 g Eiweiß
200 g Honig
75 g karamellisierte Haselnüsse
75 g kandierte Früchte, in kleine Würfel geschnitten
30 ml Maraschino-Likör
600 g geschlagener Rahm

Eiscreme mit kandierten Früchten

Aus der Milch, den Eigelben und dem Zucker, wie im Rezept auf Seite 292 beschrieben, eine englische Creme zubereiten. In die Eismaschine geben. Sobald die englische Creme in der laufenden Eismaschine auf 20 °C abgekühlt ist, den Rahm und das Kirschwasser hinzufügen, Die Masse weiter gefrieren und die kandierten Früchte bei –5 °C untermischen. Das Eis sofort aus der Eismaschine nehmen. In eine eisgekühlte 40 cm lange, 6 cm breite und 4 cm hohe Dachrinnenform geben und für 3 Stunden ins Gefrierfach stellen. Das Eis auf –20 °C gefrieren, dann aus der Form nehmen und bei –20 °C aufbewahren.

Nougateis

Das Eiweiß zu festem Eischnee schlagen. Den Honig auf 121 °C erhitzen und unter ständigem Schlagen über den Eischnee gießen, die Masse weiter schlagen, bis sie vollständig abgekühlt ist.
Die karamellisierten Haselnüsse, die kandierten Früchte und den Maraschino untermischen. Zum Schluss den geschlagenen Rahm vorsichtig unterheben.

Fertigstellung

Eine große Dachrinnenform (40 cm lang, 8 cm breit, 4 cm hoch) zur Hälfte mit der Nougateismasse füllen. Die dachrinnenförmige Eiscreme mit den kandierten Früchten darauf setzen. Dabei die Eiscreme leicht festdrücken und an den Rändern so nach unten verstreichen, dass ein nahtloser Übergang zum Nougateis entsteht.
Glatt streichen und im Tiefkühlfach auf –20 °C gefrieren lassen. Aus der Form nehmen und bei –12 °C aufbewahren.

H. ROCHAT

Brote, salzige und süße Grundzubereitungen

Brioche aux raisins

Rosinenbrioche

Zutaten für 10 Personen
20 g frische Hefe
50 ml Milch
50 g Zucker
500 g Weizenmehl
10 g Salz
6 Eier
250 g Butter, in kleine Stückchen geschnitten
225 g Korinthen
1 Eigelb

Die Hefe in der lauwarmen Milch zusammen mit etwas Zucker auflösen und ca. 10 Minuten stehen lassen, bis sie Blasen wirft. Inzwischen das Mehl in eine Schüssel sieben und mit dem Salz und dem restlichen Zucker mischen. In die Mitte eine Vertiefung drücken und die aufgelöste Hefe hineingeben. Die Eier zur Hefe geben und mit einer Gabel verquirlen. Die Butter auf dem Mehlrand verteilen und das Ganze mit der Hand zu einem geschmeidigen Teig verkneten. Zuletzt die Korinthen unterkneten. Eine Kugel formen und für 4 Stunden unter einem feuchten Tuch kühl stellen.
Nun den Teig noch einmal zusammenschlagen und wieder gut durchkneten. Ein Viertel davon abschneiden. Für eine große Briocheform aus den beiden Teigstücken je eine Kugel rollen. Für Portionsförmchen aus dem großen Teigstück 12 kleine Kugeln formen, aus dem übrigen Teig 12 murmelgroße Bällchen. Die größere Kugel jeweils in die gebutterte Briocheform legen. In die Mitte mit dem Finger eine Mulde drücken. Die kleine Kugel tropfenförmig rollen und in die Mulde setzen.
Erneut gehen lassen, bis sich das Teigvolumen verdoppelt hat. Mit dem Eigelb bestreichen und im vorgeheizten Backofen bei 180 °C goldbraun backen. Brioches in den Portionsförmchen sind bereits nach 20 Minuten gar.
Aus der Form nehmen und auf einem Kuchengitter abkühlen lassen.

Ballons blancs

Bäckerbrötchen

Zutaten für 45 Brötchen

Vorteig
10 g frische Hefe
165 ml Wasser
250 g Halbweißmehl
5 g Salz

Teig
25 g frische Hefe
550 ml Wasser
660 g Weizenmehl
340 g Halbweißmehl
20 g Salz
4 g Flüssigmalz
260 g Vorteig

Vorteig

Die Hefe in etwas lauwarmem Wasser auflösen und stehen lassen, bis sie Blasen wirft. Mehl und Salz mischen. Die gelöste Hefe und das restliche Wasser dazugeben und alles etwa 5 Minuten lang gut durchkneten. Den Vorteig 12 Stunden bei Zimmertemperatur gehen lassen.

Teig

Die Hefe in etwas lauwarmem Wasser auflösen und stehen lassen, bis sie Blasen wirft. Mehl und Salz mischen. Die aufgelöste Hefe, das restliche Wasser, das Malz und den Vorteig dazugeben und alles ca. 10 Minuten gut durchkneten. Den Teig 90 Minuten zugedeckt an einem warmen Ort gehen lassen. Noch einmal durchkneten und dann 40 g schwere, runde Brötchen daraus drehen und auf geölte Backbleche setzen. Weitere 90 Minuten bei Zimmertemperatur gehen lassen, dann die Oberfläche kreuzweise einritzen und die Brötchen im vorgeheizten Ofen bei 250 °C etwa 10 Minuten backen.

Pain au levain

Hefebrötchen

Zutaten für 50 Brötchen

Vorteig
20 g frische Hefe
330 ml Wasser
500 g Halbweißmehl
10 g Salz

Teig
40 g frische Hefe
830 ml Wasser
1 kg Halbweißmehl
25 g Salz
5 g Malz
210 g Vorteig

Vorteig

Die Hefe in etwas lauwarmem Wasser auflösen und stehen lassen, bis sie Blasen wirft. Mehl und Salz mischen. Die gelöste Hefe und das restliche Wasser dazugeben und alles etwa 5 Minuten lang gut durchkneten. Den Vorteig mit einem feuchten Tuch bedeckt 12 Stunden lang bei Zimmertemperatur stehen lassen.

Teig

Die Hefe in etwas lauwarmem Wasser auflösen und stehen lassen, bis sie Blasen wirft. Mehl und Salz mischen. Die gelöste Hefe, das restliche Wasser, das Malz und den Vorteig dazugeben und alles ca. 20 Minuten gut durchkneten. Den Teig noch einmal 12 Stunden bei Zimmertemperatur stehen lassen. Anschließend kleine, längliche Brötchen formen und auf geölte Backbleche legen. Die Teiglinge 90 Minuten gehen lassen, dann mit Mehl bestäuben und 10–15 Minuten im vorgeheizten Ofen bei 250 °C backen.

Tresse vaudoise

Hefezopf

Zutaten für 2 Zöpfe
25 g frische Hefe
3 g Zucker
250 ml Wasser
630 g Mehl
12 g Salz
25 g Milchpulver
2 g Malz
1 Ei
75 g weiche Butter, in Stückchen geschnitten
1 Eigelb

Hefe und Zucker in etwas lauwarmem Wasser auflösen und stehen lassen, bis die Hefe Blasen wirft. Mehl, Salz, Milchpulver und Malz mischen und in die Mitte eine Vertiefung drücken. Hefelösung und Ei in die Vertiefung geben und mit einer Gabel verquirlen. Die Butterstückchen auf dem Mehlrand verteilen. Das Ganze in etwa 10 Minuten zu einem geschmeidigen Teig verkneten. Den Teig in vier Stränge von je 160 g teilen und aus je zwei Strängen einen Zopf flechten.
Auf ein gefettetes Backblech legen und 30 Minuten gehen lassen. Mit Eigelb bestreichen und im vorgeheizten Ofen bei 220 °C 20–25 Minuten backen. Herausnehmen und auf einem Kuchengitter abkühlen lassen.

Flûtes aux truffes noires

Trüffelstangen

Zutaten

Teig
12 g Hefesauer
130 ml Milch
25 g Zucker
250 g Weizenmehl (oder Roggenmehl)
5 g Salz

Tourage
100 g Butter
15 g gehackte schwarze Trüffeln

Fertigstellung
1 Eigelb
Fleur de sel (feinstes Meersalz)
15 g gehackte schwarze Trüffeln

Teig
Aus den Zutaten einen geschmeidigen Teig kneten und 3 Stunden ruhen lassen.

Tourage
Den Teig ausrollen, die Butter und die Trüffeln auf der einen Hälfte des Teigs verteilen, die andere Hälfte darüber klappen und das Ganze erneut ausrollen. Eine Stunde ruhen lassen, dann die Teigplatte einmal falten und wieder ausrollen. Diesen Vorgang noch zweimal wiederholen, den Teig dazwischen jeweils eine Stunde ruhen lassen.

Backen und Fertigstellung
Die Teigplatte in Streifen schneiden, diese mit Eigelb bestreichen und mit Fleur de sel sowie mit gehackten Trüffeln bestreuen. Bei 210 °C goldbraun backen. Nach dem Backen die Stangen sofort in jeweils drei Teile schneiden.

Vinaigrette au vieux balsamique

Vinaigrette mit altem Balsamessig

Zutaten für 500 ml
25 g scharfer Senf
1 TL Salz
5 Umdrehungen aus der Pfeffermühle
100 ml alter Balsamessig
100 ml Haselnussöl
100 ml Olivenöl
100 ml Walnussöl

Den Senf in einer Metallschüssel mit dem Salz, dem Pfeffer, dem Balsamessig und den Ölen verrühren. In eine Flasche abfüllen und kühl (jedoch nicht im Kühlschrank) lagern.

Vinaigrette à l'huile de pépins de raisins

Traubenkernöl-Vinaigrette

Zutaten für 500 ml
1 gehäufter TL Dijonsenf
Salz
5 Umdrehungen aus der Pfeffermühle
150 ml trockener Weißweinessig
450 ml Traubenkernöl

Senf, Salz, Pfeffer und Essig in einem Gefäß gut verrühren. Anschließend das Traubenkernöl mit dem Schneebesen unterschlagen. In eine Flasche abfüllen und kühl aufbewahren.

Vinaigrette au vino santo

Vinaigrette mit Vino Santo

Zutaten für 500 ml
15 g Dijon-Senf
1 großzügige Prise Salz
5 Umdrehungen aus der Pfeffermühle
35 ml weißer Balsamessig
50 ml Vino Santo (weiß und trocken)
250 ml Olivenöl
50 ml Walnussöl
50 ml Erdnussöl

Den Senf mit dem Salz, dem Pfeffer, dem Essig und dem Vino Santo mischen. Die Öle mit dem Schneebesen unterschlagen. Die Vinaigrette in eine Flasche abfüllen und kühl (jedoch nicht im Kühlschrank) lagern.

Sauce mayonnaise

Mayonnaise

Zutaten
2 Eigelb (die Eier rechtzeitig aus dem Kühlschrank nehmen, damit sie Raumtemperatur annehmen können)
30 g scharfer Senf
1 EL Weißweinessig
Salz und Pfeffer
50 ml Traubenkernöl

Die Eigelbe mit dem Senf, dem Essig, dem Salz und dem Pfeffer in einer Metallschüssel verrühren. Die Zutaten mit dem Schneebesen aufschlagen und dabei das Öl nach und nach in die Eimasse fließen lassen. Falls nötig, die Mayonnaise mit etwas lauwarmem Wasser verlängern. Zum Schluss nochmals abschmecken.

Sauce bagna cauda

Bagna-cauda-Sauce

Zutaten für 4 Personen
100 g Kartoffeln (vorzugsweise Agria oder Bintje), in Salzwasser gekocht, geschält und durch die Kartoffelpresse gedrückt
10 g Anchovisfilets, in Salz eingelegt, in feine Würfel geschnitten (Brunoise)
2 g zerdrückte Knoblauchzehen
1 Eigelb
10 g passierte Tomaten (aus der Dose)
Cayennepfeffer
gemahlener Espelette-Pfeffer
Zucker
Pfeffer aus der Mühle
50 ml Olivenöl
100 ml Erdnussöl
70 ml lauwarmes Wasser

Alle Zutaten (außer den Ölen und dem Wasser) in einer Metallschüssel mischen. Die Mischung gleich einer Mayonnaise mit dem Schneebesen aufschlagen und dabei die beiden Öle einfließen lassen. Die Sauce mit dem lauwarmen Wasser verlängern. Zum Schluss nochmals abschmecken.

Gelée de légumes

Gemüsegelee

Zutaten für 1 l Gelee
170 g Karotten, in Scheiben geschnitten
150 g Knollensellerie, in Würfel geschnitten (Mirepoix)
70 g ganze Zwiebeln
100 g Lauch, in 4 cm lange Stücke geschnitten
1 Lorbeerblatt
15 g abgeriebene Orangenschale
2 g Thymian
20 g Petersilienstiele
Salz, Tabasco
10 g Blattgelatine, in kaltem Wasser eingeweicht

1,2 l Wasser zum Kochen bringen und alle Zutaten bis auf die Gelatine hineingeben. 10 Minuten kochen, anschließend durch ein feines Spitzsieb passieren. Abschmecken.
Die eingeweichte Gelatine in der heißen Gemüsebrühe auflösen. Etwa 15 Minuten bei niedriger Hitze köcheln lassen. Dieses Gelee wird zum Binden von Gemüseterrinen verwendet.

Gelée de volaille

Geflügelgelee

Zutaten für 1 l
2 l weißer Geflügelfond

Zutaten zum Klären
300 g Geflügelfleisch, durch die feine Scheibe des Fleischwolfs gedreht
50 g Eiweiß
100 g Karotten, in groben Stücken
100 g Lauch (grüner Teil), in groben Stücken
40 g Knollensellerie, in groben Stücken
100 g frische Tomaten, abgezogen, entkernt und in Würfel geschnitten
20 g Petersilie
5 g grobes Meersalz

Den Geflügelfond zum Kochen bringen und die Zutaten zum Klären hinzufügen. Gut mischen und nach und nach erhitzen, so dass das Gemüse auf der Oberfläche des Fonds eine Haube bilden. Die Brühe muss vollkommen klar werden, wobei die Haube als Filter dient. Das Ganze 40 Minuten köcheln lassen, dann ganz vorsichtig durch ein Passiertuch filtern. Dieses Gelee dient zum Binden von Terrinen und diversen kalten Gerichten. Zur Herstellung einer Terrine pro Liter geklärter Brühe 25 g Gelatine hinzufügen.

Huile pimentée

Chiliöl

Zutaten
80 g Lauch (grüner Teil), in feine Würfel geschnitten (Brunoise)
4 g Chilischote, entkernt und fein gehackt
4 g Salz und 15 Umdrehungen aus der Pfeffermühle
8 Tropfen Tabasco
200 ml Olivenöl

Alle Zutaten zum Öl geben und gut mischen. Kühl aufbewahren.
Haltbarkeit: 4 Tage.

Huile de citron

Zitronenöl

Zutaten
200 ml Olivenöl
60 g Lauch (grüner Teil), in feine Würfel geschnitten (Brunoise)
4 g Chili, entkernt und fein gehackt
4 g Salz
4 Tropfen Tabasco
10 g Limettenschalen
2 g Orangenschalen
20 g Limettensaft
10 g zerstoßener bunter Pfeffer

Alle Zutaten in einer Metallschüssel mischen. Dieses Zitronenöl ist, kühl aufbewahrt, maximal 4 Tage haltbar. Es wird zu Fisch und Schalentieren gereicht.

Huile de basilic

Basilikumöl

Zutaten
100 ml Olivenöl
300 g Basilikumblätter, gewaschen
1 Messerspitze Salz

Alle Zutaten mischen. Durch ein Passiertuch filtern. Kühl stellen.
Haltbarkeit: 48 Stunden.

Fumet de poisson
Fischsud

Zutaten
30 g Butter
1 g zerstoßener weißer Pfeffer
60 g Schalotten, in dünne Scheiben geschnitten
60 g Champignons, in Scheiben geschnitten
2 g Thymian
1 Knoblauchzehe
320 g Seezungenparüren (Gräten und Abschnitte ohne die dunkle Haut), unter fließendem Wasser gründlich abgespült
100 ml Weißwein
400 ml Wasser
10 ml Zitronensaft

Die Butter in einem Sautoir zerlassen und die Gemüse sowie die Gewürze hinzufügen. Anschließend die Seezungenparüren darauf legen und mit dem Wein, dem Wasser und dem Zitronensaft begießen. Langsam zum Kochen bringen, abschäumen und bei kleiner Hitze 15 Minuten weiter köcheln lassen. Zum Schluss behutsam durch ein Passiertuch seihen und beiseite stellen.

Fumet de saumon
Lachsfond

Zutaten
10 ml Olivenöl
60 g Schalotten, in dünne Scheiben geschnitten
60 g Champignons, in dünne Scheiben geschnitten
2 g Thymian
4 g Petersilie, grob gehackt
1 Knoblauchzehe, geschält
1 g Pfeffer, zerstoßen
320 g Lachsparüren (Gräten, Flossen und Kopf – in zwei Teile geteilt – und unter fließendem Wasser gründlich abgespült)
100 ml Weißwein

Das Olivenöl in einen Sautoir gießen. Das Gemüse und die Gewürze hinzufügen und die sorgfältig gesäuberten Lachsparüren zum Schluss darauf legen. Den Weißwein und 300 ml Wasser dazugießen. Zum Kochen bringen. Abschäumen und 15 Minuten köcheln lassen. Anschließend 10 Minuten ruhen lassen. Vorsichtig durch ein feines Sieb passieren und kalt stellen.

Bouillon de langoustines
Scampi-Brühe

Zutaten für 500 ml
80 g Schalotten, in grobe Scheiben geschnitten
50 g Karotten, in Scheiben geschnitten
60 g Fenchel, in dünne Scheiben geschnitten
40 g Knollensellerie, feinblättrig geschnitten
1 Knoblauchzehe, geschält
3 g Thymianzweiglein
5 g Petersilie
4 g Dill
3 g Estragon
1 g zerstoßener bunter Pfeffer
40 ml Olivenöl
800 g Scampi-Scheren, zerkleinert
60 g Tomaten
500 ml Gemüsebrühe (siehe S. 281)

Das Gemüse, die Kräuter und die Gewürze in dem Olivenöl anschwitzen. Die zerkleinerten Scampi-Scheren und die Tomaten hinzufügen. Die Gemüsebrühe dazugießen, zum Kochen bringen und die Brühe etwa 15 Minuten köcheln lassen. Anschließend weitere 15 Minuten heiß stellen. Durch ein feines Spitzsieb passieren und kalt stellen.

Court-bouillon de poisson
Court-Bouillon

Zutaten
2,5 l Gemüsebrühe (siehe S. 281)
120 ml Weißweinessig
200 ml Weißwein (vorzugsweise Dézaley)
70 g Sellerie, feinblättrig geschnitten
50 g Karotten, feinblättrig geschnitten
70 g Lauch, grob geschnitten
40 g Zwiebeln, fein geschnitten
1 Stück Sternanis
1 g zerstoßener bunter Pfeffer
10 g Liebstöckel
10 Estragonblätter
20 g grobes Meersalz
10 g Petersilie
2 g Thymian

Die Brühe zusammen mit allen weiteren Zutaten zum Kochen bringen. 20 Minuten kochen, dann durch ein feines Sieb abgießen.

Fond blanc de volaille

Heller Geflügelfond

Zutaten für 2 l
1,5 kg Hühnerflügel, 1 Minute blanchiert (oder ein Suppenhuhn)
150 g ganze weiße Zwiebeln
150 g Karotten, längs halbiert
50 g Knollensellerie, in Stücke geschnitten
1 Kräuterbündel (Lorbeer, Petersilie und Thymian)
50 g Knoblauchzehen, die Keimlinge entfernt
100 g Lauch (weißer Teil)
1 Gewürznelke
1 Lorbeerblatt
2 g weißer Pfeffer, zerstoßen

4 l Wasser in einen großen Suppentopf gießen und alle Zutaten hineingeben.
3 Stunden bei schwacher Hitze köcheln lassen, dabei regelmäßig abschäumen. Sofort durch ein feines Spitzsieb passieren. Den Fond höchstens 48 Stunden kaltgestellt aufbewahren. Vor der weiteren Verwendung das erkaltete Fett abnehmen.

Beurre d'herbes

Kräuterbutter

Zutaten
200 g weiche Butter
15 g krausblättrige Petersilie
8 g Liebstöckel
12 g Kerbel
6 g Estragon
15 g Basilikum

Alle Zutaten in der Küchenmaschine mischen, bis eine weiche, glatte und sehr grüne Buttermischung entstanden ist. Die Kräuterbutter auf einen Bogen Frischhaltefolie geben und zu einer Rolle (Durchmesser: 3 cm) formen. In die Folie wickeln und kalt stellen. Man verwendet diese Butter für verschiedene Gemüsezubereitungen.
Haltbarkeit: 3 Tage.

Sauce émulsion d'huile d'olive de Nyons

Olivenölemulsion

Zutaten
800 ml Fischsud (siehe S. 280)
350 ml Nyons-Oliven-Öl
Zucker
Zitronensaft
Salz und Pfeffer

Aus dem Fischsud eine Fisch-Glace herstellen. Dazu den Fischsud auf 150 ml einkochen.
Die Fisch-Glace erhitzen und vom Herd nehmen. Nach und nach das Olivenöl wie bei einer Mayonnaise in einem dünnen Strahl zugeben, unter die Glace rühren und so eine Emulsion herstellen. Eine Messerspitze Zucker und ein paar Tropfen Zitronensaft untermischen und die Emulsion mit Salz und Pfeffer würzen. Die Konsistenz muss dickflüssig sein. Die Emulsion in warmem Wasser stabilisieren.

Bouillon de légumes

Gemüsebrühe

Zutaten für 1 l Brühe
170 g Karotten, in Scheiben geschnitten
150 g Knollensellerie, in Würfel geschnitten (Mirepoix)
70 g ganze Zwiebeln
100 g Lauch, in 5 cm lange Stücke geschnitten
1 Lorbeerblatt
15 g Orangenschalen
2 g Thymian
20 g Petersilie
1 sehr reife Tomate, halbiert
Salz, Tabasco

1,2 l Wasser zum Kochen bringen und alle Zutaten hineingeben.
10 Minuten kochen, anschließend durch ein feines Spitzsieb passieren. Mit Salz und Tabasco abschmecken.

Beurre Café de Paris

Kräuterbutter mit Gewürzen und Aromaten

Zutaten für 10 Personen
10 g in salz eingelegte Kapern, abgespült und abgetropft
15 g Schalotten, fein geschnitten und blanchiert
15 g glatte Petersilie, grob gehackt
8 g Schnittlauch, fein geschnitten
3 g Majoran, fein geschnitten
1 g Thymian
10 g Estragonblätter, fein geschnitten
1 g Rosmarin, gehackt
5 g Knoblauch, gehackt
8 g scharfer Dijonsenf
8 g Tomaten, abgezogen, entkernt und in Würfel geschnitten
3 Anchovisfilets, gehackt
1 TL Madeira
1 TL Cognac
1 TL Zitronensaft
1 Messerspitze Zitronenschale
1 Messerspitze Orangenschale
5 g Fleur de sel de Guérande (feinstes Meersalz)
10 Umdrehungen aus der Pfeffermühle
1 kleine Prise Cayennepfeffer
1 kleine Prise edelsüßes Paprikapulver
1 kleine Prise milder Curry
300 g weiche Butter

Alle Zutaten bis auf die Butter in einen Mörser geben. Die weiche Butter hinzufügen. Mit dem Stößel rasch durcharbeiten, dann beiseite stellen.
Man reicht die Butter zu gebratenen oder gegrillten Stücken vom Rind.

Jus de persil poivré

Gepfefferter Petersilienjus

Zutaten für 4 Personen

Kräuterbutter
140 g krausblättrige Petersilie
10 g Estragon
5 g Liebstöckelblätter
15 g Kerbelzweige
120 g weiche Butter
10 Umdrehungen aus der Pfeffermühle

Petersilien-Grün
200 g krausblättrige Petersilie
50 ml Wasser

Fertigstellung
100 ml Fisch-Glace
Salz und Pfeffer

Kräuterbutter
Die verschiedenen gewaschenen und entstielten Kräuter mixen. Die weiche Butter hinzufügen und die Buttermischung mit Pfeffer würzen. Durch ein feines Sieb streichen und vor dem Gebrauch über Nacht kalt stellen.

Petersilien-Grün
Die Petersilie mit dem Wasser mixen. Auf 70 °C erhitzen und den Petersiliensaft durch ein feines Sieb abgießen und gut abtropfen lassen. Zurück bleibt das Petersilien-Grün. Kalt stellen.

Fertigstellung
Die Fisch-Glace mit 80 g Kräuterbutter aufmontieren und binden,dann mit dem Petersilien-Grün verlängern. Mit Salz und Pfeffer abschmecken. Den Petersilienjus nicht zu stark erhitzen, da er sonst seine schöne grüne Farbe verliert.

Jus d'agneau

Lammjus

Zutaten
250 g Lammparüren
40 g geklärte Butter
50 g Zwiebeln, in Würfel geschnitten (Mirepoix)
40 g Karotten, in Würfel geschnitten (Mirepoix)
2 ungeschälte Knoblauchzehen
2 g Thymianzweiglein
400 ml Wasser

Die geklärte Butter in einem Sautoir aus Kupfer erhitzen und die Parüren darin bei starker Hitze bräunen. Das Mirepoix, den Knoblauch und den Thymian zugeben und ebenfalls gut Farbe annehmen lassen. Mit dem Wasser ablöschen und 10 Minuten kochen. Durch ein feines Spitzsieb abgießen und das Fett abschöpfen.

Jus de canard
Entenjus

Zutaten
350 g Entenkarkassen, in Stücke geteilt
50 ml Erdnussöl
60 g Karotten, in Scheiben geschnitten
60 g Zwiebeln, in Stücke geschnitten
10 g ungeschälter Knoblauch
5 g Petersilie
3 g Thymianzweiglein
400 ml Wasser
20 ml Weißwein

Die Karkassen bei starker Hitze in einem Sautoir in dem Erdnussöl bräunen. Anschließend die Karotten, die Zwiebeln, den Knoblauch, die Kräuter und eine Messerspitze Salz hinzufügen. Gut Farbe annehmen lassen und mit dem Wasser und dem Weißwein aufgießen. Etwa 10 Minuten kochen, dann durch ein feines Spitzsieb abgießen.

Jus de veau
Kalbsjus

Zutaten
800 g Kalbsparüren mit ausreichend Fett (Kamm oder Deckel)
60 g geklärte Butter
80 g Zwiebeln, in Würfel geschnitten (Mirepoix)
60 g Karotten, in Würfel geschnitten (Mirepoix)
1 kleine Knoblauchknolle, quer halbiert
10 g Majoran
1 EL Thymianzweige
1 kleiner Zweig Rosmarin
100 ml Weißwein
600 ml Wasser oder 500 ml Kalbsfond
Salz und Pfeffer

Die Parüren in der geklärten Butter bräunen. Nach drei Vierteln des Röstvorgangs Mirepoix und Knoblauch hinzufügen. Kurz vor dem Ablöschen die Kräuter zugeben. Das Röstgemüse mit dem Weißwein ablöschen, die Flüssigkeit vollständig einkochen und den Bratsatz mit dem Wasser (oder dem Kalbsfond) aufgießen. 25 Minuten kochen, dabei regelmäßig abschäumen und eventuell verbrannte Partikel entfernen. 15 Minuten stehen lassen. Den Jus durch ein Sieb abgießen und anschließend mit Salz und Pfeffer abschmecken. Nicht entfetten.

Jus de porc
Schweinejus

Die Kalbsparüren durch Schweineparüren ersetzen und wie beim Kalbsjus vorgehen.

Jus de pigeon
Taubenjus

Zutaten
800 g gehackte Taubenkarkassen
50 ml geklärte Butter
100 g Zwiebeln, in Stücke geschnitten
80 g Schalotten, in Stücke geschnitten
1 EL Thymianzweiglein
1 kleiner Zweig Rosmarin
5 g zerstoßener bunter Pfeffer
1 EL Niora (oder edelsüßes Paprikapulver)
2 TL Cognac
50 ml Weißwein
100 ml weißer Portwein
heller Geflügelfond (siehe S. 281)

Die Karkassen in einem Sautoir aus Kupfer in der geklärten Butter anbraten und Farbe annehmen lassen. Die Zwiebeln, die Schalotten, die Kräuter und die Gewürze bis auf das Niora-Gewürz, das erst kurz vor dem Ablöschen zugegeben wird, hinzufügen. Mit Cognac flambieren und mit dem Weißwein und dem Portwein ablöschen. Die Flüssigkeit auf die Hälfte einkochen, anschließend hellen Geflügelfond dazugießen. 20 Minuten kochen, dabei regelmäßig abschäumen. Den Jus durch ein feines Spitzsieb abgießen. Auf keinen Fall entfetten!

Jus de poulet
Hühnerjus

Zutaten
500 g Hühnerflügel
60 g geklärte Butter (oder 100 g frische Butter, die kurz im Mikrowellenherd erhitzt und anschließend durch ein Sieb passiert wird)
60 g Zwiebel, in 3 dicke Scheiben geschnitten
1 Knoblauchknolle, quer halbiert
1 Zweig Thymian
1 Zweig Rosmarin
grobes Salz

Die Flügel grob hacken und bei starker Hitze in einem Sautoir in der geklärten Butter bräunen. Die Zwiebelscheiben und den Knoblauch zugeben, schließlich den Thymian, den Rosmarin und 1 Prise grobes Salz hinzufügen. Mit 100 ml Wasser ablöschen und die Flüssigkeit vollständig einkochen. Den Ablöschvorgang siebenmal wiederholen. Den Jus nicht entfetten, sondern nur durch ein feines Spitzsieb abgießen.

Jus de tomates fraîches

Frischer Tomatensaft

Zutaten
1 kg vollreife, sehr saftige Flaschentomaten
10 g Tomatenmark
Salz, Pfeffer, Zucker

Alle Zutaten mixen und durch ein feines Spitzsieb passieren.

Jus de champignons sauvages

Jus von Wildpilzen

Zutaten
80 g Schalotten, fein geschnitten
40 g Butter
300 g verschiedene gesäuberte Pilze (Eierschwämme, Steinpilze, Märzellerling, Semmelstoppel)
2 Tropfen Knoblauchöl
2 EL weißer Portwein
20 ml Weißwein
500 ml Geflügelbrühe
1 EL Thymianzweiglein
2 g zerstoßener bunter Pfeffer
30 g Butter

Die Schalotten in der Butter anschwitzen, anschließend die Pilze zugeben. Zusammen mit dem Knoblauchöl andünsten und mit dem Portwein und dem Weißwein ablöschen. Die Geflügelbrühe dazugießen und den Thymian und den Pfeffer hinzufügen. 15 Minuten kochen, anschließend 15 Minuten ruhen lassen. Durch ein feines Spitzsieb abgießen und mit der Butter aufmontieren.

Jus de lapin

Kaninchenjus

Zutaten
400 g Kaninchenparüren
50 ml geklärte Butter
60 g Zwiebeln, in Scheiben geschnitten
50 g Karotten, in Würfel geschnitten (Mirepoix)
30 g ungeschälter Knoblauch
100 ml Weißwein
400 ml Wasser
4 g Basilikumblätter

Die Parüren anbraten. Die Zwiebeln, die Karotten und den Knoblauch hinzufügen und bräunen. Mit dem Weißwein ablöschen und die Flüssigkeit vollständig einkochen. Das Wasser dazugießen und den Jus 15 Minuten kochen. Die Basilikumblätter erst ganz zum Schluss hinzufügen. Durch ein feines Spitzsieb passieren, dabei das Gemüse ausdrücken.

Jus de truffes noires

Trüffeljus

Zutaten für 2 l
1 kg Parüren von schwarzen Trüffeln
1 l Portwein, aufgekocht und anschließend flambiert
750 ml Madeira
750 ml Wasser
50 g getrockneter Hühnerbrühe-Extrakt
160 g Schweinejus

Alle Zutaten bis auf den Schweinejus in eine hohe Kasserolle geben. Die Flüssigkeit auf 2 l einkochen. Den Schweinejus dazugießen, den Trüffeljus aufkochen und anschließend durch ein Passiertuch gießen. In Einmachgläser füllen und sterilisieren.

Coulis d'artichauts violets

Coulis aus violetten Artischocken

Zutaten
160 g violette Artischocken, die Blattenden zugeschnitten, das Heu entfernt, geschmort (siehe S. 80)
140 ml Garflüssigkeit von den Artischocken
Salz und Pfeffer
Zitronensaft
80 ml Olivenöl aus Maussane

Die Artischocken mit der Garflüssigkeit mixen und durch ein feines Spitzsieb streichen. Mit Salz, Pfeffer und einem Spritzer Zitronensaft abschmecken. Den Coulis mit dem Olivenöl aufmontieren und zu Fisch servieren.

Sauce grain noble

Beerenauslese-Vinaigrette

Zutaten für 4 Personen
150 ml weißer Portwein
200 ml Apfel-Honig-Essig
10 g Zucker
30 g Schalotten, fein geschnitten
50 ml Haselnussöl
50 ml Maronenöl
50 ml alter Beerenauslese-Essig
Salz und Pfeffer
1 EL glatte Petersilie

Den Portwein und den Apfel-Honig-Essig zusammen mit dem Zucker und den Schalotten zum Kochen bringen. Auf die Hälfte einkochen, anschließend das Haselnussöl, das Maronenöl und schließlich den alten Essig unterrühren. Mit Salz und Pfeffer abschmecken und die Petersilie unmittelbar vor dem Servieren dazugeben.

Sauce aux épices

Gewürzsauce

Zutaten für 350 ml
60 ml Erdnussöl
500 g Fischgräten (Steinbutt, Seezunge, Petersfisch)
80 g Zwiebeln, fein geschnitten
60 g Karotten, in Scheiben geschnitten
30 g Knollensellerie, in feine Würfel geschnitten (Brunoise)
50 g weiße Champignons
20 g Knoblauch
5 g Thymian
5 g Rosmarin
2 g zerstoßener bunter Pfeffer
2 EL Tomatenmark
5 g Gewürzmischung
500 ml sehr tanninreicher Rotwein
400 ml Kalbsjus (siehe S. 283)
1 Kräuterbündel (Lorbeer, Thymian, Petersilie)
500 ml Fischsud
20 g Butter
10 g Balsamessig

Das Öl auf einem Backblech erhitzen und die Fischgräten darin bräunen. Die Gräten herausnehmen und in einen großen Topf legen. Das Gemüse, den Knoblauch, die Kräuter und den Pfeffer auf dem bereits benutzten Blech bräunen, aus dem Ofen nehmen und zu den Fischgräten in den Topf geben. Das Tomatenmark und die Gewürzmischung auf das Backblech geben und 5 Minuten erhitzen. Mit dem Rotwein und dem Kalbsjus ablöschen und zu den übrigen Zutaten in den Topf geben. Anschließend das Kräuterbündel zugeben, den Ansatz mit dem Fischsud aufgießen und 30 Minuten köcheln lassen. Die Sauce durch ein feines Spitzsieb passieren, die Butter und den Balsamessig unterrühren. Mit Salz und Pfeffer abschmecken.

Sauce salmis

Salmis-Sauce

Zutaten
200 g gehackte Rebhuhnkarkassen (Flügel und Hälse)
35 g Zwiebeln, in Stücke geschnitten
30 g Karotten, in kleine Würfel geschnitten (kleines Mirepoix)
2 g zerstoßener bunter Pfeffer
1 g Wacholderbeeren, zerstoßen
1 Knoblauchzehe, zerdrückt
5 g Thymianzweiglein
Cognac
500 ml Wildfond
Leber, Herz und Blut von 2 Rebhühnern
40 g Rahm
20 g Butter
20 g gegarte Stopfleber

Die Rebhuhnkarkassen bei starker Hitze bräunen, anschließend die Zwiebeln, die Karotten, die Gewürze und die Kräuter hinzufügen. Mit Cognac ablöschen und den Wildfond angießen. Die gehackten Lebern und Herzen hinzufügen.
15 Minuten kochen, dabei regelmäßig abschäumen. Durch ein Spitzsieb abgießen. Den Fond erneut zum Kochen bringen, das Blut mit dem Rahm verlängern und unterrühren. Etwa 7 Minuten köcheln lassen, dabei den Fond mit einem perforierten Pfannenwender ständig rühren. Zum Schluss die gegarte Stopfleber und die Butter durch ein Sieb streichen und unter den Fond rühren. Die Sauce mit Salz und Pfeffer abschmecken und erneut durch ein Spitzsieb passieren.

Sauce périgourdine

Trüffelsauce

Zutaten für 4 Personen
70 g Butter
40 g Schalotten, fein geschnitten
40 g Trüffeln, gehackt
100 ml Portwein
50 ml Madeira
200 ml Kalbsjus
100 ml Trüffeljus (siehe S. 284)

50 g Butter in einem Sautoir zerlassen und die Schalotten darin anschwitzen. Die gehackten Trüffeln hinzufügen und mit dem Portwein und dem Madeira ablöschen. Auf die Hälfte einkochen, anschließend mit dem Kalbsjus und dem Trüffeljus aufgießen. Weitere 5 Minuten kochen. Die Sauce mit der übrigen Butter aufmontieren, mit Salz und Pfeffer abschmecken und in einer Sauciere servieren.

Sauce bigarade
Zitrussauce

Zutaten für 4 Personen
75 g Zucker
1 EL Curaçao
200 ml Orangensaft
400 ml Entenjus (siehe S. 283)
1 EL Zitronenzesten, blanchiert
2 EL Orangenzesten, blanchiert
Vino-Santo-Essig
3 g abgeriebene Orangenschale
20 g Butter

Den Zucker ohne Zugabe von Wasser zu einem braunen Karamell kochen. Mit dem Curaçao und dem Orangensaft ablöschen. Vollständig einkochen, anschließend mit dem Entenjus aufgießen. Entfetten und die Zitronenzesten sowie die Orangenzesten zugeben.
8 Minuten kochen, anschließend etwa 10 Minuten ruhen lassen. Die Sauce durch ein feines Spitzsieb passieren und abschmecken. Zum Schluss einen Spritzer Vino-Santo-Essig, die abgeriebene Orangenschale und die Butter zugeben.

Sauce porto gingembre
Portwein-Ingwer-Sauce

Zutaten
100 g Schalotten, fein geschnitten
50 g weiße Champignons, in dünne Scheiben geschnitten
2 g Thymian
2 g zerstoßener bunter Pfeffer
30 g Ingwer, geschält und in Scheiben geschnitten
50 g Butter
200 ml Portwein
150 ml Weißwein
200 ml Scampi-Brühe (siehe S. 280)
500 ml Rahm
40 g Butter
Zitronensaft
Salz und Pfeffer

Die Schalotten zusammen mit dem Thymian, dem zerstoßenen Pfeffer und dem Ingwer in der Butter andünsten. Mit dem Portwein und dem Weißwein ablöschen und die Flüssigkeit auf die Hälfte einkochen. Mit der Scampi-Brühe und dem Rahm auffüllen und den Fond mit Salz und Pfeffer würzen. 10 Minuten kochen, anschließend durch ein Spitzsieb abgießen. Die Sauce mit der Butter aufmontieren und mit Zitronensaft, Salz und Pfeffer abschmecken.

Émulsion de cardons aux truffes noires
Kardonen-Trüffel-Emulsion

Zutaten für 8 Personen
200 g Butter
20 g Schalotten, fein geschnitten
40 g schwarze Trüffeln, gehackt
100 ml weißer Portwein
50 ml Madeira
300 ml Trüffeljus (siehe S. 284)
300 ml Kardonensaft (aus dem Glas)
Salz und Pfeffer aus der Mühle

40 g Butter in einem Sautoir zerlassen. Die Schalotten darin anschwitzen. Die gehackten Trüffeln hinzufügen. Mit dem Portwein und dem Madeira ablöschen und die Flüssigkeit vollständig einkochen. Trüffeljus und Kardonensaft dazugießen und 7 Minuten kochen.
Mit der übrigen Butter aufmontieren. Die Emulsion durch ein feines Spitzsieb passieren und anschließend mit Salz und Pfeffer abschmecken.

Sauce curry
Currysauce

Zutaten
500 g Scampi-Karkassen, zerkleinert
40 ml Olivenöl
20 g ungeschälter Knoblauch
30 g Lauch, in Scheiben geschnitten
30 g Karotten, in grobe Stücke geschnitten
30 g Schalotten, in Scheiben geschnitten
30 g weiße Champignons, in Scheiben geschnitten
30 g Ananas, in kleine Würfel geschnitten
30 g grüne Äpfel, in kleine Würfel geschnitten
15 g mildes Currypulver
5 g gemahlene Kurkuma
200 ml Scampi-Brühe (siehe S. 280)
1 EL Liebstöckel
1 EL Estragon
1 TL zerstoßener bunter Pfeffer
150 g Rahm
30 g Butter

Die Scampi-Karkassen in dem Olivenöl anbraten, den Knoblauch, das Gemüse, die Ananas- und die Apfelwürfel sowie den Knoblauch dazugeben und schließlich das Currypulver und die Kurkuma hinzufügen. Sorgfältig anschwitzen, anschließend die Scampi-Brühe zusammen mit dem Liebstöckel, dem Estragon und dem zerstoßenen bunten Pfeffer hinzufügen. Schließlich den Rahm dazugießen.
15 Minuten ruhen lassen, dann durch ein Spitzsieb passieren. Die Sauce mit der Butter aufmontieren und 10 Minuten kochen lassen, anschließend erneut durch ein Spitzsieb passieren.

Sauce américaine

Hummersauce

Zutaten für 8 Personen

100 ml Olivenöl
400 g Hummerkarkassen (Beine und Innereien des Kopfteils)
3 ungeschälte Knoblauchzehen
40 g Zwiebeln, in Würfel geschnitten (Mirepoix)
40 g Karotten, in Würfel geschnitten (Mirepoix)
40 g Knollensellerie, feinblättrig geschnitten
1 TL zerstoßener schwarzer Pfeffer
5 g Estragon
1 g Thymian
1 kleines Lorbeerblatt
50 ml Cognac
20 g Mehl
100 ml Portwein
40 ml Scampi-Brühe (siehe S. 280)
1 g Orangenzesten
2 frische Tomaten, geviertelt
1 Kräuterbündel (Lorbeer, Thymian, Petersilie)
Salz und Pfeffer
40 g Butter

Das Olivenöl in einer sich nach oben erweiternden Sauteuse erhitzen und die Hummerkarkassen darin bräunen. Den Knoblauch, das Mirepoix, die Karotten, den Sellerie, die Gewürze und die Kräuter hinzufügen und Farbe annehmen lassen. Mit dem Cognac flambieren. Mit dem Mehl bestäuben und 5 Minuten kochen. Mit dem Portwein ablöschen und die Flüssigkeit vollständig einkochen. Mit der Scampi-Brühe aufgießen und die Orangenzesten, die Tomaten und das Kräuterbündel dazugeben. 10 Minuten kochen, danach 10 Minuten ruhen lassen. Den Fond durch ein Spitzsieb passieren, die festen Zutaten dabei gut ausdrücken. Mit Salz und Pfeffer würzen und die Sauce mit der Butter aufmontieren.

Sauce champagne

Champagnersauce

Zutaten für 4 Personen

60 g Butter
100 g weiße Champignons, in Scheiben geschnitten
5 g zerstoßener bunter Pfeffer
100 g Schalotten, in Scheiben geschnitten
1 g Thymian
1 g Liebstöckel, geschnitten
600 ml Champagner
200 g Rogen von Jakobsmuscheln
200 ml Muschelfond
300 g Rahm
1 EL Zitronensaft
60 g Butter

Die Butter in einer Sauteuse zerlassen und die Champignons, die Schalotten, den Pfeffer und die Kräuter hinzufügen. Mit dem Champagner ablöschen. Auf die Hälfte einkochen, anschließend den Jakobsmuschelrogen und den Muschelfond zugeben.
Den Rahm und den Zitronensaft dazugießen. 10 Minuten kochen, dann durch ein Spitzsieb abgießen. Die Sauce mit der Butter aufmontieren, mit dem Mixstab durchmixen und servieren.

Sauce verjus

Verjus-Sauce

Zutaten für 8 Personen (oder 400 ml Sauce)

100 g Schalotten, fein geschnitten
2 g Thymian
2 g zerstoßener bunter Pfeffer
60 g Butter
150 g Scampi-Scheren, zerkleinert
300 ml Weißwein
400 g Rahm
250 ml Saft von unreifen Trauben (Verjus)
½ Limette, in dünne Scheiben geschnitten
Salz, Tabasco

Die Schalotten zusammen mit dem Thymian und dem zerstoßenen Pfeffer in 20 g Butter anschwitzen. Die zerkleinerten Scampi-Scheren hinzufügen. Den Weißwein dazugießen und vollständig einkochen. Den Rahm, den Saft von unreifen Trauben und die Limettenscheiben zugeben und die Sauce mit Salz und Tabasco würzen. 8 Minuten kochen, anschließend durch ein Spitzsieb passieren und mit der übrigen Butter aufmontieren.

Sauce Sauternes

Sauternes-Sauce

Zutaten für 4 Personen
180 g Rehparüren, zerkleinert
2 EL Erdnussöl
40 g Schalotten, in Scheiben geschnitten
2 ungeschälte Knoblauchzehen, halbiert
2 g Thymian
2 g zerstoßener bunter Pfeffer
1 g Wacholderbeeren, zerdrückt
2 EL Cognac
300 ml Sauternes
200 g Rahm
Saft von ½ Zitrone
40 g Butter
Salz und Pfeffer
100 ml Sauternes

Die Rehparüren in Erdnussöl bei starker Hitze Farbe annehmen lassen. Die Schalotten, den Knoblauch, den Thymian und die Gewürze hinzufügen und den Ansatz mit Cognac flambieren. Den Sauternes dazugießen und auf die Hälfte reduzieren. Den Rahm und den Zitronensaft zugeben. 8 Minuten kochen und etwa 10 Minuten ruhen lassen, dann durch ein Spitzsieb passieren. Die Sauce mit der Butter aufmontieren, mit Salz und Pfeffer abschmecken und vor dem Servieren den Sauternes dazugießen.

Sauce Safran

Safransauce

Zutaten
120 g Rogen von Jakobsmuscheln, unter fließendem kaltem Wasser abgespült
40 g Schalotten, fein geschnitten
1 g zerstoßener bunter Pfeffer
40 g Butter
50 ml Weißwein
200 ml Muschelsaft (Miesmuscheln, Herzmuscheln, Venusmuscheln)
100 g Rahm
10 Safranfäden
Salz und Pfeffer

Den Jakobsmuschelrogen zusammen mit den Schalotten und dem zerstoßenen bunten Pfeffer in der Butter anschwitzen. Mit dem Weißwein ablöschen und die Flüssigkeit vollständig einkochen. Den Muschelsaft, den Rahm und den Safran hinzufügen. 7 Minuten kochen, anschließend durch ein Spitzsieb passieren. Mit Butter aufmontieren, mit Salz und Pfeffer abschmecken.

Sauce aïoli safrané

Aïoli-Sauce mit Safran

Zutaten
200 g Kartoffeln (vorzugsweise Bintje), geschält
60 g geschälter Knoblauch, die Keimlinge entfernt
200 ml Fisch-Glace
1 g gemahlener Safran
Salz und Pfeffer aus der Mühle
150 ml Erdnussöl
150 ml Olivenöl
Espelette-Pfeffer

Die Kartoffeln und den Knoblauch in Dampf garen. Durch ein feines Sieb streichen und mit der Fisch-Glace verlängern. Mit Safran, Salz und Pfeffer aus der Mühle würzen. Die Aïoli mit beiden Ölen aufmontieren. Mit Salz und Espelette-Pfeffer abschmecken. Mit dem Stabmixer durchmixen.

Sauce poivrade

Pfeffersauce

Zutaten für 4 Personen
50 g Karotten, in Würfel geschnitten (Mirepoix)
50 g Zwiebeln, in Würfel geschnitten (Mirepoix)
50 g Schalotten, in Scheiben geschnitten
50 g salziger Speck, in Streifen geschnitten
2 g Thymianzweiglein
½ Lorbeerblatt
1 EL zerstoßener bunter Pfeffer
60 g Butter

Für die Fertigstellung
100 ml Weinessig
100 ml Wildmarinade
500 ml brauner Wildfond
20 ml Blut
20 g Rahm
20 g Butter
Salz und Pfeffer
Cognac

Gemüse, Speck, Kräuter und Pfeffer in der Butter andünsten. 15 Minuten garen. Mit dem Weinessig ablöschen und die Flüssigkeit um die Hälfte einkochen. Die Wildmarinade und den braunen Wildfond dazugießen. 20 Minuten köcheln lassen, dann alles durch ein Spitzsieb passieren. Mit dem Blut und dem Rahm binden. Die Sauce mit der Butter aufmontieren und mit Salz und Pfeffer abschmecken. Zum Schluss einen Spritzer Cognac dazugeben.

Crème de truffes blanches d'Alba

Rahmsauce mit Trüffeln aus Alba

Zutaten
20 g Schalotten, fein geschnitten
50 g sorgfältig abgebürstete Schalen von weißen Trüffeln aus Alba
80 g Butter
150 ml Geflügelbrühe
150 g Rahm
Salz, Pfeffer, Tabasco

Die Schalotten und die Trüffelschalen in der Hälfte der Butter (40 g) anschwitzen. Die Geflügelbrühe und den Rahm dazugießen. Mit Salz, Pfeffer und Tabasco würzen. 10 Minuten kochen. Mixen und durch ein Spitzsieb passieren. Mit Butter aufmontieren und mit dem Stabmixer durchmixen.

Sauce vin rouge

Rotweinsauce

Zutaten für 500 ml Sauce
Sauce
1 EL zerstoßener bunter Pfeffer
100 g Schalotten, in Scheiben geschnitten
160 g Zwiebeln, in Stücke geschnitten
1 Knolle Knoblauch
50 g Petersilienstiele
20 g Thymian
1 Lorbeerblatt
100 g Knollensellerie, in Würfel geschnitten (Mirepoix)
120 g Karotten, feinblättrig geschnitten
140 g weiße Champignons
50 g Zucker
2 l tanninreicher Rotwein (aus dem Südwesten Frankreichs)
3 l Rotwein (Brouilly)

Fertigstellung
150 g kalte Butter, in kleine Würfel geschnitten
Salz und Pfeffer
Cognac
Weintrub
Crème de Cassis

Alle Zutaten etwa 3 Stunden einkochen, bis etwa 300 ml sirupartiger Jus übrig bleiben.

Fertigstellung

Die Sauce mit der Butter aufmontieren und mit Salz und Pfeffer abschmecken. Nach Belieben mit Cognac, Weintrub und Crème de Cassis abschmecken.

Farce fine de volaille

Feine Geflügelfarce

Zutaten für 500 g Farce
250 g Hühnerbrust, Haut und Sehnen entfernt
2,5 g Salz
5 Umdrehungen aus der Pfeffermühle
90 g Eiweiß
225 g Rahm

Das Hühnerfleisch mit Salz und Pfeffer würzen und mixen. Durch ein feines Sieb streichen und erneut mixen. Dabei zuerst das Eiweiß und anschließend den Rahm untermischen. Kalt stellen.

Persillade pour agneau

Lamm-Persillade

Zutaten für 4 Personen
125 g gemahlene Pinienkerne
125 g Weißbrotkrumen
25 g gemahlene Kurkuma
5 g Thymian
1 TL Olivenöl
2 g zerdrückter Knoblauch
50 g fein gehackte Petersilie
1 g gemahlener Koriander
Salz und Pfeffer

Die ersten acht Zutaten vermengen. Die Mischung mit Salz und Pfeffer abschmecken und anschließend kalt stellen. Haltbarkeit: 2 Tage.

Fine ratatouille

Feines Ratatouille

Zutaten für 4 Personen
40 ml Olivenöl
80 g Zwiebeln, fein geschnitten
60 g grüne Paprika, in kleine Würfel geschnitten
60 g rote Paprikaschote, in kleine Würfel geschnitten
120 g Auberginen, ungeschält in kleine Würfel geschnitten
120 g Zucchini, ungeschält in kleine Würfel geschnitten
100 g abgezogene Tomaten, in Würfel geschnitten
1 Kräuterbündel aus 5 g Thymian und 5 g Basilikum
2 g Knoblauch, zerdrückt
Salz und Pfeffer

Das Olivenöl in einem Sautoir aus Kupfer erhitzen und die Zwiebeln darin anschwitzen. Zuerst die Paprikawürfel, anschließend die Zucchini und die Auberginen hinzufügen. Nach der Hälfte der Garzeit die Hälfte des Öls abgießen und die Tomaten, das Kräuterbündel und den Knoblauch hinzufügen.
Mit Salz und Pfeffer würzen. Fertig garen und erneut mit Salz und Pfeffer abschmecken.

Pâte à frire

Ausbackteig

Zutaten für 8 Personen
250 g Mehl, gesiebt
200 ml Bier
120 ml Wasser
50 ml Erdnussöl
2 Eiweiß
1 Prise Salz

Alle Zutaten bis auf das Eiweiß und das Salz gut miteinander vermischen und 4 Stunden kalt stellen. Den Teig durch ein Spitzsieb abgießen. Das Eiweiß zu einem festen Eischnee schlagen, dabei während des Schlagens die Prise Salz hinzufügen. Das Eiweiß behutsam unter den Teig heben und den Backteig sofort verwenden. Dieser Teig eignet sich zum Frittieren von Geflügelspießen, Gemüse, Obst und Zucchiniblüten.

Chutney de pommes et poires

Apfel-Birnen-Chutney

Zutaten
250 ml Cidre-Essig
270 g grüne Äpfel, in kleine Würfel geschnitten (Brunoise)
300 g Birnen, in kleine Würfel geschnitten (Brunoise)
120 g Zucker
4 g Chilischote
80 g türkische Rosinen (Smyrna), eingeweicht
100 g Korinthen, eingeweicht
120 g Zitronen-Confit, in kleine Würfel geschnitten
120 g frischer Ingwer, in kleine Würfel geschnitten
8 g Salz

Den Essig zum Kochen bringen, die übrigen Zutaten hinzufügen und alles vermischen. Etwa 10 Minuten kochen, dann abkühlen lassen und kalt stellen. Haltbarkeit: 5 Tage.

Chutney à l'orientale

Orientalisches Chutney

Zutaten für 500 g Chutney
100 ml Weißweinessig
150 g grüne Äpfel, in kleine Würfel geschnitten (Brunoise)
50 g Rohrzucker
3 g edelsüßes Paprikapulver
40 g Malaga-Rosinen, eingeweicht
100 g Korinthen, eingeweicht
50 g Zitronen-Confit
50 g Ingwer
3 g Salz
10 g weiße Senfkörner
50 g Mango, in kleine Würfel geschnitten (Brunoise)
30 g Ananas, in kleine Würfel geschnitten (Brunoise)

Alle Zutaten in eine Kasserolle geben und 20 Minuten kochen. Darauf achten, dass die Zutaten noch fest sind. In ein verschließbares Glas abfüllen. Haltbarkeit: 10 Tage.

Framboises pépins

Eingemachtes Himbeermus

Zutaten
1 kg frische Himbeeren
850 g Zucker
50 ml Zitronensaft

Die Himbeeren 12 Stunden in dem Zucker mazerieren. In einem Einmachtopf zum Kochen bringen und bei 104 °C garen. Den Zitronensaft hinzufügen. Heiß in ein Einmachglas füllen und an einem trockenen, kühlen Ort lagern.

Crème au beurre nature

Buttercreme (Grundrezept)

Zutaten
120 ml Wasser
400 g Zucker
10 Eigelb
600 g weiche Butter

Das Wasser und den Zucker in einer Stielkasserolle aus Kupfer zum Kochen bringen und auf 120 °C erhitzen. Zu den Eigelben geben und bei laufendem Gerät mit dem Schneebesen aufschlagen. So lange schlagen, bis die Masse bandförmig vom Schneebesen läuft. Weiter schlagen, bis die Eimasse etwas abgekühlt und zimmerwarm ist. Die weiche Butter unterrühren und die gewünschten Aromaten hinzufügen. Die Konsistenz der Creme muss glatt und homogen sein.

Crème pâtissière

Konditorcreme

Zutaten für 4 Personen
2 Bourbon-Vanilleschoten
125 g Zucker
½ l Vollmilch
5 Eigelb
50 g Cremepulver (oder Mehl)

Die Vanilleschoten längs halbieren. Das Mark herauskratzen und mit dem Zucker vermischen. Die Schoten in die Milch geben und diese zum Kochen bringen. Vom Herd nehmen und etwa 30 Minuten durchziehen lassen, dann die Schoten entfernen. Die Eigelbe mit dem Vanillezucker schaumig schlagen und das Cremepulver unterrühren. Die parfümierte Milch über die Ei-Masse gießen und diese unter ständigem Rühren mit einem Schneebesen zum Kochen bringen. Die Creme etwa 3 Minuten kochen, dann vom Herd nehmen, abkühlen lassen und durch ein feines Sieb streichen.

Crème mousseline nature

Mousseline-Creme (Grundrezept)

Zutaten für 1 l Creme
6 Eigelb
250 g Zucker
65 g Cremepulver
½ l Milch
250 g Butter

Die Eigelbe und den Zucker mit einem Schneebesen schaumig schlagen. Anschließend das Cremepulver unterrühren. Die Milch zum Kochen bringen und unter kräftigem Schlagen zur Eimasse gießen. Die Creme erneut unter ständigem Schlagen zum Kochen bringen und 3 Minuten kochen, anschließend in eine Rührschüssel umfüllen und abkühlen lassen. Die Hälfte der Butter unter die noch warme Creme arbeiten und mit dem Schneebesen glatt rühren. Auskühlen lassen und die übrige Butter unter die Creme arbeiten. Mit einem Schneebesen glatt rühren, dabei das gewünschte Aroma untermischen.

Crème d'amandes

Mandelcreme

Zutaten
1 Vanilleschote
200 g Zucker
200 g weiche Butter
5 Eier
200 g gemahlene weiße Mandeln
40 g Mehl, gesiebt
50 ml Rum

Die Vanilleschote längs aufschlitzen und 1 g Mark herauskratzen. Das Vanillemark und den Zucker unter die weiche Butter mischen. Die Zutaten in einer Rührschüssel schaumig rühren, anschließend die Eier zugeben. Nun mit einem Gummispatel die gemahlenen Mandeln, das Mehl und den Rum unterarbeiten. Kalt stellen.

Crème d'orange

Orangencreme

Zutaten
250 g Orangensaft
3 Orangenzesten
4 Eier
125 g Zucker
25 g Mehl
125 g Butter, in kleine Stücke geteilt
2 Blatt Gelatine
125 g geschlagener Rahm

Den Orangensaft und die -zesten zum Kochen bringen. Die Eier und den Zucker schaumig schlagen, anschließend das Mehl unterrühren. Den kochenden Orangensaft unter Rühren darüber gießen. Die Creme erneut zum Kochen bringen und 2 Minuten kochen. Vom Feuer nehmen, die in kleine Stücke geteilte Butter und die zuvor eingeweichte Blattgelatine unter die Creme arbeiten. Die ausgekühlte Creme mit dem Schneebesen kräftig durchschlagen, anschließend den Schlagrahm behutsam unterheben.

Crème anglaise

Englische Creme

Zutaten
2 Bourbon-Vanilleschoten
½ l Vollmilch
250 g Rahm
9 Eigelb
125 g Zucker

Die Vanilleschoten längs halbieren und das Mark herauskratzen. Die Milch zusammen mit dem Rahm, den Vanilleschoten und dem Mark zum Kochen bringen, vom Herd nehmen und mindestens 20 Minuten ruhen lassen. Die Eigelbe mit dem Zucker schaumig schlagen. Die parfümierte Milch über die Eimasse gießen und die Creme unter ständigem Rühren erneut erhitzen, bis sie das erste Mal aufzuwallen beginnt (maximal 85 °C). Sofort vom Herd nehmen, durch ein Spitzsieb passieren und auskühlen lassen.

Biscuit Joconde

Mona-Lisa-Biskuit

Zutaten für 3 rechteckige Backbleche (30 cm × 40 cm)
180 g Eiweiß
1 Prise Salz
30 g Zucker
250 g Ei (je nach Größe 6–8 Eier)
190 g Puderzucker
190 g gemahlene Mandeln
50 g Mehl, gesiebt
30 g geschmolzene Butter

Das Eiweiß mit dem Salz zu einem festen Eischnee schlagen, dabei kurz bevor das Eiweiß steif wird den Zucker hinzufügen. Die Eier mit dem Puderzucker schaumig schlagen, anschließend die gemahlenen Mandeln, das Mehl und die geschmolzene Butter behutsam unterheben. Zum Schluss den Eischnee unter die Eimasse heben.
Die Biskuitmasse in einer dünnen Schicht gleichmäßig auf die mit Backpapier ausgelegten Backbleche (30 cm × 40 cm) verteilen. Im vorgeheizten Ofen 4 Minuten bei 230 °C backen. Der Biskuit darf nur leicht Farbe angenommen haben und sollte noch sehr weich sein. Herausnehmen und vor dem geöffneten Ofen auf ein Kuchengitter stürzen.

Génoise nature

Einfacher Biskuitteig (Wiener Masse)

Zutaten für 1 Form von 16 cm Durchmesser
5 Eier
125 g Zucker
125 g Mehl, gesiebt
20 g Butter

Die Eier und den Zucker über dem heißen Wasserbad schaumig schlagen, bis die Masse bandförmig vom Schneebesen läuft. Das Mehl behutsam unterheben und darauf achten, dass die Masse dabei nicht zusammenfällt. Die Masse in eine gebutterte und mit Mehl bestäubte Form gießen und gleichmäßig darin verteilen. Im vorgeheizten Ofen 20 Minuten bei 200 °C backen. Herausnehmen, auf ein Kuchengitter stürzen und auskühlen lassen.

Génoise chocolat
Schokoladenbiskuit

Zutaten für Form von 16 cm Durchmesser
5 Eier
125 g Zucker
80 g Mehl, gesiebt
40 g ungesüßtes Kakaopulver

Die Eier und den Zucker über dem heißen Wasserbad schaumig schlagen, bis die Masse bandförmig vom Schneebesen läuft. Das Mehl zusammen mit dem Kakaopulver sieben und behutsam unter die Eimasse heben. Darauf achten, dass die Masse dabei nicht zusammenfällt. Die Masse in eine gebutterte und mit Mehl bestäubte Form gießen und gleichmäßig darin verteilen. Im vorgeheizten Ofen 20 Minuten bei 200 °C backen. Auf ein Kuchengitter stürzen und auskühlen lassen.

Dacquois à la noix
Walnuss-Dacquois

Zutaten
250 g Eiweiß
70 g Zucker
1 Prise Salz
260 g gemahlene Walnusskerne
190 g Puderzucker
40 g Mehl

Das Eiweiß zusammen mit dem Zucker und dem Salz steif schlagen. Die gemahlenen Walnüsse, den Puderzucker und das Mehl behutsam mit einem Gummispatel unterheben. Die Biskuitmasse auf einem Bogen Backpapier (40 cm × 60 cm) gleichmäßig verteilen. 8 Minuten bei 250 °C backen. Aus dem Ofen nehmen, auf ein Kuchengitter stürzen und auskühlen lassen. Dieser Biskuit wird für verschiedene Desserts verwendet.

Pâte à choux
Brandteig

Zutaten
250 g Wasser
100 g Butter
5 g Zucker
5 g Salz
4 Eier
150 g Mehl

Das Wasser, die Butter, den Zucker und das Salz zum Kochen bringen, das Mehl auf einmal hinzufügen, glatt rühren und die Masse unter starkem Bearbeiten abrühren und trocknen, bis sie sich vom Topfboden löst. Vom Herd nehmen und die Eier einzeln, eines nach dem anderen, unter den Teig arbeiten. Den fertigen Teig weiterverarbeiten, mit Eigelb bestreichen und im vorgeheizten Ofen bei 220 °C backen. Vor dem geöffneten Ofen auf ein Kuchengitter geben.

Fonds japonais
Japonais-Böden

Zutaten
7–8 Eiweiß (225 g)
200 g Zucker
50 g gemahlene Haselnusskerne
180 g Zucker

Das Eiweiß zu einem nicht zu festen Eischnee schlagen, dabei den Zucker während des Schlagens nach und nach einrieseln lassen. Die gemahlenen Haselnüsse mit dem Zucker vermischen und behutsam unter den Eischnee heben. Die Masse in einen Spritzbeutel mit runder Tülle füllen und in der gewünschten Form ausspritzen. Im halb geöffneten Ofen etwa 1 Stunde 30 Minuten bei 120 °C backen.

Pâte a luter
Kittteig

Zutaten zum Verschließen von 1 großen Schmortopf
400 g Mehl, gesiebt
300 g grobes graues Meersalz
10 g Thymian, gehackt
2 kleine Zweige Rosmarin, gehackt
120 g Wasser
3 Eiweiß
5 Eigelb

Alle Zutaten bis auf etwas Eigelb mit einem Gummispatel vermischen. Den Teig zu einer Kugel formen und 1 Stunde kalt gestellt ruhen lassen.
Aus dem Teig eine dicke Rolle formen und den Rand des Schmortopfs mit dem übrigen Eigelb einstreichen. Die Rolle entlang des Topfrands anbringen und so andrücken, dass der Teig fest haftet. Im vorgeheizten Ofen etwa 5 Minuten bei 230 °C backen.

Pâte à sablé breton
Bretonischer Sablé-Teig

Zutaten
200 g Mehl
15 g Backpulver
140 g Zucker
6 g Salz
150 g Butter
60 g Eigelb

Das Mehl, das Backpulver, den Zucker, das Salz und die Butter mischen und kräftig miteinander verarbeiten. Das Eigelb hinzufügen und rasch untermischen. Den Teig kalt stellen.

Pâte feuilletée

Blätterteig

Zutaten
Teig
500 g Mehl
100 g Butter
10 g Salz
200 ml Wasser

Tourieren
500 g Butter

Die Zutaten für den Teig im Rührkessel miteinander verrühren. Den Teig mindestens 3 Stunden kaltgestellt ruhen lassen.
Mit dem Rollholz auf die Butter klopfen, bis sie weich wird. Den Teig zu einem Kreuz ausrollen, dabei den Mittelbereich etwas dicker lassen. Die zu einem Quadrat geformte Butter in die Mitte der Teigplatte legen und die 4 Ränder darüber schlagen. Die Nahtstellen fest zusammendrücken. Aus der Teigplatte ein Quadrat formen, dabei mit dem Rollholz auf die Teigplatte schlagen und diese plätten. 2 Stunden kalt gestellt ruhen lassen. Der mit nur sehr wenig Mehl bestäubten Teigplatte mit dem Rollholz eine einfache Tour geben. Dazu das ausgerollte Teigband dreifach so zusammenschlagen, dass ein Quadrat entsteht. Seitlich abstehende Ränder abschneiden. Den Teig erneut kalt gestellt 1 Stunde ruhen lassen. Diesen Arbeitsgang viermal wiederholen. Dabei das ausgerollte Teigband bei jeder Tour zuerst zweimal und dann noch einmal zusammenschlagen (doppelte Tour). Den Blätterteig zwischen den Arbeitsgängen jedesmal 1 Stunde kaltgestellt ruhen lassen. Den fertigen Blätterteig kalt stellen. Haltbarkeit: 3 Tage.

Pâte sucrée

Zuckerteig

Zutaten für 3 runde Böden von je 20 cm Durchmesser
500 g Mehl
225 g Butter
130 g Puderzucker
2 g Salz
1 großes Ei
1 Eigelb

Das Mehl, die Butter, den Puderzucker und das Salz miteinander mischen und kräftig miteinander verarbeiten. Das Ei und das Eigelb hinzufügen und mit den Handballen rasch durcharbeiten. Den Teig kalt gestellt 1 Stunde ruhen lassen.

Pâte à crêpes

Crêpe-Teig

Zutaten für etwa 10 Crêpes
1 Ei
60 g Zucker
60 g Mehl
150 ml Milch
abgeriebene Schale von 1 Limettensaft
10 g geklärte braune Butter (Nussbutter)

Das Ei und den Zucker mit einem Schneebesen schaumig rühren. Das Mehl unterheben, anschließend die Milch nach und nach unterrühren. Die Limettenschale und die geklärte Butter unterrühren. Den Teig 1 Stunde ruhen lassen, anschließend in einer Lyoner Pfanne Crêpes ausbacken.

Filets d'oranges parfumés à la Mandarine Napoléon

Parfümierte Orangenfilets

Zutaten
15 Orangen
250 g Zucker
500 ml Orangensaft
50 ml Grenadine-Sirup
100 ml Mandarine Napoléon

Die Orangen schälen, dabei auch die weiße Haut entfernen. Mit einem kleinen scharfen Messer die Segmente zwischen den Trennhäutchen herausschneiden. Beiseite stellen. Den Zucker ohne Zugabe von Wasser zu Karamell kochen. Mit dem Orangensaft ablöschen, anschließend den Grenadine-Sirup und den Mandarine-Napoléon-Likör dazugießen. Zum Kochen bringen und die Orangensegmente dazugeben. Vom Herd nehmen und kalt gestellt 12 Stunden marinieren.

Tabelle der Gartemperaturen

Gartemperatur	Kerntemperatur mit dem Fleischthermometer gemessen + 15 Minuten Ruhezeit					
Steinbutt	rosa	stark blutig	blutig	halb	durch	sehr durch
In der Pfanne braten	32°				44°	
Im Ofen braten	32°				44°	
In Brühe pochieren	32°				44°	

Anmerkung
Nach dem Garen 10 Minuten ruhen lassen.

Wildlachs	rosa	stark blutig	blutig	halb	durch	sehr durch
In der Pfanne braten					35°	
Grillen					35°	
Im Ofen braten 150°					35°	
Dampfgaren 75°					35°	

Anmerkung
Im Ofen bei 80 °C garen, auf einem gebutterten Teller bis auf 35 °C Kerntemperatur erhitzen. Durch diese Garmethode bleibt die ursprüngliche Farbe erhalten.

Hohrippenstücke	rosa	stark blutig	blutig	halb	durch	sehr durch
In der Pfanne braten			35°	42°	50°	60°
Grillen			35°	42°	50°	60°
Im Ofen braten 250°			35°	42°	50°	60°

Anmerkung
Bei starker Hitze in der Pfanne braten, stark würzen.
Im Ofen auf einem Bett aus Mirepoix, Kräutern und Gewürzen braten. Häufig wenden und begießen. Garzeit je nach Dicke. 1 Hohrippenstück für 2 Personen (1 kg): etwa 40 Minuten.

Kalbsfilet-Mittelstück	rosa	stark blutig	blutig	halb	durch	sehr durch
In der Pfanne braten			48°		50°	65°
Grillen			48°		50°	65°
Im Ofen braten			48°		50°	65°
In Brühe pochieren					50°	
Pochieren im Dampfgarer			48°		50°	65°

Anmerkung
Ein Kalbsfilet-Mittelstück von sehr guter Qualität wiegt zwischen 300 und 450 g.

Gartemperatur	Kerntemperatur mit dem Fleischthermometer gemessen + 15 Minuten Ruhezeit					
Taube	rosa	stark blutig	blutig	halb	durch	sehr durch
In der Pfanne braten	40°			44°		60°
Im Ofen braten	40°			44°		60°

Anmerkung
In einer Pfanne bei starker Hitze anbraten. Im Ofen auf einem Bett aus Mirepoix, Kräutern und Gewürzen braten. Mit frischer Butter fertig stellen.

Poularde	rosa	stark blutig	blutig	halb	durch	sehr durch
In der Pfanne braten					78°	88°
Im Ofen braten					78°	88°
In Brühe pochieren					78°	88°

Anmerkung
Die angegebene Temperatur wird im Fett der Keule gemessen.
Die Keulen zuerst bräunen und auf dem Rücken liegend garen.
Für eine ausgenommene Poularde mit einem Gewicht von 1,4 kg beträgt die Garzeit etwa 50 Minuten. Anschließend 15 Minuten ruhen lassen.

Junges Perlhuhn	rosa	stark blutig	blutig	halb	durch	sehr durch
In der Pfanne braten					75°	85°
Im Ofen braten					75°	85°

Anmerkung
Die Keulen zuerst bräunen, dann den Vogel auf dem Rücken liegend garen. Garzeit: 18-22 Minuten.

Nantaiser Ente	rosa	stark blutig	blutig	halb	durch	sehr durch
In der Pfanne braten	64°			72°		88°
Im Ofen braten	64°			72°		88°

Anmerkung
In der Regel beträgt die Garzeit 25 Minuten: etwa 5 Minuten auf jeder Seite und 15 Minuten Ruhezeit.

Gemsrücken, -karree	rosa	stark blutig	blutig	halb	durch	sehr durch
In der Pfanne braten			35°		45°	75°
Im Ofen braten			35°		45°	

Anmerkung
Nach dem Garen gut würzen und 10 Minuten ruhen lassen.

Glossar

Abschäumen
Die oben schwimmende Schicht (meist bestehend aus Schaum, Fett und Trübstoffen) von köchelnden Flüssigkeiten mit einem Schaumlöffel oder einer Schöpfkelle abnehmen.

Abschrecken
Zutaten (meist Gemüse) nach dem Blanchieren kurz in Eiswasser tauchen, um den Garprozess zu unterbrechen und die leuchtende Farbe zu erhalten.

Aufmontieren (mit Butter)
Siehe Montieren.

Bardieren
Mageres Fleisch (Wild, Geflügel, Schlachtfleisch) wird mit dünnen Speckscheiben belegt, damit es beim Braten saftig bleibt.

Blanchieren
Gemüse oder Früchte kurz in kochendes Wasser, anschließend in eiskaltes Wasser geben, um den Garprozess zu unterbrechen, die Haut zu lösen, die Farbe zu bewahren oder Bitterstoffe zu entfernen. Eine Technik, die auch den Salzgehalt von Schinken oder anderen gepökelten Fleischwaren verringert.

Bandförmig vom Schneebesen laufen
Bezeichnet das Verhalten einer Eier-Zucker-Mischung, die kräftig geschlagen wird, bis sie sehr dick ist. Hebt man den Schneebesen an, läuft die Masse in glatten, dicken Bändern herab.

Bridieren
Das Binden von Geflügel, Fleisch oder Wild mit Küchengarn.

Brunoise
Gemüse wird in 1–2 mm große Würfel geschnitten.

Concassé
Eine grob gehackte Mischung, meistens abgezogene, entkernte und grob gehackte Tomaten.

Coulis
Ein flüssiges Püree mit glatter, cremiger oder grober Konsistenz, in der Regel von frischen Früchten oder Gemüse.

Degorgieren
Fleisch (Hirn, Bries usw.) in kaltem Wasser wässern, um unerwünschtes Blut oder Trübstoffe zu entfernen.

Dressieren
Einer Speise eine bestimmte Form geben oder sie auf besondere Weise anrichten.

Emulsion
Zwei ineinander nicht lösliche Flüssigkeiten, meist Öl und Wasser, gehen durch kräftiges Schlagen mit dem Schneebesen eine vorübergehende Bindung ein und gewinnen an Volumen.

Einschneiden oder Ziselieren
Einen Fisch leicht einschneiden, um den Garprozess zu beschleunigen.

Escalope
Eine dünne Scheibe Fleisch, meist vom Kalb, aber auch vom Huhn oder vom Fisch.

Frikassee
Ein Ragout von weißem, zartem Fleisch (Huhn, Kalb, Lamm, auch mit Fisch oder Gemüse) in heller Sauce.

Ganache
Eine Schokoladenmischung mit einer Flüssigkeit wie Rahm, Milch, Läuterzucker usw. Meist verwendet man sie zum Füllen von Pralinen oder für die Zubereitung von Desserts.

Gemüsehobel
Siehe Mandoline.

Glace
Ungesalzener, konzentrierter, meist brauner Fleischfond, der so lange eingekocht wird, bis er geliert. Wird auch aus hellem Fischfond hergestellt (Fisch-Glace).

Glasieren
Eine mit Butter aufmontierte Sauce oder ein Sabayon wird unter dem Salamander gratiniert.
Bestimmten Zutaten ein glänzendes Aussehen verleihen.
Süßes Gebäck mit einer Glasur überziehen.
Ein Stück Fleisch oder Geflügel mit dem Garfond begießen, bis die Oberfläche zu glänzen beginnt.

Julienne
Zutaten (meist Gemüse), die in feine, dünne Streifen geschnitten werden. Der Vorteil ist, dass eine Julienne (z. B. aus Karotten, Sellerie und Lauch) gleichmäßig gart und attraktiv aussieht.

Jus
Der französische Begriff für Saft. Bezeichnet meist die Flüssigkeit, die beim Braten von Fleisch, Geflügel und Knochen entsteht und für die Herstellung von Saucen verwendet wird.

Klären
Aus Flüssigkeiten alle trübenden Bestandteile entfernen. Für die Zubereitung von Kraftbrühen und Aspik wird rohes, fein verteiltes Eiweiß als Klärungsmittel verwendet, das alle Trübstoffe an sich bindet und anschließend abgesiebt wird. Der Begriff bezeichnet auch das Klären von Butter. Dabei wird Butter langsam erhitzt, bis die Molke verdampft ist. Übrig bleibt eine klare, transparente Butter, die durch ein Spitzsieb abgegossen wird.

Läuterzucker
Wird Wasser mit Kristallzucker aufgekocht, entsteht Zuckersirup. Je länger die Lösung kocht, desto mehr Wasser verdampft. Die Zuckerlösung wird konzentrierter und nun Läuterzucker genannt. Die Konzentration des Zuckers wird in Baumé-Graden gemessen.

Mandoline
Gemüsehobel mit zwei verstellbaren Klingen (die eine glatt, die andere geriffelt) aus rostfreiem Edelstahl zum Aufstellen. Sie eignet sich besonders zum Schneiden von Kartoffeln.

Mazerieren
Zutaten mit einer aromatischen Flüssigkeit (meist Alkohol) tränken und gut durchziehen lassen.

Mesclun-Salat
Aus Nizza stammende Bezeichnung für eine Mischung aus verschiedenen Blattsalaten und Wildkräutern, die je nach Saison unterschiedlich zusammengestellt werden kann.

Mirepoix
Je nach Garzeit in große oder kleinere Würfel geschnittenes, geröstetes oder gedünstetes Gemüse (meist eine Mischung aus Zwiebeln, Karotten, Sellerie und Lauch), das zum Aromatisieren von Schmorgerichten, Saucen, Eintöpfen und Suppen verwendet wird.

Montieren
Kalte Butter in heiße Flüssigkeit schlagen, um dieser eine samtige Konsistenz, einen feinen Geschmack und Bindung zu verleihen. Diese Technik wird besonders bei Saucen angewandt.

Parieren
Der französische Begriff für herrichten. Das gleichmäßige Zurechtschneiden von Fleischstücken oder Fischscheiben vor der Zubereitung. Dabei werden Haut, Sehnen und sichtbares Fett entfernt. Die Abschnitte, die so genannten Parüren, verwendet man für die Herstellung von Fonds.

Parüren
Siehe Parieren.

Pektin
Pflanzliches Geliermittel.

Schaumig rühren/schlagen
Mehrere Zutaten – meist Zucker und Butter – kräftig rühren oder schlagen, bis eine leichte, lockere und glatte Mischung entsteht.

Spitzsieb
Ein feinmaschiges, konisches Sieb, durch das man Lebensmittel mit einer Schöpfkelle oder einem Löffel passieren kann. Es dient auch zum Abseihen von Flüssigkeiten.

Sautieren
Rasches An- oder Garbraten von klein geschnittenem Fleisch, Geflügel oder Gemüse in der Pfanne.

Tourieren
Eine Technik, die vor allem für die Herstellung von Blätterteig und Croissant-Teig angewandt wird. Ein ausgerolltes Teigband wird einmal oder mehrfach eingeschlagen und erneut ausgerollt.

Tournieren
Mit einem kleinen Messer werden Gemüse auf die gleiche Größe und in dekorative Formen geschnitten. Dies ermöglicht präzisere Garzeiten. Zudem sehen tournierte Gemüse auch sehr attraktiv aus.

Zeste
Die abgeschälte äußere Schicht der Schale von Zitrusfrüchten. Die darunter liegende weiße Schicht der Schale wird nicht verwendet, da sie bitter schmeckt. Auch: feine, dünne, mit einem Zestenreißer gezogene Streifen von Zitrusfruchtschalen.

Ziselieren
Siehe Einschneiden.

Rezeptverzeichnis

Fisch und Meeresfrüchte

Geflügel und Kaninchen

Fleisch und Innereien

Wild und Wildgeflügel

Kalte und warme Desserts

Tartes, Torten, Sablés und Kuchen

Petits Fours

Eiscremes und Sorbets

Brote, süße und salzige Grundzubereitungen

Die farbigen Punkte bei den Rezepten verweisen auf die jeweilige Jahreszeit:

- Frühling
- Sommer
- Herbst
- Winter

Mein herzlicher Dank geht an ...

Meine Küchenchefs Benoît Violier, Franck Giovannini und Cyril Maurel sowie die ganze Küchen-Brigade, ohne die dieses Buch nie zustande gekommen wäre.

Louis Villeneuve, die Service-Brigade und alle meine Mitarbeiter für ihre stete tatkräftige Unterstützung.

Véronique Zbinden, Pierre-Michel Delessert, Florence Nouveau, Alvaro Bueno und Jean-Claude Ribaut, die mir dabei behilflich waren, dieses Projekt zu konzipieren und zu einem guten Ende zu führen.

Ein besonderer Gedanke gilt Julien van der Wal, dem Gestalter des grafischen Konzepts, der uns verlassen hat, bevor es konkrete Gestalt annahm.

Meine Freunde Clara und Koni Hallenbarter, Kathy und Hans Jürg Moser, Barbara und Thomas Lehmann, Peter und Daria Nauer, Franz Wassmer, André Kudelski, Gérard Limmat, Gaston Baudet, Marcel, Momo, François, Marc und Jean-Claude Biver, Daniel Girard, Henri Robyr, meine Schwester Anne-Marie und meinen Bruder Christian und alle, die mir in den dunkelsten Stunden meines Lebens beistanden.